ATLANTIS

Das verborgene Wissen der Welt

BASTEI
LÜBBE

ATLANTIS

wird herausgegeben von
Dr. Hans Christian Meiser.

Über die Autorin:

Christina Cerny, in Wien geboren, ist seit vielen Jahren Buch- und Kulturfilmautorin. Auf jahrelangen Weltreisen studierte sie die geistigen Traditionen der Urvölker. Zu ihren Veröffentlichungen gehören: *Nepal* (1995), *Magisch Reisen – Australien* (1995) und *Das Buch der Naturgeister* (1997).

ATLANTIS

Christina Cerny
Die Regenbogenschlange

Vom spirituellen Reichtum der australischen Ureinwohner

BASTEI
LÜBBE

BASTEI-LÜBBE-TASCHENBUCH
Band 70138

Erste Auflage: August 1999

Originalausgabe
© 1999 by Bastei-Verlag Gustav H. Lübbe GmbH & Co.,
Bergisch Gladbach
Printed in Germany
Einbandgestaltung: Wustmann & Ziegenfeuter, Dortmund
Satz: Textverarbeitung Garbe, Köln
Druck und Bindung: Ebner Ulm
ISBN 3-404-70138-0

Sie finden uns im Internet unter
http://www.luebbe.de

Inhaltsverzeichnis

Vorwort

Nach Ansicht australischer Ureinwohner ist der Raum rund um uns voll mit Träumen, Geschichten, Liedern und Bildern. Ein pulsierendes Material, das im Äther gespeichert ist. Zu bestimmten Zeiten gehen Träume auf Reisen und suchen offene Traumkanäle, um sich zu offenbaren, damit ihre Botschaften in das Bewußtsein der Menschen gelangen. Eine Art Ideenübermittlung von Intelligenzen, die von den Aborigines Traumwesen genannt werden. Der Mensch mag denken, es seien seine eigenen Einfälle und Inspirationen, aber darauf kommt es nicht an, viel mehr jedoch auf die Ausbreitung bestimmter Ideen, für die die Zeit gerade reif geworden ist.

Seitdem Träume immer öfter und klarer in meinem Gedächtnis erhalten bleiben, schenke ich ihnen größere Aufmerksamkeit. Träume gehören zum persönlichen Erfahrungsspektrum und darin enthaltene, verborgene, subtile Hinweise können eine wertvolle Orientierungshilfe inmitten des Dschungels an Informationen sein, mit denen die Welt gegenwärtig überschwemmt wird. Seit etwa zwei Jahren hat sich die Qualität meiner Träume verändert. Sie besitzen jetzt mehr Symbolgehalt oder vermitteln bestimmte Botschaften. Auf diese Weise gewinne ich Erkenntnisse, die mir im Tagesbewußtsein kaum zugänglich geworden wären. Mit der Zeit lernte ich zwischen Träumen, in denen Tageserlebnisse aufgearbeitet werden, und jenen Träumen, die mir etwas mitteilen wollen, zu unterscheiden. Solche Hinweise können ganz deutlich sein oder sich in verschlüsselter Form präsentieren. Dabei ist mir klargeworden, daß ein Traum nur von der Person gedeutet werden kann, die ihn träumt, wobei allerdings allgemeine Kenntnisse über Symbole, Urbilder, Farben oder Zahlen von großer Hilfe sein können.

Immer häufiger offenbaren sich in meinen Träumen Bilder, die an frühere Lebensformen erinnern. Einmal tauchte ich in die Zeit der Riesenreptilien ein, die einhundertfünfzig Millionen Jahre lang die mächtigen Herrscher der Erde gewesen waren. Dabei konnte ich Dinosaurier beobachten und war überrascht, wie leicht und anmutig sie sich trotz dieser immensen Körpermasse zu bewegen vermochten. Es hatte den Anschein, als wäre die Anziehungskraft der Erde nicht so schwer gewesen als gegenwärtig. Das Magnetfeld der Erde mag sich vielleicht später verändert haben.

Ein andermal erlebte ich mich selbst in einem Traum als Kaulquappe. Erst war ich wie leblos in der Oberfläche der Erde eingebacken, bis ich den ersten Sonnenstrahl spürte, der mich zum Leben erwachen ließ. Das war ein unbeschreiblich beglückendes Gefühl. Ich war ein winziges Wesen und dennoch hatte ich das Empfinden, die ganze große Welt umarmen zu wollen.

Es sieht so aus, als wollten Erinnerungen aus der Urtiefe an die Oberfläche treten, um die Wandlungen des Lebens und verschiedene Entwicklungsstufen ins Bewußtsein zu bringen. Unser ganzes Dasein ist im Grunde genommen nichts anderes als eine Aufeinanderfolge von Bildern und Erinnerungen – egal ob sie aus der sogenannten Wirklichkeit oder aus Träumen stammen. Keines der Bilder und keines der Geschehen – aus welcher Dimension oder von welcher Seite des Lebens sie auch stammen mögen – lassen sich festhalten. Sie alle sind flüchtig wie Gedanken es sind – und dennoch formen sie unser Sein.

Vor etwa zwanzig Jahren hatte ich die scheinsichere Welt einer Buchhalterin verlassen, um die weite Welt kennenzulernen. Seither gehören Erfahrungen mit anderen Kulturen zu meinem Alltag. Erst war ich Reisende aus Neugierde und Leidenschaft, später aus beruflichen Gründen. Ich wurde Reiseautorin, da ich darin eine Möglichkeit sah, zwischen verschiedenen Kulturen Brücken zu bauen. Es war mir ein inneres Anliegen, Voruteile dem Fremden und Unbekannten gegenüber abbauen zu helfen, sowie Gemeinsames zu entdecken und weiterzuvermitteln.

Darüber hinaus wurde das Reisen ein guter Lehrmeister. Ich lernte meine eigenen Leistungs- und Bedürfnisgrenzen kennen, lernte gelöster an Dinge heranzugehen und entdeckte meine eigenen Wandlungs- und Improvisationsfähigkeiten. Ich fand heraus, daß nicht nur Tiere, sondern auch Menschen einen leitenden Instinkt besitzen, der sehr hilfreich in Notsituationen sein kann, und ich begann auch mehr und mehr meiner Intuition zu vertrauen.

Während meiner ersten Reisejahre entdeckte ich meine Sehnsucht nach Ursprünglichkeit. Eine Sehnsucht, die nicht selten belächelt wurde, da sie angeblich nicht in die moderne, sich vom Ursprung weit entfernt habende Zeit hineinpaßt. Aber meine Sehnsucht nach dem tiefen Pulsschlag des Lebens war stark genug, daß sie mich zu den urwüchsigen Regionen Asiens und Afrikas hinführte, dort, wo noch der Pulsschlag der Natur seine ganze Urkraft besitzt. Durch die Teilnahme an Projekten zum Schutz von Regenwäldern und Tigern hatte ich das Glück, die strotzende Kraft der Urnatur hautnah zu erfahren. Eine pulsierende Kraft, die mich belebte und stärkte – so, als wäre ich von einer riesigen Batterie aufgeladen worden. Von da an begann ich auch zu begreifen, daß die Qualität und Intensität unserer eigenen Lebenskraft sehr viel mit dem Zustand der Natur zu tun hat.

Die langen Aufenthalte in Dschungel- und Buschregionen veränderten mein Leben nachhaltig. Der an diesen Plätzen erfahrene intakte Kreislauf und Rhythmus der Natur ließen mich meine eigenen Lebensrhythmen nachempfinden. Ich lernte, in mich selbst, in meine Natur hineinzuhorchen und meiner inneren Stimme zu vertrauen.

Auf meinen Reisen traf ich auf unzählige Menschen mit unterschiedlichsten Lebenserfahrungen. Aber am wohlsten fühlte ich mich unter einfachen Menschen wie Bauern, Fischern und Nomaden. Menschen, die noch in Einklang mit ihrer Umwelt lebten. Menschen, die sich für alles, was sie dachten und taten, Zeit nahmen und auf stille und beschauliche Art ihr Leben lebten. Menschen, die sich dennoch den Existenzkämpfen zu stellen wußten und ihr Vertrauen und ihren Mut aus der Tiefe und Dynamik der Natur bezogen. Durch sie gewann ich neue Einblicke in die Zusammenhänge und Ordnung der Natur. Besonders wichtig waren dabei die Erfahrungen mit Pygmäen in Kamerun und mit den Veddas in Sri Lanka, die eine große Ähnlichkeit mit den australischen Aborigines hatten.

Jede Begegnung mit einer mir noch fremden Kultur betrachtete ich letztendlich als eine Herausforderung, die eigenen Denknormen und Wertvorstellungen zu überprüfen. Dabei ging es immer wieder um innere Aufräumungsarbeiten. Um das Wesen einer anderen Kultur zu verstehen, genügte es mir nicht, mich den äußeren, oft sehr einfachen Lebensumständen anzupassen. Es genügte mir auch nicht, mich an den Schönheiten ihres Kunsthandwerkes zu erfreuen. Mich interessierte das innere Wesen ihrer Welt – die

Gedanken, Empfindungen und Bräuche. Und vor allem interessierten mich ihre Geschichten und Mythen.

Mythen sind Ausdrucksformen und Bilder, die uns in geheimnisvolle Tiefen und Welten voll von Farben, Tönen und Düften reisen lassen. In Märchen, Sagen und Legenden ist auf phantasievolle und ausgeklügelte Weise Wissen verpackt, das uns zum Urgrund des Menschseins und der Schöpfung zu führen vermag. Die Schnüre dieser sorgfältig ausgearbeiteten Geschichtspakete lassen sich nicht durch Sachverstand lösen. Dazu müssen wir uns einer inneren Führung – unserer Intuition – anvertrauen, die uns hinter das Gegenständliche blicken läßt.

Ananda Coomareswami, ein indischer Gelehrter, meinte, daß der Mythos die größte Annäherung an die absolute Wahrheit sei, die auf begrifflicher Ebene möglich ist. Und der Schriftsteller Kurt Aram sagte, daß es im Mythos nicht auf eine logische Wortfolge ankomme, nicht auf Kausalität, sondern auf Anschaulichkeit. Erst der Verstandesmensch habe sich darum bemüht, *Bilder zu Begriffen kleinzumahlen.*

Um den Wahrheitsgehalt im Mythos zu finden, müssen wir uns allerdings für die Bilderwelt öffnen und diese innerlich durchreisen und erfühlen. Mythen besitzen großen Spielraum, so daß jeder seine eigenen Tiefen ausloten und seine ganz persönlichen Entdeckungen machen kann, wobei er mit bestimmten Symbolen und Archetypen arbeiten kann, von denen er sich angesprochen fühlt. Die verschlungenen Wege der Geschichten fordern die Beweglichkeit des Geistes heraus – im Gegensatz zu Doktrinen, die den Geist an die Kette legen. Geschichten jedoch sind wie Samen, die aufgehen, sobald der Boden dafür fruchtbar geworden ist.

So alt Mythen auch sein mögen, sie scheinen niemals aus der Mode zu kommen, scheinen stets aktuell zu sein. Sie schließen einerseits an tiefe Vergangenheit an, lassen sich aber gleichzeitig als Leitfaden nutzen, um sich aus der eigenen Mitte heraus auf die Zukunft hin auszurichten.

Mythen bereichern uns mit unzähligen Aha-Erlebnissen, die sich auftun, sobald einmal der rote Faden gefunden, entknotet und aufgerollt wird. Der rote Faden eines Mythos ist stets vernetzt mit dem roten Faden eines anderen Mythos. So durchziehen die roten Fäden der Mythen die ganze Welt. Sie vernetzen unterschiedlichste Kulturen, Philosophien, Welt- und Sinnbilder, oft auf Zick-Zack-Kursen und auf verschleierten Wegen, aber über alle Grenzen hinaus. Aborigines lieben Fadenspiele, weil sie die Geheimnisse um die innere Vernetzung der Welt bergen.

Um die Geschichten der Aborigines, die in der Regel nur als Teilgeschichten weitergegeben werden, in ihrem Zusammenhang und ihrem inneren Kern zu verstehen, suchte ich nicht nur deren einzelne Elemente zusammen, ich griff dabei auch auf Aha-Erlebnisse und rote Fäden aus anderen Kulturen zurück. Natürlich gibt es nicht immer Entsprechungen, aber dennoch konnte ich mit den Erkenntnissen, die aus unseren eigenen kulturellen Wurzeln oder aus asiatischen oder afrikanischen Quellen stammten, Verbindungen und Ähnlichkeiten erkennen, die mir weiterhalfen, ein umfassendes Bild zu erhalten. Bei diesem Puzzlespiel kam ich mir vor wie eine große Spinne inmitten ihres subtil gewobenen Netzes, die wie ein Weberschiffchen Fäden hin- und herzieht.

Zur Zeit beschäftige ich mich vorwiegend mit Themen, die mit dem Ursprung oder dem Ursprünglichen zu tun haben. Und ich beginne zu begreifen, daß meine früheren Begegnungen mit Naturvölkern und meine Erfahrungen mit Urlandschaften eine Vorbereitung dazu waren. Dabei bin

ich der westlichen Zivilisation und ihrer freien Bewegungs-
möglichkeit dankbar, daß sie mir die Basis gab, so viele be-
reichernde Erfahrungen mit anderen Kulturen sammeln zu
können.

Erfahrungen, die ich weitergebe, versuche ich zwar objektiv zu beleuchten, aber mir ist auch bewußt, daß es dabei
ebenso von Bedeutung ist, subjektive Aspekte mit einfließen
zu lassen. Eine Erfahrung kann nur dann wirklich vollstän-
dig sein, wenn Objektives und Subjektives miteinander verschmelzen. Es macht auch wenig Sinn, zu trennen, wo es
nichts zu trennen gibt.

Lange Zeit neigte ich dazu, persönliche Erlebnisse des inneren Raumes oder der Träume für mich zu behalten, wohl
aus dem Bedenken heraus, sie könnten auf andere fremd
oder gar merkwürdig wirken und nur schwer nachvollzieh-
bar sein. Aber wie es scheint, durchlaufen wir gerade eine
Zeit großer Veränderungen. Individuelle und ungewöhnliche Erfahrungen sind plötzlich gefragt, da sie dazu beitragen, das breite Spektrum des Menschseins und all die uns
offenstehenden Möglichkeiten, die von den meisten nur zu
einem winzigen Bruchteil genutzt werden, aufzuzeigen. Bisher gängige Normen und Funktionen sind am Zerbrechen.
Menschen suchen nach neuen Wegen und Nischen, und dazu bedarf es gegenseitiger Öffnung und eines individuellen
Austausches und belebender Inspirationen. Neue Gedanken und Anregungen wollen zum Anklingen gebracht werden, wollen fließen, wollen sich bewegen. Und Bewegung ist
eine der wichtigsten Ausdrucksformen der großen, weisen
Schlange, die uns viel zu sagen und zu lehren hat.

Drei Tage bevor ich auf überraschende Weise den Auftrag für dieses Buch erhielt, träumte ich zum erstenmal von
der Regenbogenschlange. Sie wirkte wie ein zarter, wogen-

der Schleier, der von sanften Luftströmen leicht bewegt wurde. Ein pastellfarbener, transparenter Hauch. Ihre Farben lagen nicht übereinander wie beim Regenbogen, sondern waren in einzelnen Sequenzen zwischen Kopf und Schwanz angeordnet. Sie bewegte sich leicht wie eine Feder und ihr fließender Körper war ein einziger Ausdruck pulsierender Vibration. Sie verkörperte den kosmischen Tanz, der nach Meinung der Aborigines niemals zum Stillstand kommen darf, denn das würde das Ende der Welt bedeuten. So wie ich sie in meinem Traum wahrgenommen hatte, war die Regenbogenschlange von einer solchen Schönheit und Klarheit und einem dermaßen großen Zauber, daß ich nur zu gut begreifen konnte, daß sie den Aborigines ein leitendes Schöpferwesen ist.

An dem Morgen, bevor ich nach München fuhr, um Dr. Hans Christian Meiser, den Herausgeber dieser Buchreihe, zu teffen, sah ich im Garten eine kupferfarbene Blindschleiche, deren Haut im Sonnenlicht in den Farben des Regenbogens glänzte. Auffallend war aber vor allem die Form, wie sie am Boden lag. Ihr Schwanz war leicht zu einer Spirale eingerollt, während der restliche Körper wie zu einem Stab erstarrt schien. Eine Form, die mich an einen Hirtenstab oder ein ägyptisches Zepter erinnerte. Nachdem ich diesem ungewöhnlichen Bild meine volle Aufmerksamkeit geschenkt hatte, entrollte sich der schillernde Körper und glitt durch das Gras in das nahe Gebüsch. Während ich seinen rhythmischen Bewegungen nachsah, ahnte ich noch nicht, daß ich von diesem Tag an den Spuren der Schlange folgen sollte.

Auf der Spur der Regenbogen-schlange

Es war nicht meine erste Reise nach Australien. Der Rote Kontinent hat mich schon einige Male in seinen Bann gezogen. Vor allem das Northern Territory ist es, das mich magisch anlockt. Hier tun sich Regionen von unendlicher Weite auf, in denen Seele und Augen keine Einschränkung erfahren. Es sind auch die kräftigen Farben der Natur, an denen ich mich nie satt sehen kann. Rot sind die Felsen, die bei bestimmter Sonneneinwirkung aufleuchten, als würde im Inneren eine Kohleglut geschürt. Frischgrün zeigen sich die Blätter der Eukalyptus-Bäume, die selbst nach langer Trockenzeit noch Lebenskraft aus der Erde zu ziehen vermögen. Schneeweiß ist die Rinde der Geister-Eukalyptus-Bäume, die etwas Besonderes an sich haben und die Aufmerksamkeit der Menschen auf sich richten. Und wo die Aufmerksamkeit hingeht, da geht auch die Kraft hin. Vielleicht ist das das Geheimnis ihrer eigentümlichen Ausstrahlung. Und über diesem Rot, Grün und Weiß breitet sich das unglaubliche Blau des Himmels aus, der hier endlos zu sein scheint, und in dem ich mich stets zu verlieren meine.

Auf der Suche nach der Regenbogenschlange kam ich mit vielen Menschen in Kontakt und wurde dabei mit unterschiedlichsten Meinungen konfrontiert. Viele betrachteten sie als ein wichtiges Symbol unserer Zeit, auf das die Menschen aufmerksam gemacht werden sollen. Aber es gab auch andere Meinungen. Ein australischer Reiseführer behauptete, Aborigines würden nicht gerne über die Regenbogenschlange sprechen. Eine Erfahrung, die ich selbst nicht gemacht hatte. Allerdings an Orten, an denen die Regenbogenschlange wohnt, wird ihr Name nicht erwähnt oder nur im Flüsterton von ihr gesprochen, um sie nicht in ihrer Ruhe zu stören oder gar ihren Unmut herauszufordern.

Eine deutsche Grafikerin, die sich für die Kunst der Aborigines interessierte, meinte, die Regenbogenschlange wäre zu heilig, als daß man darüber reden dürfe. Mit einer solchen Ansicht trennt sich der Mensch jedoch von etwas, an dem er selbst Anteil hat. Er trennt sich von seiner eigenen spirituellen, schöpferischen Kraft. Und solange er sich außerhalb des heiligen Aspektes des Lebens stellt, sieht er nur die eine Hälfte seiner eigenen Ganzheit. Ein junger Australier, der sich mit der Mystik der Aborigines beschäftigte, war der Ansicht, daß das Geheimnisvolle, das es in der Welt noch gibt, nicht entmystifiziert werden sollte. Doch was wir heute aus Distanz heraus als geheimnisvoll bezeichnen, wurde einst als das große heilige Wissen verstanden, das jedem zugängig war, der sich dafür öffnete. Erst mit der Zeit wurde das innere Wissen als Mittel der Macht mißbraucht und war nur mehr einer elitären Schicht wie Priestern oder Herrschern zugängig. Dagegen hatte z. B. bei den Aborigines jeder die Möglichkeit, Wissen zu sammeln, soweit er das moralische Verantwortungsbewußtsein und die Kraft besaß, durch die einzelnen Reifeprüfungen hindurchzugehen. Je weiter wir uns von den Lebensmysterien entfernt haben, desto mysteriöser erschienen sie uns. Und umso weniger Wissen die Masse besitzt, desto leichter ist es für eine kleine wissende Gruppe, jene, die unwissend sind, mit ihrem Willen zu beeinflussen und zu steuern. Nur so läßt es sich erklären,

16

daß Menschen plötzlich Bedenken haben, zu unbedeutenden Nummern gemacht zu werden.

Eine australische Soziologin, die mit Aborigines zusammengearbeitet hat, kreidete Weißen, die über Aborigines schreiben, an, deren Kultur zu vereinnahmen. Man solle ihre Einzigartigkeit bewahren. Die Sache ist nur die, daß den Aborigines ihre Einzigartigkeit schon längst genommen wurde, spätestens seit der Zeit, als christliche Missionare daran gingen, sie umzuformen oder ihnen in Zusammenarbeit mit der Regierung, ihre Kinder – *the lost generation* wegzunehmen, um sie nach westlich-christlichem Vorbild zu erziehen. Hätten dagegen damals die Weißen die Einzigartigkeit und das Recht auf Individualität und Würde jedes einzelnen Menschen respektiert, wäre von Anfang an die Kultur und das Selbstbewußtsein der Aborigines bewahrt geblieben. Nun jedoch sitzen die Ureinwohner Australiens auf der Suche nach ihrer wahren Identität zwischen zwei Stühlen.

Viele von ihnen haben zwar noch ihre Totems und ihre Träume, aber es gibt – abgesehen von einigen wenigen Ausnahmen – kaum noch welche, die sich ausschließlich von Buschpflaumen, Maden oder Echsenfleisch ernähren. Sie kaufen heute genauso in den Supermärkten ein, wie Weiße es tun, und essen deren Hamburger und Hot dogs. Viele von ihnen haben sich daran gewöhnt, in der Art oder Unart der Weißen zu leben, das Geld der Weißen anzunehmen und auszugeben oder an den Gott der Weißen zu glauben. Und für ihre Malereien verwenden sie immer öfter chemisch hergestellte Farben anstelle von Naturmaterialien.

In westlichen Ländern ist das Interesse an der Aboriginalkultur erwacht, und viele möchten mehr über deren altes Wissen erfahren. Dazu bedarf es Vermittler, die auf die

Besonderheiten der Aboriginalkultur hinweisen, aber nicht, um sie als einzigartig zu isolieren oder zu idealisieren, sondern um das Gemeinsame und Verbindende zu entdecken, weiterzugeben und um ehrliches Verständnis zu erwecken.

Auch unter den Aborigines gibt es einzelne Personen, die sehr darum bemüht sind, zwischen ihrer Kultur und der Welt der Weißen eine Brücke zu bauen. Unvergessen wird mir das Zusammentreffen mit David Mowaljarlai, einem Ngarinyin-Aborigine in den Kimberleys, im äußersten Nordwesten Australiens sein. Eine starke Persönlichkeit mit Augen, die von großer Tiefe waren und direkt in die Traumzeit zu führen schienen. Seit dieser Begegnung tauchten immer öfter archaische Bilder und Symbole in meinen Träumen auf, die scheinbar Erinnerungen – mögen sie nun individueller oder kollektiver Art sein – von unten nach oben kehren. David hatte viele Kontakte zu Studenten und rief die *Buschuniversität* ins Leben, um auch interessierte Weiße mit der Kultur der Ureinwohner vertraut zu machen. David Mowaljarlai ist im Sommer 1997 gestorben, aber er hat ein großes geistiges Erbe hinterlassen.

Ein lieber Vertrauter ist mir inzwischen Yidumduma Bill Harney geworden. Mit ihm konnte ich immer offen über Traumzeitwesen reden. Er hat stets versucht, sie mir in verständlicher Form nahezubringen. Bill ist ein wunderbarer Geschichtenerzähler der Wardaman-Aborigines und Hüter ihrer Tradition. Seine Mutter war Aborigine, sein Vater war W.E. (Bill) Harney senior, der erste Ranger im Umfeld des Uluru, der sich als Erzähler und Buchautor einen Namen gemacht hatte. Sein Sohn Bill wuchs bei der Mutter auf und ging durch die Initiationen, wodurch er großes Wissen gewann. Heute trägt er große Verantwortung. Er hat es sich zur Aufgabe gemacht, die Jungen seines Volkes mit dem alten

Wissen vertraut zu machen, damit ihre Tradition erhalten bleibt. Er bringt auch Touristen hinaus auf sein Land, um das er erfolgreich gekämpft hat, und versucht bei den Fremden Verständnis für seine Kultur zu wecken.

Bill bedauert, daß es auf beiden Kulturseiten immer wieder Vorurteile gegenüber den andereren gibt. Einerseits würden die Weißen denken, daß ihr Gott besser sei als die Traumzeitwesen. Anderseits meinen viele Aborigines, die Weißen besäßen keine wirkliche Lebensreife, da sie keine Totems und keine Träume hätten.

»Jeder denkt vom anderen, daß er anders sei. Damit müssen wir aufhören – auf beiden Seiten. Wir müssen einander nicht nur respektieren, sondern auch einander näherkommen.«

Am liebsten erzählt Bill die Geschichte über Jabiringi und Yagdjagbula, die beiden Blitzbrüder, die einerseits die Kräfte der Natur zum Ausdruck bringen, aber als Lichtbrüder ihre spirituelle Qualität erspüren lassen. Dieses Brüderpaar steht im engen Verbund mit der Regenbogenschlange, deren Traumpfad auch das Land der Wardaman durchzieht.

Die schon erwähnte Soziologin gab mir zu verstehen, daß die Regenbogenschlange zum spirituellen Wissen der Aborigines gehöre und daher das Eigentum der Aborigines sei. Doch spirituelles Wissen kann niemals als persönlicher Besitz betrachtet werden. Eine solche Vorstellung kann auch nicht vom Herzen der Ureinwohner kommen, viel eher scheint es sich dabei um kommerzielles Gedankengut zu handeln, das mit der zunehmenden Vermarktung der Aboriginalkultur, vor allem im Tourismusbereich Fuß gefaßt hat. Wie hätte ich auch von der Regenbogenschlange träumen können, wenn dieser Traum gar nicht hätte zu mir kommen wollen? Träume kann man nicht stehlen. Sie erreichen den Träumenden auf ihren eigenen verwobenen, subtilen und magnetischen Bahnen.

Ich sprach mit Bill über mein neues Buchprojekt und fragte ihn, ob seitens der Aborigines die Regenbogenschlange auf ihre Kultur begrenzt gesehen wird.

»Die Regenbogenschlange ist nicht nur über den australischen Kontinent gewandert, ihre Wege umrunden den gesamten Globus. Sie bewegt sich ganz tief in der Erde, dann zeigt sie sich wieder hoch oben als Regenbogen. Ihre Traumpfade verbinden alle Kontinente und als Regenbogen vereint sie auch die Erde mit anderen Planeten.«

Ich erzählte ihm von meinem Traum über die Regenbogenschlange und fragte ihn, ob dieser mehr bedeuten könnte als eine Vorankündigung des Buchprojektes. Auf Bills Gesicht tauchte sein liebenswertes Lächeln auf und sein Blick ruhte einige Sekunden lang ruhig auf mir, als wollte er meine Aura und meine innere Geschichte durchdringen. Dann sagte er: »Es sind unsere Spirits, die zur Zeit versuchen, mit Whitefellas (so nennen Aborigines die Weißen) Kontakt aufzunehmen. Dabei zeigen sie sich gerne in Träumen und hinterlassen auf diese Weise Botschaften. Unsere Spirits benötigen nun alle, die für unsere Kultur offen und bereit sind, mit uns zusammenzuarbeiten, damit das, was wir zu sagen haben, in der ganzen Welt gehört wird. Viele unserer jungen Leute haben kein Interesse mehr an unserer Kultur. Wir haben viele Probleme mit Alkohol und Drogen. Aber wir Älteren wollen nicht, daß unsere Kultur vergessen wird. Und alle, die von unseren Spirits gerufen werden, egal welche Hautfarbe sie haben, können uns dabei helfen.«

Ein paar Tage nach diesem Gespräch träumte ich von einem älteren Aborigine in voller Körperbemalung. Er hatte ein sehr ernstes Gesicht und wirkte äußerst respekteinflößend. Er saß vor einem Zeremonienpfahl und hielt einen message-stick – einen *sprechenden Stab* in der Hand, den er mir reichte. Dieser Gegenstand ist ein hölzerner Stab mit aufgemalten oder eingekerbten Symbolen, mit dem die Ureinwohner einander Nachrichten übermittelt haben. Als ich aufwachte, konnte ich mich allerdings nicht mehr erinnern, ob eine bestimmte Botschaft mit der Übergabe des Stabes verbunden war. Tagelang grübelte ich über die Bedeutung dieses Traumes nach. Dabei trat immer stärker der Zeremonienpfahl, vor dem der Aborigine gesessen hatte, in den Vordergrund. Und ich begann zu begreifen: Der Pfahl ist wie der Stab ein Symbol für einen Kanal – ein Weg der Vermittlung. Und ich erinnerte mich an Bills Worte, daß ich selbst ein *Kanal* sei. Ich müßte nur offen bleiben, dann würde ich zu gegebenen Zeiten mit Informationen versorgt werden.

In der Folge erfuhr ich auch von anderen westlichen Personen, die Botschaften von Aborigines in Träumen übermittelt bekommen. Da war z. B. ein junger Mann, der von Mimis geträumt hatte. Mimis sind geistige Wesen im Arnhem Land, im nördlichen Australien. Sie leben in Felsspalten oder im Busch. Es heißt, daß sie besonders künstlerische Aktivitäten unterstützen würden. Der junge Mann erzählte, daß Mimis ihm Tänze gezeigt hätten, die er nun gemeinsam mit jungen Aborigines in einem modernen Tanzspiel aufführt.

Die englische Fotografin Penny Tweedy, deren Buch *Spirits of Arnhem Land* ich übersetzte, wurde so lange von einem Aborigine-Älteren auf verschiedene Zeichen aufmerksam gemacht, bis ihr Interesse groß genug war, über ihre Kultur eine Bild- und Textdokumentation zusammenzustellen. Und vor einigen Monaten traf ich eine junge deutsche Frau, die auf einem Foto, das sie in der Nähe von Uluru gemacht hatte, einen Ureinwohner als Lichtgestalt entdeckte und seither weiß, daß sie eine Aufgabe im Bereich der Aboriginalkultur haben wird. Die Wege der Aborigine-spirits, sich in das Bewußtsein *offener Kanäle* zu bringen, scheinen so vielfältig zu sein wie die Kleider und Gestalten der Regenbogenschlange.

So mancher mag sich fragen, warum sich Aborigines oder deren Spirits Whitefellas aussuchen, um die Welt auf bestimmte Dinge und ihre Kultur aufmerksam zu machen. Nun, Aborigines haben zwar ihre Träume und ihr spezifisches Wissen, aber nur selten die Möglichkeit und Kenntnisse, in der Sprache und mit den Ausdrucksformen der Europäer ihre Weltensicht anderen nahezubringen. Touristen mögen zwar entzückt sein, wenn ihnen ein Aborigine von seinen Vorfahren, den Buschtomaten oder Honigameisen erzählt. Und sie hören auch andächtig oder zumindest interessiert zu, wenn ihnen die gemalten Wanderrouten der Echsen- oder Raupenahnen erklärt werden, bevor sie ein Bild kaufen. Aber Buschtomaten und Honigameisen lassen sich beim besten Willen nicht mit den sachlichen Begriffen der westlichen Kultur aus dem blauen Himmel heraus in einen uns verständlichen Zusammenhang bringen. Das Bedürfnis *zu verstehen* wird bei aller Respektaufbringung mit den Kindergeschichten, die Aborigines in der Regel den Fremden erzählen, da diese in ihren Augen auf der geistigen Ebene noch Kinder sind, nicht befriedigt. Und die wenigsten Touristen machen sich nach ihrem Urlaub die Mühe, über einzelne Details der Geschichten oder Bilder weiter nachzudenken. Das innere Wesen der Aboriginalkultur wird ihnen weiterhin eine Welt mit sieben Siegeln bleiben. Deshalb benötigen die australischen Ureinwohner Mittler zwischen den Welten. Jeder Mittler benötigt einige Hilfsmittel, um eine Brücke zu bauen. Meine Hilfsmittel sind vor allem Urbilder, Symbole, geoamantische Aspekte, die die feinstoffliche und sensible Struktur der Erde erläutern, und kosmische Prinzipien, die in den *hermetischen Prinzipien* zusammengefaßt sind.

Nachdem jeder Aborigine oder jeder Clan seine eigene *Geschichte* hat und diese einander nicht selten widersprechen, ist es oft nicht einfach, klare Schlüsse daraus zu ziehen. Doch Aborigines gaben mir gelegentlich zu verstehen, daß ich dadurch die Möglichkeit hätte, meine eigenen Erkenntnisse, meine eigene Geschichte zu finden. Mein Anliegen ist es, über unsere eigenen kulturellen Tiefen, die wir zur Zeit – wohl aus einer dringenden Notwendigkeit heraus – wiederentdecken, mitzuhelfen, eine Brücke zu den Träumen der Aborigines zu bauen. Ich habe den *sprechenden Stab* angenommen.

Vielfalt in der Einheit

Die Regenbogenschlange in ihrer Ganzheit zu verstehen ist, als wolle man mit einer Kokosnußschale den Ozean ausschöpfen. Keine Geschichte, die von der *Großen Schlange* erzählt, läßt ihr vollständiges Bild erkennen. Dazu bedarf es vieler Geschichten, Erzählungen, Bilder und darin verborgener Details, die erst aneinandergereiht ihr vielfältiges, komplexes Wesen offenbaren. Stets repräsentiert sie sich in anderen Kleidern, Formen, Gestalten und Wesensarten, und sie wechselt ihr Temperament wie ein Chamäleon seine Farbe. Sie kann jung sein oder alt, männlich oder weiblich, freundlich oder gefährlich.

Immer wieder veranschaulicht sie die großen Gegensätze der Welt, die dennoch in einem Körper wohnen. Einerseits wird in ihr die lebenspendende, wachstumsfördernde Kraft gesehen, die mit Fruchtbarkeit und Heilung in Beziehung gebracht wird, andererseits kann sie auch Zerstörung und Tod bringen. Und sie bestraft Uneingeweihte, die sich unerlaubt ihrer Ruhestätte nähern und alle, die ihre Gesetze nicht einhalten.

Bill sagte über die Regenbogenschlange, die bei den Wardaman als männlich angesehen wird: »Er ist der Meister von allen und von solcher Kraft, daß er die ganze Welt zerstören könnte.«

Während wir im Westen Tod und Zerstörung als persönliche Bedrohung betrachten, sieht der Aborigine letztendlich darin Reinigung, Erneuerung und Wandlung. Es heißt, daß die Regenbogenschlange in der Trockenzeit das Wasser schluckt und in der Regenzeit wieder hervorbringt. Sie versinnbildlicht die Fruchtbarkeitszyklen der Natur und die großen Zyklen des Lebens, des Todes und der Wiedergeburt. In vielen Geschichten wird erzählt, daß die *Große Schlange* Menschen verschlingt und dann wieder ausspuckt. Dies ist eine Metapher für die Initiation, in der der Eingeweihte stirbt, um mit einem erweiterten Bewußtsein neu geboren zu werden. Die Regenbogenschlange wird oft gefürchtet, aber noch viel mehr verehrt. Eine Aborigine-Frau aus Yuendumu (Tanami-Wüste) sagte über die *Große Schlange*: »Sie schenkt der Erde Kraft, macht das Land grün und schön und uns Menschen glücklich.«

Die Regenbogenschlange ist ein vielseitiges, schöpferisches Wesen der Traumzeit von großer spiritueller Bedeutung, das die geistige Welt und die kosmische Ordnung zum Ausdruck bringt. Sie umfaßt psychische, mentale, soziale und ökologische Bereiche, und sie ist die *Große Kraft* hinter allen Naturabläufen. Sie kann Kulturbringer, Totem oder von transzendenter Bedeutung sein. Sie verkörpert die große Vielfalt in der Einheit. Aus dem alten Ägypten, in dem ebenfalls die Schlange Verehrung fand, stammt der Spruch: »Im Körper der Schlange sei genug Raum für viele Wohnungen.« Ein Spruch, der uns an eine Aussage von Jesus erinnert: »Im Haus meines Vaters gibt es viele Wohnungen.«

Viel beschrieben sind die langen Wanderungen der Regenbogenschlange in der Zeit der *Großen Schöpfungsphase*, die die Aborigines Traumzeit nennen. In den meisten Geschichten hat sie ihren Ursprung im Meer, aus dem sie auftauchte, zur Küste gelangte und sich dann durch das ganze Land vorwärts schlängelte. Und während sie über das weite Land wanderte, schuf sie Flüsse und Wasserlöcher, in die sie sich zu bestimmten Zeiten zurückzog oder wieder unterirdisch in ihre Urheimat zurückkehrte. Die Regenbogenschlange war jedoch nicht nur in der Traumzeit aktiv. Immer wieder begibt sie sich auf ihre Wanderung und erfindet dabei neue Gesänge. Daraus läßt sich heraushören, daß sie nicht von starrer, unbeweglicher Natur, sondern unentwegt schöpferisch tätig ist.

In manchen Geschichten trägt die Regenbogenschlange das ganze Land mit all seinen Erhebungen, Schluchten, Flüssen, Pflanzen, Tieren und Menschen in sich. Erst mit dem Erscheinen der Regenbogenschlange beginnt der kreative Teil der Schöpfung und der Prozeß der Materialisation.

Die universelle immerwährende Existenz der Regenbogenschlange hat für alle Aborigines höchste Bedeutung, egal welcher Volksgruppe sie angehören oder welcher Art ihre Totems auch sein mögen. Dabei hat jedes Aboriginevolk, seiner eigenen Sprache gemäß, einen anderen Namen für die Regenbogenschlange. Die Ureinwohner Australiens kennen viele Schlangenhelden, aber erst im Zusammenhang mit dem Regenbogen oder einer Entsprechung dafür, wie es beispielsweise der Bumerang ist, wird darin die Regenbogenschlange transparent.

So vielschichtig das Wesen der Regenbogenschlange ist, so vielfältig wird auch ihr Äußeres beschrieben, das von Region zu Region variiert. Sie kann von unterschiedlicher Größe sein, gilt aber in der Regel als Riesenschlange, die sich oft über eine weite Landschaft oder entlang eines Bergrückens erstreckt.

Wanambi, die Regenbogenschlange der Pitjantjara, hat einen Bart, überlange Fangzähne und eine Haut in den Farben des Regenbogens. Ngalyod, die Regenbogenschlange, die im Arnhem Land wohnt, besitzt den Kopf eines Känguruhs und den Schwanz eines Krokodils. Im Südosten, im Gebiet der Euahlayi-Aborigines lebt die Regenbogenschlange Kurrea. Dieses Wort wurde von einer Mrs. Parker in den dreißiger Jahren mit *Krokodil* übersetzt. Kurrea lebt manchmal ganz tief im Wasser oder zeigt sich hoch oben als Regenbogen. Im Zusammenhang mit dem Regenbogen erweisen sich oft Krokodil, Schlange oder Echse als austauschbar.

Der Geist des Regenbogens verkörpert sich ebenso in den Maratji. Das sind Traumzeit-Geschöpfe, die auf den Melville- und Bathurst-Inseln bekannt sind und als eidechsenähnlich gelten. Den Bildern nach würde ich sie allerdings eher als käferähnlich bezeichnen. Sie haben Hörner oder Fühler, einen lange Unterkiefer, brüllen laut und sind leicht reizbar. Dann können sie das Wasser in Bewegung bringen, bis es überläuft und weites Land überschwemmt. Wegen ihres bunten, schillernden Äußeren und auch, weil sie sich in Regenbogen verwandeln können, werden sie der Regenbogenschlange gleichgesetzt. Erscheinen zwei Regenbogen am Himmel, gilt der erste als der männliche Maratji und der zweite als der weibliche.

Im Südwesten Australiens ist Wagyal ein drachenähnliches, schwarzes Wesen mit einem behaarten Hals. Die Akura-Schlange der Adnyamathanhha-Aborigines im Süden ist eine riesige Wasserschlange mit Mähne, Schuppen und dolchähnlichen Zähnen. Und die Kabi in Queensland kennen eine Regenbogenschlange, die ein Mischwesen aus Fisch und Schlange darstellt.

Im Keep River Nationalpark sah ich auf der Traumzeit-Stätte Nganalam eine rote lange Schlange auf Fels gemalt, die Beine hatte. Und in Oenpelli im westlichen Arnhem Land ist es ein Emu-Mann, der mit der Regenbogenschlange assoziiert wird. Der Emu-Mann Gurudadjji wurde von zwei Männern gefangen. Dabei wurde er von dem einen am Kopf und von dem anderen am Hals festgehalten. Um ihnen zu entkommen, verwandelte sich der große Vogel in eine Regenbogenschlange, die schließlich die beiden Männer verschlang. Der Emu spielt in der Mythologie der Aborigines eine wichtige Rolle. Er ist der Sonne zugeordnet und gilt als Licht- und Gesetzesbringer. Der Emu wird oft auch weiblich gesehen. Ein Beispiel dafür sind die *Sieben Schwestern* des Siebengestirns (Plejaden), die sich in Emus verwandelt haben.

In allen Geschichten sind die eingeflochtenen Details, die so unscheinbar und beiläufig erscheinen, von großer Bedeutung. Doch ihren wesentlichen inneren Zusammenhang wird kein Aborigine einem Fremden auf die Nase binden. Dazu müssen wir uns selbst ein bißchen anstrengen und dabei unsere Intuition, Kombinationsgabe und Phantasie zu Hilfe nehmen. In dieser Geschichte ist es z. B. die Erwähnung von Hals und Kopf. Der Kopf wird allgemein als Sitz des Geistes gesehen, während der Körper für Materie steht. Und der Hals, der mit Kommunikation assoziiert wird, ist das verbindende Glied zwischen Körper und Kopf – zwischen Materie und Geist. Und da der Emu einen besonders langen Hals hat, weist ihn das ganz offenbar als einen besonderen Mittler zwischen den Welten aus. Es liegt am Zuhörer oder Leser selbst, den inneren Qualitäten und Aussagen einer Geschichte oder eines Bildes näherzukommen. Manchmal stolpere ich über ein kleines Detail immer wieder, bis ich dann beim nächsten Mal ein weiteres ergänzendes Puzzle darin erkenne. Da ist z. B. der Name *Gurudadjji,* über den ich einigemal hinweggeflogen bin. Dann plötzlich tritt ganz deutlich das Wort *Garuda* anstelle von *Guruda* hervor. (Aborigines hatten keine eigene Schrift und alle ihre Wörter wurden nach dem Gehör weißer Einwanderer, Missionare oder Ethnologen niedergeschrieben, weshalb es oft Abweichungen in der Schreibweise eines Namens oder Begriffs gibt). *Garuda* ist der Name des hinduistischen Sonnenvogels, der als Reittier des indischen Gottes Vishnu gilt. Er ist ein Repräsentant des Himmels – und das ist auch die Regenbogenschlange mit ihrem geistigen Aspekt. Daß sich der Emu, der Sonnenvogel der Aborigines, in eine Regenbogenschlange verwandelt hat, ist demnach gar nicht mehr so verwunderlich. Auch die Zahl Sieben findet sich in den sieben Farben des Regenbogens, dem spirituellen Ausdruck der *Großen Schlange,* wieder. Und was den Aborigines die *Sieben Schwestern* sind, waren im alten Indien die *Sieben Mütter.* Hier zeigt sich bereits eine der großen Regenbogenbrücken zwischen zwei Kulturregionen. Immer wieder entdeckte ich in den Geschichten und Kulten der Aborigines hinduistische oder tantrische Elemente, die wohl über die indonesische Inselwelt auf den australischen Kontinent gelangt waren, wie später auch islamische Einflüsse. Und daß Aborigines bereits vor dem Auftauchen der Europäer mit anderen Kulturen Kontakt hatten, ist ja erwiesen. Somit kann man auch annehmen, daß andere Kultureinflüsse ebenso in die Vielfalt der australischen Regenbogenschlange miteingewoben sind.

Eine weitere Brücke zwischen der australischen und indischen Mythenwelt dürften die mysteriösen Mischwesen, wie der Bunyip und der Makara, bilden. Der Bunyip wird in

West-Australien und Victoria als eine Seeschlange oder Fischechse beschrieben, die in ihrem Erscheinen auch an einen Emu oder Dingo erinnert. Und der indische Makara wird als eine Mischung von Delphin, Krokodil und Elefant dargestellt. Der Makara fand wie der Garuda mit der Ausbreitung des Hinduismus seinen Weg zur indonesischen und malaysischen Inselwelt. Es benötigt vielleicht einiger Übung im Surfen durch die Welt der Mythen, um zwischen Makara und Bunyip eine Ähnlichkeit zu erkennen. Aber wir dürfen uns dabei nicht von Äußerlichkeiten ablenken lassen. Beim näheren Hinsehen fällt uns auf, daß beide Wesen die drei großen Ebenen des kosmischen Gebäudes verkörpern. Die untere Welt wird durch See-Schlange und Krokodil repräsentiert; die mittlere Welt durch Elefant und Dingo und die obere Welt durch Emu und Delphin. Und der Kanal, der die einzelnen Welten miteinander anschaulich verbindet, ist beim Elefanten der lange Rüssel wie beim Emu der lange Hals. Der Bunyip wird mit der Regenbogenschlange gleichgesetzt und auch der Makara ist ein Wesen von großer Kraft, das zwischen der Urtiefe und der geistigen Region eine Brücke bildet, weshalb er in der hinduistischen Tempelarchitektur als stützender Träger Verwendung findet, der wie Atlas das Weltengewölbe trägt.

Am Deighton River in Cape York (Queensland) wird die Regenbogenschlange Goorialla mit einem weißen Körper dargestellt, der mit roter Kontur umrundet ist. Mit Farbverbindungen bringen Aborigines stets bestimmte Übergänge innerhalb eines Lebenszyklus zum Ausdruck. Weiß und Rot gemeinsam weisen auf den Übergang von der geistigen zur materiellen Welt hin, zeigen also einen Materialisations-Prozeß an. Weiß ist die Farbe der geistigen Welt und Rot ist die Farbe der großen dynamischen Kraft, die jedem geistigen

Plan zur Dichte und Sichtbarwerdung verhilft. Dagegen deutet die Verbindung von Rot und Schwarz auf einen zu Ende gehenden Lebensprozeß und auf die Rückkehr zur Urquelle hin. Schwarz ist die Farbe der Erde, Tiefe und Transformation.

So unterschiedlich die Regenbogenschlange auch gesehen wird, sie steht auf dem gesamten Roten Kontinent mit allen Traumzeitwesen im Verbund, nimmt aber selbst den höchsten Rang unter den aktiven Schöpferkräften ein. Über der Regenbogenschlange steht nur noch jene geistig-spirituelle Kraft, die unserer Gottvorstellung gleichkommt. Viele Aborigines haben keinen Namen für die *Erste Ursache.* Trotzdem diese Kraft meist namenlos bleibt, so ist sie doch für alle existent. Auch Götter der Antike hielten ihren Namen oft geheim, da sie Bedenken hatten, daß Menschen Macht über sie bekommen könnten. Ursprünglich sollen Menschen selbst Zugang zur göttlichen Macht gehabt haben. Einen Zugang, den später Priester und Magier scheinbar nur noch über Machtsymbole fanden.

Manche Aborigine-Völker kennen Allväter Figuren wie z. B. Baiamee (Biamee) im Südosten Australiens. Allväter haben Söhne, die auf die Erde kamen, um die Menschen zu unterstützen oder zu strafen. Ein patriarchalischer Charakter, der Anlehnung am Christentum genommen haben dürfte.

In der Pilbara-Region im Westen Australiens ist Mangela eine Allvater-Gestalt. Er repräsentiert die Urkraft der Welt. Damit ist die in sich ruhende Kraft gemeint, die aus sich selbst keine Tätigkeit hervorbringt und keine Materialisation zu bewirken vermag. Dazu bedarf es der bewegenden, antreibenden Kraft der Regenbogenschlange, die als der abenteuerliche Geist Gottes gesehen werden kann. In den Pilbara wird die *Große Schlange* Warlu genannt. Sie war vom Meer gekommen und landeinwärts gereist und hatte dabei Flüsse wie den Fortesque River und den Millstream geschaffen.

Eine Geschichte erzählt von zwei Männern, die am Fortesque River entlang gewandert waren und dabei einen Vogel getötet hatten und ihn aßen, obwohl er für sie tabu war. Um die beiden Männer, die gegen das Gesetz verstoßen hatten, zu bestrafen, reiste die Regenbogenschlange in einem Wirbelwind herbei und verschluckte sie. Als andere Menschen dagegen protestierten, ließ die Regenbogenschlange eine riesige Wasserwoge über die Menschen hereinstürzen, die großes Verderben brachte. Damit die Menschen eine weitere Chance zum Überleben hatten, ordnete Mangela der Regenbogenschlange an, den Millstream zu schaffen, eine grüne fruchtbare Oase im weiten dürren Buschland. Hier kommt klar zum Ausdruck, daß Mangela die geistigen Ideen hat und an Warlu weitergibt, der sie dann zur Ausführung bringt.

In vielen Aborigine-Geschichten wird auf die Notwendigkeit hingewiesen, kosmische Gesetze einzuhalten, um das Fortbestehen ihrer Gemeinschaft als auch ein fruchtbares Zusammenwirken mit den Kräften der Natur zu garantieren. Diese Gesetze lehren z. B., andere Menschen und alle Lebewesen ernst zu nehmen und zu respektieren und keine bösen Dinge zu sagen oder zu tun. Der Vogel in dieser Geschichte erinnert an die verbotene Frucht, vergleichbar mit dem Apfel, mit dem Eva, der biblischen Geschichte nach, Adam im christlichen Paradies unter dem Einfluß der Schlange verführte. Doch erweisen sich Vogel und Schlange in dieser Erzählung im Verbund, zwei Symbole, die in vielen anderen Mythen den Kampf bzw. die Reibung zwischen

Himmel und Erde zum Ausdruck bringen, die nötig ist, um Fruchtbarkeit und Wachstum zu bewirken.

Die Regenbogenschlange hat bei ihrem großen Schöpfungswerk auch dafür gesorgt, daß die Erde ein stabiles, inneres Gerüst bekommt, ähnlich wie Mensch und Tier mit ihrem Knochenbau. Die Pilbara, die von unzähligen Erzadern durchzogen ist, wird z. B. von den Aborigines *Fischgrätenland* genannt. Und eine Fischgräte entspricht dem Knochenbau von Mensch und Tier.

In so mancher Geschichte wird erzählt, daß die Regenbogenschlange die Knochen verschlungener Menschen ausspuckt, etwa in einem Flußbett, das ebenfalls als kalkhaltige Knochenröhre gesehen wird, durch die die *Große Schlange* in ihrem Inneren entlangströmt. Und so fließt die Regenbogenschlange durch alle Röhrensysteme, um dem inneren Gerüst aller Lebensformen Elastizität und Kraft zu geben.

Um uns der inneren Natur der Regenbogenschlange etwas anzunähern, mögen wir sie als ein Symbol, geistiges Prinzip oder ein kosmisches Konzept in Betracht ziehen, doch für Aborigines ist sie stets ein lebendiges, vitales, universelles Wesen, das sich nicht begrenzen oder festhalten läßt.

I

Quellen der Kraft

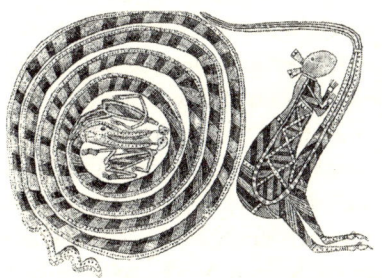

Aus den bisher kurz umrissenen Aspekten der Regenbogenschlange läßt sich nicht nur ihre immense Vielfalt
erahnen, sondern vor allem ihre *Große Kraft*, die alle Lebensformen verbindet, sowie ihre mächtige Aufgabe innerhalb der kosmischen Ordnung. Zuerst möchte ich auf einige
Kraftquellen eingehen, hinter denen die schöpferische und
dynamische Energie der Regenbogenschlange steht und
wirkt, ohne daß sie dabei unbedingt selbst direkt in Erscheinung tritt.

Die Regenbogenschlange ist im Grunde genommen überall da zu finden, wo die *Große Kraft* zuhause ist, dort z. B., wo
sich die Natur lebendig und pulsierend anfühlt, wo die Vegetation üppig ist, Pflanzen und Blumen eine große Entfal-
tung zeigen, Tiere und Menschen fruchtbar sind. Sie stürzt
über steile Felswände, fällt mit dem Wasserfall in die Tiefe,
wirkt in heilenden Wassern, wohnt in tiefen Wasserlöchern
und allen Orten der Kraft. Sie reist mit dem Wind und den
Regenwolken, sie bewegt die Planeten und ist eng an Sonne
und Mond geknüpft. Sie ist aber auch im Inneren des Menschen zu finden, ist seine bewegende, antreibende Kraft, ist
mit seinem Willen, seinen Gefühlen und seinem Geist verbunden. Schlußendlich erkennen wir, daß die Regenbogenschlange das Leben selbst ist oder besser gesagt *die Kraft allen Lebens*.

Traumzeit – Die *Große Geschichte*

Große Kraft beziehen die Aborigines aus ihrer Traumzeit, der
Zeit der großen Schöpfungs-Vorgänge. Die Traumzeit ist das
Große Lied der Schöpferwesen, das die Welt in Schwingung,
in Bewegung versetzte. Die Zeit des Traumes ist jedoch nicht

allein Vergangenheit, sondern auch stets Gegenwart. Sie lebt weiter in Geschichten, Liedern, Tänzen und Bildern – und im Land selbst, dem das *Große Lied* und die *Große Geschichte* eingeschrieben sind. Land, Lied und Geschichte sind eins.

Die Schöpfungsmythen der Aborigines berichten, daß es am Anfang der Zeit weder Sonne, Mond noch Sterne gab, und die Erde eine schlammige, eintönige Masse ohne Gestalt war. Doch in ihr ruhten alle Keimzellen des Lebens, die darauf warteten, erweckt zu werden. Dann kam der erste Schöpfungstag und die Sonne ging auf. Ihre Strahlen drangen auch unter die weiche Rinde der Erde und es regte sich in ihrem großen Bauch. Unzählige Wesen krochen an die Oberfläche. Echsen, Emus, Dingos, Honigameisen, Buschtomaten und Grasbäume reckten sich dem wärmenden Licht entgegen. Mit einem lauten, lebensbejahenden Ruf begrüßten sie das Leben. Dieser Urschrei versetzte die ganze Welt in Schwingung. Eine mächtig tönende Welle hob an, die nicht mehr zum Stillstand kam. Ein großes Lied ging daraus hervor, deren unzählige Strophen von den schöpferischen Helden in alle vier Himmelsrichtungen und Teile des Landes getragen wurden. Und wo immer sie entlang wanderten, hinterließen sie pulsierende Liederwege. Auf diese Weise richteten die Schöpferwesen die Lebensadern der Erde ein. Dabei übertrug sich auf jeden Weg jene Tonfolge, die das Traumwesen sang. Klangreihen, die heute noch von ihren Erben gehört werden können.

Und während die schöpferischen Wesen auf ihren weitvernetzten Wegen voranschritten, gaben sie allen Lebensformen unterwegs einen Namen – klangvolle Namen. Und jeder Name hatte seine eigene Kraft, sein eigenes Geheimnis, seinen eigenen Code. So wurden alle Lebensformen in Existenz gerufen und alle waren miteingestimmt in das

Große Lied. Auch wenn jedes Lebewesen, und dazu zählen auch Steine und Pflanzen, seine eigene Tonfolge besaß, so waren sie doch alle durch den Urton und der großen schöpferischen Kraft miteinander vereint.

Auch der Mond und die Sterne erhielten ihre Aufgaben, um die Sonne nachts zu entlasten und die Welt ins Gleichgewicht zu bringen. Nachdem sie ihre Arbeit getan hatten, kehrten die Schöpferwesen entweder in das Innere der Erde oder in jene Region, die *über dem Himmel* liegt, zurück.

Tjukurpa nennen die Anangu in Zentral-Australien die Traumzeit. Damit ist aber nicht nur die kreative Phase gemeint, in der die *Großen Helden* das pulsierende Liedsystem auf der Erde eingerichtet haben, sondern auch die Grundlage der sozialen Ordnung, das Gebot, sich umeinander zu kümmern und die Basis des Verantwortungsbewußtseins allen Lebensformen gegenüber.

In Tjukurpa wurzelt ihr kulturelles Erbe und alles, was gewußt und verstanden werden muß. Sie beziehen daraus das Wissen um die Zusammenhänge zwischen Mensch und Natur, zwischen den Menschen und dem Land, den Tieren, Pflanzen und Steinen, sowie das Wissen um die Beziehung zwischen den Menschen und den Elementen.

Traumzeit ist ein Wort, das die Weißen geprägt haben. Ein Wort, dem die Ureinwohner anfangs mißtrauisch gegenüber standen, da der Traum für sie nicht die Traumwelt – die Scheinwelt ist, wie die Whitefellas den Traum sehen. Der Traum ist für sie keine Illusion, sondern Wirklichkeit und die ganze Wahrheit. Aber inzwischen haben Aborigines dieses Wort akzeptiert und in ihren eigenen Sprachgebrauch mitaufgenommen.

Da Aborigines vor dem Kontakt mit den Weißen keine Schrift kannten, haben sie den Traum – ihre *Große Geschich-*

te – mündlich von Generation zu Generation weitergegeben. Aborigines lieben Geschichten, die wie alle Mythen und Legenden unterschiedliche Qualitätsebenen besitzen.

Die ganze wahre Geschichte, die bis zum innersten geheimen Kern des Traumes vordringt, kennen nur die Vollinitiierten, – jene, die durch alle Reifestufen gegangen sind – ein stufenförmiges Bildungssystem, das dem unseren nicht unähnlich ist, nur daß das, was gelehrt wird, ganz andere Wertigkeit besitzt. Wer die gesamte Geschichte kennt, besitzt das ganze Wissen und damit natürlich Macht, die allerdings der Moral nach, die die Traumwesen lehrten, nur für Wohlergehen, Fortbestand und gerechten Ausgleich benutzt werden darf. Mit jeder Einweihungsstufe wird den Novizen etwas mehr Wissen übermittelt. Das können wir uns am Beispiel einer Zwiebel vorstellen. Schale für Schale kommt der Initiand dem inneren Wissen näher.

Es gibt Geschichten, die nur für die Ohren der Männer, und andere die nur für Frauen bestimmt sind. Kinder und Nichtinitiierte kennen nur die äußere Hülle, die der Unterhaltung dient. Das sind Geschichten, die auch Whitefellas hören dürfen. Menschen der westlichen Kultur werden von den Aborigines als Unwissende betrachtet und deshalb auf die Stufe eines Kindes gestellt. So besitzen Aborigines auch stets nur das Wissen, das an sie weitergegeben wurde oder das sie sich erarbeitet haben. Darin unterscheiden sie sich nicht von anderen Menschen. Es gibt sie aber noch, die *clever men* und *clever women* – die klugen Leute im spirituell-ganzheitlichen Sinn, die die inneren Geheimnisse des Traumes, die Mysterien des Lebens erfahren haben. Wieviele *Wissende* es aber sind, das wird kaum ein Weißer je erfahren.

Das Wissen, das durch geheime Einweihungen vermittelt wird, füllt die innere Leere des Menschen und beantwortet viele offene Fragen. Wo dies ausbleibt, wird die Leere empfänglich für andere Informationen, die oft von der inneren Suche nach wahrem Wissen eher wegführen.

Daß heute nur noch wenige Aborigines durch ihre ganze Initiationsreihe gehen und viele gar keine Initiationen mehr erfahren, liegt an den großen sozialen, ökologischen und ökonomischen Veränderungen, die in ihr Leben getreten sind, an den Auswirkungen der modernen Welt, aber auch am Einfluß christlicher Missionstätigkeit, die in manchen Regionen zu einem nicht geringen Maß die Traumwelt der Aborigines verändert hat.

Allgemein gesehen kann wohl behauptet werden, daß Aborigines im Kollektiv wieder stärker geworden sind, nachdem sie sich nach langen und zähen Bemühungen um ihre Landrechtsansprüche durchzusetzen vermochten. Aber ein Großteil ihrer Konzentration richtet sich heute auf politische und wirtschaftliche Ziele. Diese werden vor allem von jenen verfolgt, die die schwarze und weiße Kultur in sich selbst vereinen, zwei Weltanschauungen wie sie konträrer nicht sein können, und die zwischen diesen beiden Welten ihre eigene Identität suchen. Aber jene Älteren, die noch die ursprüngliche Kultur der Aborigines vertreten, machen sich um den zunehmenden Verlust der spirituellen Lebensqualität ihrer heranwachsenden Generationen große Sorgen.

Aufgrund populärer Publikationen über die Ureinwohner Australiens hat sich in einem nicht geringen Ausmaß im Westen die Vorstellung breitgemacht, daß alle Aborigines *Weise* seien und das große Wissen besäßen. Eine Erwartungshaltung, bei der sich Aborigines nicht besonders wohl fühlen. Und schon gar nicht wollen sie aus einem naiven Überschwang heraus als *Heilige der Wüste* oder als romantische Helden im verklärten Licht gesehen werden. Auch sie sind Menschen wie alle anderen – mit allen Vorzügen und allen Schwächen.

Seit Jahrtausenden haben Aborigines mit den Gewalten der Natur gelebt. Sie wurden stets mit Härtesituationen konfrontiert, die sie geprägt und gezeichnet haben. Doch trotz ihrer physischen Existenzkämpfe haben die australischen Urbewohner ihre innere Welt mit großer Sorgfalt genährt und gepflegt und vor allem ihre Geschichten bewahrt. Eingeweiht in große Lebensmysterien oder nicht – auch heute noch halten sie unbeirrbar an ihren Geschichten fest, die ihnen weiterhin Vertrauen in ihre eigene Kultur und deren Fortbestand geben. Geschichten sind auch oft ihre letzte Verbindungsschnur zu ihrer Traumzeit – zu ihrer tiefen, inneren Quelle der Kraft.

Liederpfade – Wege der Kraft

Untrennbar mit der Traumzeit verknüpft sind die Liederpfade, jene Wege, die die Helden der Traumzeit mit ihren Gesängen zum Pulsieren brachten und damit das ganze Land rundum in Schwingung versetzten.

Manche Aborigines bezeichnen diese Wege als Geschichtslinien, da entlang dieser Pfade ihre Geschichten gewandert sind, die sie mit ihrer anfänglichen Herkunft verbinden. Die *Songlines*, wie Bruce Chatwin sie mit seinem gleichnamigen Buch weltweit bekannt gemacht hat, können zwei oder drei Territorien verschiedener Aborigine-Gruppen oder auch den gesamten Kontinent durchziehen, wie die Wege der Regenbogenschlange. Jeder Pfad ist identisch mit einem Lied. Jedes Aborigine-Volk ist jedoch nur im Besitz jener Strophen, die der Wegstrecke innerhalb ihres Gebietes entsprechen. Jedes einzelne Territorium bzw. jede Strophe stellt sozusagen ein Detail einer Landschaftskarte dar; erst aneinandergefügt ergibt sich eine gesamte Übersichtskarte.

Wer das Land der Nachbarn betreten wollte, was nur entlang der Liederwege möglich war, mußte erst dessen Strophen kennen. Ein solches *Wegerecht* konnte bei Zusammenkünften mit benachbarten Gruppenmitgliedern erhalten werden. Solche Zusammenkünfte fanden meistens an Traumwegkreuzungen statt. Das waren frequentierte Versammlungsorte, an denen Ehen arrangiert, Neuigkeiten, Waren, Kultobjekte, Ocker – und auch Liedstrophen ausgetauscht wurden. Geben und Nehmen ist ein Gesetz der Natur und danach orientierten sich auch Menschen, die im engen Verbund mit ihr lebten.

Nachdem keine Gruppe über ein ganzes Lied verfügte, waren sie im rituellen wie ökonomischen Sinn voneinander abhängig und respektierten in der Regel den Lebensraum der anderen. Kamen Grenzverletzungen gelegentlich vor, wurden diese schwer bestraft. Ein ganzes Lied, eine ganze Geschichte kannten nur die *klugen Leute*. Das heißt, je mehr Wissen sich einer erarbeitet hatte, desto weiter war er – im wahrsten Sinn des Wortes – gekommen.

Lieder und Geschichten weisen den Weg. Wer sie kennt, weiß, wo es z. B. Nahrung und frisches Quellwasser gibt. Sie führen aber auch zu den heiligen Orten. Um all diese Plätze zu finden, mußte genau der Rhythmus des Liedes eingehalten werden, der als Maßstab einer bestimmten Wegdistanz gilt. Traumpfade wurden zwar auch als Handelswege benutzt, waren aber in erster Linie heilige Pfade – *Wege der Kraft*, so wie unsere Pilgerwege es sind.

Damit die Kraft des Weges bzw. das Fließen der Kraft nicht erlahmte, wurden sie zu bestimmten Zeiten durch eine rituelle Begehung, einem sogenannten *Walkabout* aufgefrischt. Dabei vollzogen die Erben der großen Traumzeitwesen die uranfänglichen schöpferischen Akte aufs neue, eine Handlung, bei der ein Austausch zwischen den Kräften der Natur und den psychischen Kräften des Menschen stattfand. Indem der Mensch dem Weg bewußt Aufmerksamkeit schenkt, überträgt sich auf ihn seine gesamte konzentrierte Kraft. Und mit den alten Liedern, die er singt, regt er die dem Weg innewohnende Kraft aufs neue an bzw. bringt er damit den Urton der Erde in den subtilen Kanälen der Traumwege erneut zum Schwingen. Gleiches geschieht in unseren Regionen auf den Wallfahrtswegen, wenn die Pilger hingebungsvoll und inbrünstig religiöse Lieder singen und Bitt- oder Dankgebete sprechen. Mag auch heute vielen das Bewußtsein um den inneren Austausch mit der Natur verloren gegangen und eine Wallfahrt oft eine leere Nachahmung sein, so erinnern doch noch Fronleichnams-Prozessionen oder Stephani-Ritte an vorchristliche Flurbegehungen – an unsere eigenen alten Walkabouts, mit denen, einem universellen Gesetz folgend, die Kräfte der Natur zum Erstarken gebracht und alles Wachstum rundum angeregt wurde. In allen Regionen der Welt galt das Begehen heiliger Wege als ein Ritual, das den Menschen mit der äußeren und inneren Welt vereint.

Das Lied eines Weges reflektiert nicht zuletzt auch die Schwingung des in ihm verborgenen Mineralien-Vorkommens und dessen Zusammensetzung. Die Totemwesen, die in der Zeit der Schöpfung die Traumwege gewandert und in diese eingegangen sind, können als lebendige Urbilder oder

Prototypen bestimmter Pflanzen- oder Tierarten verstanden werden. Jede Pflanzenart benötigt bestimmte Mineralien und einen bestimmten Nährboden, um gedeihen zu können. Wir vermögen auch bei uns bestimmte natürliche Pflanzenwuchszonen oder -linien auszumachen. Da gibt es z. B. Wiesen, auf denen vorwiegend Margariten wachsen und anderswo vorwiegend Kuhschellen. Und offenbar werden auch Tiere von bestimmten verborgenen Kraftquellen angezogen, die ihnen gut tun. So folgt jede Tierart einer bestimmten Energieströmung, die mit ihrer eigenen mineralischen Zusammensetzung und der davon ausgehenden Schwingung korrespondiert. Inzwischen wissen wir von Tieren wie den Walen, Delphinen, Ameisen oder Vögeln, daß sie subtilen magnetischen Bahnen folgen.

Während ich über Krokodile Nachforschungen anstellte, um ihre Bedeutung in alten religiösen Kulten herauszufinden, entdeckte ich beispielsweise, daß im südlichen Ägypten, unterhalb der Tempelanlage von Kom Ombo, Krokodile in einem Kanalsystem gehalten wurden, da diese eine besonders ausgewogene Mineralienzusammensetzung aufweisen, deren Ausstrahlung eine heilende Wirkung auf den Ort und die Menschen hatte, die den Tempel aufsuchten. Es heißt, daß Krokodile eine außergewöhnlich gesunde und robuste Natur besitzen und sie kaum anfällig für Krankheiten sind.

Es wird jedenfalls vermutet, daß Tiere und Pflanzen nur an jenen Orten gedeihen können, die mit ihrer eigenen Schwingung in Resonanz stehen. Und Menschen, die ein Totem besitzen, identifizieren sich mit diesen Energiequalitäten bzw. können sich total auf deren Schwingungsfrequenz einpendeln. Eine solche Anschauung mag dem westlichen Menschen etwas fremd sein, aber auch in unseren Alpen gibt es z. B. Mineraliensucher, die sich im Laufe der Jahre auf bestimmte Mineralienarten eingestellt haben und von diesen förmlich magnetisch angezogen werden. In der Schweiz werden Mineraliensucher nicht grundlos *Strahler* genannt, was deutlich genug auf die strahlende Wirkung der Mineralien hinweist.

Bei der Planung von Eisenbahnstrecken oder neuen Straßenführungen stießen Weiß-Australier nicht selten auf den Widerstand seitens der Ureinwohner, wenn das Bauvorhaben einen Traumpfad zu unterbrechen drohte. Ähnliches erlebten auch Europäer in China, die so manchen Bauplan aufgeben mußten, da die Chinesen es nicht zuließen, daß an einer bestimmten Hügelkette der Schwanz des Drachens oder Kopf des Tigers verletzt worden wäre, denn das hätte äußerst ungünstige Lebensperspektiven mit sich gebracht. Das waren Argumente, denen der rationale Verstand hilflos und rätselnd gegenüberstand.

Inzwischen ist einiges über die Drachenwege der Chinesen, die den Liederpfaden der Aborigines entsprechen, veröffentlicht worden. Und der Europäer erfuhr über subtile Energiebahnen, die er zwar nicht sehen, aber die doch von sensitiven Menschen mit Händen, Fingern, Fußsohlen oder im Bauchbereich wahrgenommen werden können. Ein einfaches Instrument, mit dem subtile Energieströme oder -felder aufgespürt werden, ist die Wünschelrute, die seit Jahrtausenden benutzt wird, um Wasser oder ungesunde Störzonen ausfindig zu machen. Ob in Asien oder Afrika, Einheimische wunderten sich immer wieder über westliche Experten, daß diese, die sonst so klug taten, ihre Häuser, Hotelanlagen, Fabriken oder Kirchen auf ungünstigen oder gar Unglück bringenden Plätzen errichten wollten. Sie begriffen nicht, daß jemand einen Ort zum Wohnen oder gar

Beten ganz willkürlich auswählt, ohne das Standortmilieu genau in Augenschein zu nehmen.

Allerdings mußten unsere Altvorderen um das Geheimnis der subtilen Energiefelder und -Wege gewußt haben, da den Standorten alter Kultstätten, Kloster oder Wallfahrtskirchen offensichtlich ein gewisses System zugrunde liegt. Michaels- und Marienkirchen liegen stets auf jenen stark pulsierenden Lebensadern der Erde, welche die Chinesen Drachenpfade nennen. Michaels- und Marienwege besitzen auch jene hohe Energiequalität, die den Traumpfaden der Regenbogenschlange entsprechen.

Ein solcher führt z. B. durch die Tanami-Wüste. Es ist der Liederweg von Jarapiri, wie die Warlpiri- und Ngalia-Aborigines die *Große Schlange* nennen. Ihre Route beginnt in Winbaraku, wo sie aus einem Felsen hochsteigt. Ein Platz, der mit mächtigem Kurunba, der *Großen Kraft* gefüllt ist. Die Kraft soll hier so stark sein, daß Unbefugte, die ihr zu nahe kommen, riskieren, blind zu werden.

Jarapiris Traumpfad führt in nördliche Richtung über Talkalku zur Jukiuta-Höhle bei Ngama, bevor er seinen Weg ins Arnhem Land und zum Meer fortsetzt. Der Zutritt zur Höhle von Jukiuta ist keiner Frau und keinem Mann unter dreißig Jahren erlaubt. Die Älteren und Hüter des Platzes, die den bereits reiferen Eingeweihten das Felsenbild von Jarapiri, der roten Schlange zeigten, nahmen deren rechte Hand und führten diese in einer streichenden Bewegung über die ganze Länge der *Großen Schlange*. Jarapiri ist der männliche Schlangenmann, der mit seiner Frau Jambali und seinen Söhnen hier unterwegs ist. Es heißt, der Weg, den sie gehen, sei aus weißen Quarzsteinen gemacht. Es ist ein gerade verlaufender Weg, auf dem die jungen Schlangen Vater und Mutter entlangziehen oder auf dem Kopf tragen. Die jungen Schlangen repräsentieren die Quarzkristalle, die besondere Energieträger sind.

Die Jarapiri-Geschichte gibt uns vor allem den Hinweis auf die tragende, speichernde und weiterleitende Eigenschaft des Quarzkristalls. Mit dem Beginn des 20. Jahrhunderts wurde der Kristall auch für die elektronische Industrie entdeckt. Ein revolutionärer Schritt in der modernen Forschung. Kristalle finden heute z. B. in unseren Fernseh- und Radiogeräten, Uhren und Computern Verwendung.

Die kleinen Kristallchips, die als Gehirn oder Gedächtnis des Computers betrachtet werden, bestehen aus piezo-elektrischem Silikon-Dioxid. Diese Kristallart besitzt wie eine Batterie einen *positiven* und *negativen* Pol, und damit die Fähigkeit, elektrische Energie aufzunehmen bzw. Informationen zu speichern und Impulse in Form vibrierender Wellen abzugeben. Damit erweist sich der Kristall als Empfänger und Sender zugleich – und das ist auch der Mensch, der ebenfalls bipolar ist und damit eine innere Leitung zwischen dem *positiven* und *negativen* Pol besitzt.

Frank Dorland, ein Kristallexperte, der für die Computerfirma Hewlett-Packard in der Forschung tätig war, kam zu der Ansicht, daß die Energiewellen, die der Mensch produziert, von Quarz-Kristallen empfangen werden können. Das heißt, daß auch seitens der Wissenschaft in Erwägung gezogen wurde, daß zwischen Kristallen und Menschen eine energetische Wechselwirkung bestehen könne, bzw. ein gegenseitiger Austausch von Informationen – also eine Kommunikation möglich sei. Und es werden ja bereits Experimente mit Computern durchgeführt, die nur mit Hilfe von Gedankenimpulsen benutzt werden – also ohne Tastatur, um damit z. B. Behinderten die Arbeit mit Computern zu ermöglichen.

Ein anderer bekannter Kristallexperte war Marcel Vogel, der für IBM Forschungen mit Kristallen durchführte. Vor einigen Jahren nahm ich an einem Workshop teil, in dem die Teilnehmer nach seiner Methode lernten, Kristalle mittels konzentrierter Gedankenkraft zu programmieren und zu laden. Bevor das gedachte oder visuell vorgestellte Programm in den Kristall hineinprojiziert wurde, mußte der Kristall solange in der linken Hand geknetet werden, bis er sich klebrig anfühlte. Ein Zeichen, daß der Kristall aufnahmebereit geworden war und die eingegebene Information sozusagen *kleben* bleiben würde. In einem Experiment konnten wir z. B. mittels entsprechend programmierter Kristalle die Qualität von Wasser und Wein drastisch verändern. Das sollte nur eine Demonstration sein, um uns der Wirkung programmierter Kristalle bewußt zu werden. Die Verwendung von Kristallen hat jedoch ihre edelste Aufgabe darin, Heilungen und Klärungen vorzunehmen.

· In diesem Workshop erfuhren wir, daß Kristalle mit unserem Unterbewußten in Kommunikation treten können, wobei nicht nur das individuelle Unterbewußte angesprochen, sondern auch das kollektive Unterbewußte aufgerufen wird. Auf diese Weise werden bestimmte Botschaften oder alte kollektive Erinnerungen, wie z. B. Erfahrungen unserer Vorfahren – oder wie bei den Aborigines Erinnerungen an die Schöpfungszeit – in das Bewußtsein der Menschen gebracht. Diese Impulse gehen in einer Art Ausstreuung vor sich, und wer die entsprechende Wellenlänge hat, empfängt sie. Der Mensch besitzt zwar seine eigenen Schaltkreise, um selbst Gedanken und Ideen zu produzieren, aber wer seine Kanäle offenhält, empfängt auch von außen kommende Impulse und Signale. Doch wie bei einem Radiogerät können wir nur empfangen, wenn wir das *Gerät* eingeschaltet haben, also der Kanal geöffnet ist.

Der Kristall ist offensichtlich ein bedeutendes Symbol der Kommunikation und Vernetzung. Und als Wege der Kommunikation können auch die vernetzten Liederpfade der Aborigines angesehen werden. Das mag nicht zuletzt an der kristallinen Struktur dieser Wege liegen. Wenn bereits dieses kleine dünne Plättchen in einem Computer, das Chip genannt wird, eine immense Speicherqualität aufweist, wie viel mehr Informationen müssen dann die Kristalladern der Erde aufnehmen können. Und so wie sich Informationen in einem Computer eingeben und wieder abrufen lassen, so ähnlich verhält es sich auch mit natürlichen Kristallen.

Da menschliche Körper wie Quarzkristalle permanent elektromagnetische Signale in die Atmosphäre aussenden, beeinflussen sie einander, sobald sie zusammentreffen. Das mag vielen alten Völkern das Geheimnis gewesen sein, mit anderen Menschen über weite Distanzen hinweg zu kommunizieren. Über das kristalline Netz, das sich um die Erde ausbreitet, mögen Gedanken und Visionen weit gereist sein. Eine Kommunikationsart, die manche Telepathie bezeichnen mögen.

Aborigines, die die Fähigkeit besitzen, in der Welt der Psyche, der inneren Welt – die auch die Welt des Taumes ist – zu surfen, können auf diese Weise die Informationen, die ein Weg oder ein Ort enthält, über die kristalline Struktur, deren Impulse an das Unterbewußte der Menschen gekoppelt ist, ablesen oder deren *Lieder* hören. Die vibrierenden, schwingenden Wellen, die von einem pulsierenden Weg oder Ort ausgehen, werden erst über den Empfindungsbreich aufgenommen, die sich dann in inneren Bildern oder Inspirationen bemerkbar machen. Eine Erfahrungsebene, die für rein an die Ratio gebundene Wissenschaftler nur schwer zu fassen ist.

Als besonders starke Energie- und Informationszentren gelten Uluru (Ayers Rock) und Wilpena Pund, zwei der bedeutendsten Traumzeit-Stätten, die auf riesigen Kristallen gebettet sein sollen. Beide Plätze werden von den mächtig pulsierenden Pfaden der Regenbogenschlange umwunden. Quarzkristalle sind für die Aborigines eine reine Ausdrucksform der Regenbogenschlange, da sich in ihnen das Licht der Sonne und die Kraft des Wassers verbinden. Das sind die beiden wichtigsten Kraftaspekte der *Großen Schlange*, die ihre Bipolarität zum Ausdruck bringen. Das Licht entspricht dem geistigen Feuer und ist dem elektrischen Himmel zugeordnet und das Wasser steht für Tiefe und die magnetische Erde. Feuer und Wasser – die rote und weiße Kraft – werden in der Jarapiri-Geschichte durch Schlangenvater und Schlangenmutter verkörpert. Es sind gegensätzliche Kräfte, die sich auf einem heiligen Pfad vereinen, um mit ihrer *Reibung* Elektrizität zu erzeugen und damit die Kraft des Landes anregen.

Jeder Mensch ist ein magnetisches Wesen, doch Aborigines haben das Wissen darum bewußt angewandt. Mit ihrer intuitiven und auch geförderten Fähigkeit vermögen sie die Liederwege der großen Schöpferwesen und Totem-Ahnen aufzuspüren. Um diese zu erhöhen, benutzen sie auch Hilfsmittel. Unterstützend wirkt dabei roter Ocker, mit dem sie ihren Körper einreiben. Ocker wird aus der Tiefe der mütterlichen Erde geholt und war den Ureinwohnern ein heiliges Material zur Farbenherstellung und deshalb ein begehrtes Handelsgut. Die magnetische Kraft des Ockers wird seinem eisenhaltigen Hämatitanteil zugeschrieben. So sollen Aborigines aufgrund der Anziehungskraft des Ockers leichter die vibrierenden Wege und Orte inmitten des weiten Buschlandes geortet haben. In höheren Initiationen wurden den Eingeweihten ein Kristall in die Zunge oder auf der Stirn eingesetzt, worauf der Kristallträger sensibler auf die Magnetlinien und -felder der Erde reagierte und die in Erde und Gestein gespeicherten Informationen leichter ablesen konnte.

Der gerade Weg, den die Schlangenfamilie durch die Tanami-Wüste entlangwandert, ist ein subtiler Energiestrom, der den Leylinien, wie sie in England und inzwischen auch in anderen europäischen Ländern genannt werden, entsprechen dürfte. Während unterirdische magnetische Strömungen sich in der Regel in Wellen oder Spiralen fortbewegen, den Wasserläufen oder Luftbewegungen ähnlich, bilden die Leylinien gerade Bahnen, die bis zu einigen Metern breit und ein paar Kilometer oder gar tausende Kilometer lang sein können.

Leylinien gelten als besonders lebens- und wachstumsfördernd und haben direkten Einfluß auf Fauna und Flora. Sie steigern aber nicht nur die Fruchtbarkeit, sie wirken auch inspirierend und stärken die Geisteskräfte. Da Leylinien eine besonders dynamische Energie und auch eine emotionale Qualität besitzen, werden sie von Menschen leichter über das Nervensystem, bzw. ihr Empfindungsvermögen wahrgenommen als andere subtile Energieströmungen.

Die hohe Energiefrequenz einer Leylinie wirkt bewußtseinserweiternd, indem sie sich auf die Energiefrequenz des menschlichen Gehirns überträgt, das dadurch empfänglicher für neue Wahrnehmungen und Inspirationen wird. Da auf einer Leylinie nicht nur der Geist, sondern auch die Psyche aktiviert wird, können unterdrückte Gefühle an die Oberfläche treten.

Marco Pogacnik, ein sensibler Künstler und Landschafts-
gestalter aus Slowenien, der mit seinen neuzeitlichen
Steinsetzungen und Kosmogrammen Wesentliches zur
Landschafts- und Ortsheilung in europäischen Ländern beigetragen hat, beschreibt Leylinien in ihrer inneren Struktur
als doppelte Spiralwirbel, die ober- und unterhalb der Erde
wie in einem Spiegelbild verlaufen und im Querschnitt gesehen die Form einer Sanduhr aufweisen. Ein Aborigine hat
einmal ähnlich die dynamische, spiralförmige Bewegung
von zwei Regenbogenschlangen aufgezeichnet.

Aufgrund ihrer stark pulsierenden Kraft wird die Leylinie eher als maskulinie Energie gedeutet, aber gleichzeitig
besitzt sie eine weiche, feminine, sanft kreisende und fließende Energie, so als würden zarte Elfen- oder Feenwesen
an ihr entlangtanzen. Es sind diese *tanzenden* Energiemuster,
die Aborigines im Inneren der Landschaften wahrnehmen
und in Bildern wiedergeben. Ihre Malereien zeigen Spiralen, Kreise, Energiewirbel und dazwischen verbindende Linien – Zentren und Wege der Kraft.

Genaugenommen ist *Ley* eine Bezeichnung für auffallen-
de topographische Punkte, wie Berge oder markante Felsformationen. Alfred Watkins, ein englischer Heimatforscher
entdeckte in den dreißiger Jahren, daß sich immer wieder eine ganze Reihe prähistorischer Stätten, alte Kirchen und
Klöster, keltische Grabhügel und einzelne Bergspitzen auf
einer geraden Linie befinden. Es verstärkte sich die Vermu-
tung, daß die Standorte alter Kultplätze und religiöser Bauwerke nicht willkürlich gewählt wurden, sondern der Planung ein bestimmtes System zugrunde lag. Aufgrund
langjähriger Forschungen wissen wir nun, daß die einzelnen
Bauwerke oder Steinanlagen auf einer solchen Kraftlinie
sich gegenseitig energetisch beeinflussen, und daß sie gleich-

zeitig Impulse empfangen und weitergeben. Mit jeder Stein-setzung bildete sich ein Energiekreislauf zwischen den elektromagnetischen Wellen, die vom Stein ausgehen, und der Schwingungsfrequenz des natürlichen, unterirdisch verlaufenden Energiestromes, der Drachen- oder Schlangenweg oder Leylinie genannt werden mag.

Aufgrund der energetischen Wechselwirkung zwischen den einzeln gesetzten Steinen oder errichteten Bauwerken wurde nicht nur die Kraft des Landes verstärkt, sondern auch das in einer Region oder einem Land gepflegte Gedankengut in Schwung bzw. einem geschlossenen Kreislauf gehalten, ein Wissen, das sich auch Missionare, die anfangs noch mit den Weisheiten der Druiden vertraut gewesen waren, bei der Errichtung der Klosteranlagen, Kreuzwege und dem Kapellensystem zunutze gemacht hatten, wie später auch die Nationalsozialisten bewußt die Standorte für ihre Propagandazentren und Schulen gewählt hatten. Ein solcher Mißbrauch des alten heiligen Wissens fand zudem in China statt, wo mittels manipulierter Drachenströme die ganze Kraft von der Peripherie der Stadt zum Palast des Herrschers kanalisiert wurde, womit der Bevölkerung die Lebensimpulse, die die Erde aussendet, genommen und der herrschenden Schicht zugeführt wurde. Auf diese Weise wurde das Volk geschwächt und war leichter lenkbar.

Was Leylinien wirklich sind und wie sie ursprünglich entstanden, darüber sind sich die Experten bisher noch nicht einig. In der Regel werden sie dem persönlichen Verständnis und dem eigenen Erfahrungsspektrum gemäß unterschiedlich interpretiert. Manche denken, daß es sich dabei um künstlich errichtete Kraftlinien handelt. Natürlich fließende, schlangenförmige Energieströme können z. B. durch Steinsetzungen gerade gemacht werden. Es ist erwiesen, daß bestimmte Muster und Systeme an der Erdoberfläche die darunter fließenden Strömungen beeinflussen. Da können wir uns vorstellen, daß Chinesen oder Aborigines sehr in Sorge waren, daß ihre Drachen- oder Liederpfade aufgrund von Straßen- und Kanalbauten oder Eisenbahnlinien drastischen Veränderungen unterworfen würden.

Gerade Energieströme sind aber nicht nur in europäischen Ländern zwischen alten sakralen Stätten zu finden, sondern auch in unbebauten Naturregionen. Da können oft markante Hügelformationen, Höhlen, Vulkane, Flußschleifen oder bizarre Felsentürme, die wie mahnende Finger in die Höhe ragen, auf einer geraden Linie ausgemacht werden. So befinden sich auch eine Reihe von Traumzeitstätten der Aborigines auf einer geraden Energiebahn, wie es der Weg der Regenbogenschlange Jarapiri aufzeigt. Und stehen wir in Alice Springs auf dem Anzac Hill, den die Aborigines Atnelkentyarliweke nennen, können wir deutlich die gerade Linie erkennen, die zum *Gap* (Ntaripe), jener Öffnung in den MacDonnell Ranges führt, die der Todd River im Laufe von Äonen geschaffen hatte und die den Zugang zu dem Tal möglich machte, in dem Alice Springs entstand. Der Anzac Hill und das Gap sind zwei bedeutende Traumzeitstätten der Arrernte-Aborigines, und dazwischen liegt noch auf diesem kraftvollen Energiestrom, an dem heute die Ausfahrtsstraße entlang führt, der Billy Goat Hill (Akeyulerre) ein weiterer sakraler Platz der Ureinwohner. Der Todd River, eine Schöpfung der Regenbogenschlange, verläuft ziemlich gerade und parallel zu diesem Streckenstück. Das artesische Gewässer unterhalb des Flusses bildet das lebenswichtige Wasserreservoir für die Bevölkerung von Alice Springs, und das meist trockene, von unzähligen Eukalyptusbäumen bestandene Flußbett selbst ist den Aborigines eine wichtige neutrale Kraftquelle, an der alle Aborigine-Gruppen gleichermaßen teilhaben können. Das bekannteste Beispiel eines in Austalien gerade verlaufenden Energiestromes ist jener, der die *drei Riesen* Atila (Mt. Conner), Uluru (Ayers Rock) und Kata Tjuta (Olgas), die auf einer geraden Ost-West-Linie liegen, miteinander verbindet.

Über das Phänomen von Leylinien machte ich mir Gedanken, während ich in den Alpen Recherchen über *Orte und Wege der Kraft* vornahm. Einmal stand ich in einer hügeligen und bergigen Landschaft Österreichs auf einer Anhöhe, auf der eine alte Kirche errichtet war. Von diesem Punkt aus eröffneten sich rundum Blicke auf andere kirchentragende Höhen und markante Bergspitzen. Meine Blicke wurden von all diesen Punkten rundum wie magisch angezogen. Ich fühlte mich dabei wie in einem Sog, der aus allen Richtungen auf mich zuströmte und gleichzeitig aber auch aufgrund meiner Aufmerksamkeit, die ich den einzelnen Punkten schenkte, wieder von mir wegfloß. Dabei hatte ich zum erstenmal bewußt gespürt, zugleich Empfänger und Sender zu sein. Von da an war ich überzeugt, daß Leylinien stets neue Kraft und Belebung durch die Konzentration des Blickes und der inneren Ausrichtung erhielten. Daß Blicke große Kraft besitzen, läßt sich aus Redearten, wie »Schau mich nicht so an oder ich bin verloren!«, heraushören. In manchen Kulturen wird sogar geglaubt, daß Blicke töten können. Wenn aber ein Blick die Kraft hat zu töten, dann hat er auch die Kraft zu heilen. Es ist schließlich nicht der Blick oder die Kraft an sich, die die Wirkungsart bestimmt, sondern die dahinter verborgene innere Intention.

Leylinien besitzen zweifellos Heilqualität, die Qualität reinen Lichtes, das der Quarz-Kristall symbolisiert und als dessen höchster Vertreter die Regenbogenschlange gesehen wird. Nachdem ich mich in einige Schöpfungsgeschichten der Aborigines vertieft hatte, versuchte ich mich in jene anfängliche Zeit hineinzuversetzen, als die Erde zwar bereits Formen hatte, aber noch ohne Leben war. Um alle Formen lebendig zu machen, mußte sie erst mit Licht und Kraft versorgt werden. So stiegen schöpferische Gestalten aus den himmlischen Lichtregionen zur Erde herab, um ein Wegenetz zu installieren, über das sie miteinander, aber auch mit den schöpferischen Wesen aus dem Inneren der Erde, die ihnen bei dem großen Werk halfen, in Kommunikation bleiben konnten. Dieses Netz hatte aber auch den Zweck, das mitgebrachte Licht rund um die Erde fließen zu lassen, damit es sich gleichmäßig verteilte. Um nicht ziellos im Erdenraum ihre Kommunikations- bzw. Lichtfäden zu ziehen, sondern um dem Ganzen ein System zu geben, da ja der gesamte Kosmos Ordnung besitzt, mußten sie sich erst einmal orientieren, und dazu dienten wohl markante Landschaftspunkte, die sie zunächst mit ihren Blicken anpeilten. Hatten mehrere Traumzeitwesen eine bestimmte Stelle ins Auge gefaßt, kreuzten sich dort ihre Wege, wo sie sich dann berieten, austauschten oder gelegentlich auch feurige Debatten lieferten. Entsprechend waren dann die *Eindrücke*, die sie dem Platz hinterließen. Anhand der Energiequalität eines Ortes können die Aborigines noch heute erkennen, ob sich an diesem Platz die Schöpferwesen friedlich einigten, das heißt, ob der Platz im Ausgleich der Kräfte ist, oder ob es einen *Kampf* gegeben hat, der dem Ort nach wie vor Dynamik verleiht.

Daß eine Reihe der großen Schöpferwesen das kosmische Licht repräsentieren, geht nicht nur aus der Regenbogenschlange und deren Verbindung mit Quarzkristallen und der Kraft der Sonne hervor, sondern auch aus anderen Traumzeitgestalten, die mit der Regenbogenschlange eng verbunden sind. Das ist z. B. Wandjina, das große Schöpfer-wesen der Kimberleys; die Gangi Nganang im Keep River Nationalpark, deren Köpfe von einem Strahlenkranz umgeben sind; die Blitzbrüder der Wardaman in der Mount Hogarth-Region, die wie Außerirdische (Astronauten) aussehen.

Oft werden diese Schöpferwesen von den Weißen als Verkörperung der Naturkräfte, als Herrscher über Blitz und Donner gesehen. Genaugenommen repräsentieren sie aber das geistige Feuer, das mit dem Blitz versinnbildlicht wird. Nicht zuletzt ist der Blitz ein Symbol des Lichtes, das stets aufs neue vom Himmel zur Erde reist, wie einst die kreativen Wesen, die das große Lichtnetz errichtet hatten. Und solange ihre Nachkommen ihre alten Lieder sangen, vermochten sie ihren pulsierenden Pfaden zu folgen. Doch der weiße Mann, der mit seinen plumpen Füßen die subtilen Schwingungen der Erde nicht wahrzunehmen vermochte, konnte die Lieder des Landes nicht hören.

Traumzeit-Stätten – Orte der Kraft

Orte, an denen Liederpfade sich kreuzen, besitzen in der Regel ein besonderes Energiemilieu. Es sind Plätze, an denen Menschen noch immer die große Kraft der Traumzeitwesen spüren können. Traumzeit-Stätten sind wie alle Orte der Kraft, *Stätten der Begegnung*, wo Kräfte der Erde und des *Himmels* zusammentreffen. Es sind Plätze der Inspiration, geistiger Offenbarung und Transformation.

Im Zuge der Errichtung von Nationalparks haben Aborigines viele ihrer heiligen Plätze Fremden gegenüber geöffnet. Sie sind bereit, sie mit Unwissenden zu teilen, erwarten aber, daß sie mit Respekt behandelt werden. Orte, an denen die große Kraft wohnt, finden sich in allen Regionen der Erde. Es sind kostbare Geschenke der Natur an die Menschen. Wer darin geübt ist, die Natur zu beobachten, dem wird es nicht besonders schwer fallen, sie bereits an äußeren Zeichen und Formen zu erkennen. In der Regel sind es Plätze, die allein schon optisch den Menschen anziehen. Deutliche Merkmale können außergewöhnliche Berg- und Felsformationen, Höhlen, Vulkane, heiße oder nie versiegende Quellen, Flußschleifen, Flußinseln oder der Zusammenfluß zweier oder mehrerer Flüsse sein.

Die subtilen Energien, die an Orten der Kraft wirken, dienten seit jeher den Menschen, um sich körperlich, psychisch und geistig zu stärken, um mit Wesen aus höheren geistigen Welten in Kontakt zu treten, um ihr Bewußtsein zu erweitern oder um Heilungen durchzuführen. Solchen Plätzen näherten sich auf der ganzen Welt die Menschen mit Respekt und Ehrfurcht. Und nur ein *vorbereiteter*, reiner Mensch durfte sie betreten. Damit ist nicht nur die Reinheit des Körpers gemeint, sondern auch die Klärung von psychischem Ballast. Zu den Reinigungsritualen zählte z. B. das Umarmen gesunder Bäume, die stark genug waren, den Menschen ihren psychischen *Abfall* abzunehmen und zu transformieren. Andere zwängten sich zwischen zwei engstehenden Felswänden hindurch, was die Aura glattstrich, oder sie tauchten in ein Wasserbecken ein. Unsere Weihwasserbecken in den Kirchen oder der Brauch der Muslime, vor dem Betreten einer Moschee, Füße, Hände und Gesicht zu waschen, erinnern noch daran. Naturplätze im ursprünglichen Zustand besaßen die reinste Kraft. Allerdings konnten schwarzmagische Handlungen oder Blutopfer eine Qualitätsveränderung oder gar Umkehrung bewirken.

Um das Energiemilieu eines Ortes, aber auch um die Traumzeit, die mit ihr assoziierten Stätten und Geschichten, sowie allgemein die Sichtweise der Aborigines besser verstehen zu können, ist es hilfreich, einige Grundlagen der Geomantie zu kennen. Deren Prinzipien machen nicht zuletzt auch die Aspekte der Regenbogenschlange um einiges verständlicher.

Geomantie ist ein breitgefächerter Erfahrungsschatz um das Zusammenspiel der Kräfte zwischen Himmel und Erde. Ein Wissen, das im europäischen Raum noch bei romanischen und gotischen Bauten angewandt wurde und uns nun, auf der Suche nach verlorenen Weisheiten, wieder in Erinnerung kommt. Auffallend ist dabei, daß das Interesse an der Geomantie und an *Orten der Kraft* etwa zur gleichen Zeit erwachte, wie das Interesse an der Kultur der Aborigines. So phantasievoll uns auch die Traumzeit und die Geschichten der australischen Ureinwohner erscheinen mögen, viele darin enthaltenen Elemente stimmen mit den Grundsätzen der Harmonielehre überein, die die Inder Vastu, die Chinesen Feng-Shui und wir Geomantie nennen. Vastu basiert auf alten Sanskrit-Schriften, umfaßt großes philosophisches Wissen und ist Grundlage der sakralen Architektur. Und Feng-Shui (*Wind-Wasser*) geht auf Jahrtausende alte taoistische Lehren zurück. Wind und Wasser stehen für die gegensätzlichen Kräfte, die Yang und Yin bezeichnet werden. Der Wind, der mit der Luft in Verbund steht, wird dem Himmel zugeordnet und das Wasser der Erde. Die angesprochenen Harmonielehren befassen sich mit den Prinzipien und den Grundlagen des Kosmos und seiner Ordnung und geben Anleitung, wie der Mensch in Einklang mit den gegensätzlichen Kräften zu leben vermag.

Geomantische Kenntnisse werden in den Bereichen Landschaftsgestaltung, Architektur, Orts- und Stadtplanung angewandt. Die einzelnen Wissensgebiete der Geomantie erweitern den geistigen Horizont in vielen Richtungen und lassen sich mit anderen Wissensgebieten wie Physik, Biologie, Astrophysik, Philosophie oder Psychologie verknüpfen. Da gibt es stets neue Tore, die zu weiteren Erkenntnis-Räumen führen.

Geomantie besteht aus der Zusammensetzung von zwei Wörtern: *Geo* ist die Erde und *Mantie* bedeutet so viel wie die innere Schau oder Wahrnehmung. Gemeint ist damit, über den sichtbaren Landschaftscharakter hinaus die geistige, innere Struktur zu erkennen. Geomantie bedeutet aber auch praktischen Umgang mit feinstofflichen Energien zum Nutzen und Wohlbefinden der Menschen, bzw. die Kunst, sein Umfeld in Harmonie zu bringen, lebensfördernde Energien zu stabilisieren oder zu steigern.

Grundlegend ist das Verständnis, daß die Erde ein lebendiger Organismus ist, ein dynamisches Gebilde mit pulsierenden Adern, einem Kreislaufsystem und einem Atem, der allein schon durch Ebbe und Flut anschaulich ist. Wichtig ist es auch, zu begreifen, daß die Bewegungen der Erde und des Himmels einander beeinflussen und daß alles, was im Äußeren zu sehen ist, dessen innere Natur reflektiert. Das allerwichtigste Prinzip jedoch, das es zu vestehen gilt, ist, daß alles in Schwingung, in kreisender oder wellenförmiger Bewegung ist. Ein Prinzip, das uns bewußt macht, daß es so etwas wie starre Materie nicht gibt, aber das wissen wir ja auch aus der Atomforschung.

Wir werden uns mehr und mehr bewußt, daß wir ununterbrochen von subtilen Energien beeinflußt werden. In unserem technischen Zeitalter sind diese nicht mehr allein natürlichen Ursprungs. Elektrosmog ist seit einigen Jahren ein Begriff, der uns hellhörig gemacht hat. Damit sind Energieballungen gemeint, die unsere Gesundheit und unser Wohlbefinden beeinträchtigen und im weiteren ein gewisses Maß an Desorientierung verursachen. Selbst Wale und Zugvögel, die seit jeher mit ihrem sicheren Instinkt bestimmten energetischen Bahnen gefolgt sind, verlieren nun immer öfter aufgrund dieser energetischen Störfelder ihre Orientierung.

Zur Irritation natürlicher Stahlungsstrukturen und Ortsmilieus tragen alle technischen Anlagen und elektrischen Geräte bei, selbst Haushaltsgeräte wie Fernsehapparate, Mikrowellengeräte, elektrische Wecker, Heizdecken, Computer, Handys und nicht zu vergessen die elektrische Zahnbürste, die eine derart starke Strahlungsbelastung aufweist, wie eine Hochspannungsleitung.

Die natürliche Energiequalität eines Ortes hängt von vielen Faktoren und Einflüssen ab, wie z. B. vom Pflanzenwuchs, der Höhenlage, geologischen Verwerfungen oder der Beschaffenheit des Bodens. Sandstein ist z. B. ein günstiger Boden bei gestreßten Nerven, er erdet und macht ruhig. Ein Moorboden vermittelt das Empfinden, in den mütterlichen, weichen Schoß der Erde zu sinken, kann besinnlich stimmen und eignet sich für tiefe Meditationen, kann aber auch Menschen, die die Neigung dazu haben, depressiv machen. Granit dagegen fühlt sich hart an, ein Gestein, das stark pulsierende Signale aussendet, körperlich und geistig anzuregen vermag. Granit besitzt oft eine hohe natürliche radioaktive Strahlung. Es wurde festgestellt, daß Granitregionen eine besonders große Dichte an prähistorischen Kultstätten aufweisen. Stark magnetisch wirken alle eisenhaltigen Mineralien. Magnetisches Gestein hat im Kult der Aborigines große Bedeutung, wie z. B. Meteorit-Gestein, das vom Himmel fiel, und wie Ocker, der aus dem Inneren der Erde stammt und große Schutz- und Heilkraft besitzen soll.

Zisterzienser errichteten ihre Klöster vorwiegend in der Nähe von Flußschleifen oder Wasserfällen, wo die Luft mit negativen Ionen gesättigt ist. Reich an negativen Ionen sind ebenso Plätze in Küstennähe, auf hohen Bergen oder in dichten Wäldern. Eine höhere Konzentration negativer Ione schafft geistige Klarheit, wirkt erhebend auf das Gemüt, hat eine allgemein heilende und wohltuende Wirkung. Negative Ione werden durch Luftverschmutzung und Staub zerstört. Das kann zu Kopfschmerzen, Atembeschwerden, Müdigkeit oder Hauterkrankungen führen.

Ein wesentlicher Faktor, der das Energiemilieu eines Ortes bestimmt, ist die Einwirkung der Elemente. Das Element Erde beherrscht z. B. Moor- und Mooslandschaften oder dichte Wälder. Das Element Luft beeinflußt die Ortsqualität dort, wo es viel luftigen Raum gibt wie auf Hügelkuppen oder Bergkämmen, weiten Wiesenlandschaften, wo es viel Himmel gibt oder in Schluchten, durch die der Wind bläst. Das Element Feuer macht sich in der Nähe steil abfallender Felswände bemerkbar und überall da, wo sich die Natur mächtig anfühlt.

Wasser ist wohl das Element, das am stärksten zu spüren ist, da es auf den Emotionsbereich einwirkt. Die energetische Qualität des Wassers wird davon bestimmt, aus welcher Tiefe es kommt, welche Temperatur und Mineralienzusammensetzung es aufweist und wie stark die Reibung unterirdischer Wasserläufe ist. Unterschiedliche Reaktionszonen entstehen durch rechts- oder linksdrehende Gewässer. Wasser spielt an vielen Wallfahrtsorten eine Rolle. Einen außergewöhnlichen Strahlungseffekt bewirken sogenannte *Blinde*

Quellen. Darunter versteht man unterirdische, aufsteigende Wassersäulen, die nicht an die Oberfläche treten und dadurch eine ringförmige Reaktionszone bilden. Das Phänomen einer Blinden Quelle wird oft im Altarbereich alter Kirchen festgestellt. Ein Beweis, daß die früheren Bauleute um die ortsspezifischen Kräfte Bescheid wußten.

Wasser übt auch energetischen Einfluß auf einen Ort aus oder bestimmt die Qualität einer Region, wenn es unter der Oberfläche vorhanden ist. Wäßrige Plätze können ein Empfinden fließender Unbegrenzheit auslösen. Erdige Plätze vermitteln eher ein Gefühl von Tiefe und Verwurzelung. Luftige Plätze gleichen das Gemüt aus, wirken beschwingend, während feurige Orte mit ihrer vitalen Kraft aufwühlen können. Ruhigen und sanften Menschen mögen feurige Plätze zu gewaltig und stark sein.

Der Mensch reagiert, seinem Temperament entsprechend, unterschiedlich auf das vorherrschende Element eines Platzes. Menschen, die mit ihrer Heimat, ihrem Land und ihren Traditionen verbunden sind, werden vorwiegend erdige Plätze bevorzugen. Gefühlsmenschen, die oft den Wellen des Lebens stark ausgesetzt sind, fühlen sich von wäßrigen Orten angezogen. Philosophen, Denker, Dichter, Menschen, die viel Freiraum benötigen, lieben luftige Plätze, und leidenschaftliche, besonders aktive und impulsive Menschen zieht es zu feurigen, wilden Orten. Dabei ist natürlich kein Mensch nur erdig oder nur feurig, sonden weist ebenso eine gewisse Mischung auf. So wird auch die Qualität eines Ortes nicht allein von einem einzigen Element bestimmt, sondern da spielen meist zwei oder mehr Elemente zusammen.

Außergewöhnliche Plätze sind jene, an denen alle vier Elemente zusammentreffen. Ein solcher Ort ist z. B. das bereits erwähnte *Gap* von Alice Springs, der natürliche Durchbruch, der die MacDonnel Ranges in die östliche und westliche Region teilt. Das erdige Element wird hier vom Sand, den Wurzeln der Eukalyptusbäume und dem Pflanzenwerk repräsentiert. Das wäßrige Element wird vom unterirdischen Wasser bestimmt; das luftige Element ist im breiten Durchbruch der Bergkette zu spüren, wo der Wind mitunter heftig durchblasen kann und das feurige Element ist mit den steilen, schroffen, roten Felswänden vertreten. Ich habe einige Wochen lang direkt am Gap gewohnt und konnte beobachten, daß Aborigines, manchmal das Gap aufsuchten und sich dabei Zeichen gaben oder auf Dinge aufmerksam machten, die nur Aborigines wahrzunehmen scheinen. Das *Gap* war einst einer ihrer heiligen und geheimen Plätze, an denen die Männer ihre sakralen Gegenstände in Höhlen aufbewahrten. Dieser Teil des Felsens wurde jedoch mit der Errichtung der Eisenbahnstrecke, die nun durch das Gap führt, zerstört.

Die Regenbogenschlange steht mit allen Elementen in Verbund, aber vorwiegend werden ihre Stätten mit den Elementen Wasser und Feuer in Beziehung gesetzt. Das sind vor allem Billabongs oder Wasserlöcher, die oft am Fuße steiler Felswände zu finden sind, Plätze, an denen sich die Elemente Wasser und Feuer vereinen. Der Weg der Regenbogenschlange verläuft in der Regel in der Tiefe der Erde und verbindet die einzelnen Wasserlöcher miteinander. Als Highways der Regenbogenschlange gelten alte Flüsse wie der Finke River es ist, von dem es sogar heißt, er sei der älteste Fluß der Welt. Der Finke River beginnt seine Reise in der Glen Helen-Schlucht, einer bedeutenden Traumzeit-Stätte in den westlichen MacDonnell Ranges, schlängelt sich in unzähligen Windungen Richtung Südwesten und endet im südlichen Lake Eyre-Basin. Dieser alte Fluß ist mit einem gigantischen Flußsystem vernetzt, das allerdings heute kaum noch Wasser trägt.

Die Regenbogenschlange wird des weiteren mit Kalkstein, Salzpfannen, Granit- und Vulkangestein, mit Ocker, heißen Quellen, alten Bäumen, mit Kristallen, Muscheln oder Perlen assoziiert. Ihre Kraft ist überall da zu finden, wo sich die Natur besonders lebendig, stark oder erhaben anfühlt, und überall dort, wo Heilung bewirkt wird. Heilung bedeutet bereits, daß ein depressiver Mensch neue Lebenskraft und Lebensmut findet oder eine unruhige Person zu innerem Ausgleich kommt. Die Regenbogenschlange lebt an allen Orten, die uns innerlich berühren, an Orten, wo Empfindungen des Herzens und der Geist in Fluß kommen. Aborigines unterscheiden grundsätzlich zwischen *lebendigen* und *toten* Plätzen und Landschaften, zwischen Regionen, in denen sozusagen *der Herzschlag der Mutter Erde* zu spüren ist und Regionen, die ausgelaugt sind und sich kraftlos anfühlen.

Bei der Qualitätsbestimmung von Plätzen wird oft von *guten* oder *schlechten* Plätzen gesprochen. In der Natur gibt es allerdings eine solche Wertung nicht. Da gibt es nur Beziehung und Spannung, Anziehung und Ausdehnung. Mit *gut* und *schlecht* wird aber die Polarität angesprochen, die jeder Ort aufweist. Das Polaritätsprinzip liegt schließlich allen Erscheinungsformen zugrunde. So wie jede Batterie einen Plus- und Minuspol besitzt, weist auch jeder Ort der Kraft eine Yang-Yin-Polarisierung auf.

Plätze, an denen die Elemente Erde oder/und Wasser überwiegen, sind von sanfter, weicher, leicht fließender, femininer Natur. Dagegen besitzen Orte, wo Luft und Feuer vorherrschen, einen stark pulsierenden, maskulinen Charakter. Aborigines trennen viele ihrer Traumzeit-Stätten in Männer- und Frauenplätze, die dem anderen Geschlecht tabu sind. Dahinter verbirgt sich das Wissen, daß jeder Ort seine spezifische Qualität und Wirkkraft hat, die nicht jedem gleich guttut. Aber maskuline und feminine Plätze sind nach der Harmonielehre, die auf kosmischen Gesetzen beruht, nicht im üblichen Sinn als Wertung von weiblich und männlich zu verstehen, sondern als Ausdruck eines Poles. Die von den Aborigines vorgenommene Trennung in Frauen- und Männerplätze hat eher rituellen Charakter und ist auf soziale Gesetze zurückzuführen.

Aus geomantischer Sicht hängt die Art und Weise, wie ein Ort auf einen Menschen einwirkt, vor allem davon ab, wie die Person selbst aufgrund ihres eigenen Energiefeldes bzw. ihrer eigenen *Ladung* und *Programmierung* mit dem Energiemilieu des Ortes korrespondiert. Es kommt auch auf die jeweilige physische und psychische Verfassung des Einzelnen an, und darauf, welche Erfahrungen eine Person an einem bestimmten Platz macht. Eine eher passive Person wird sich an ruhigen, sanften Plätzen wohler fühlen als ein dynamischer Mensch, der kräftig pulsierende Orte bevorzugen wird.

Die Energieintensität eines Ortes ist nicht immer gleich stark. Da werden manchmal ganz unterschiedliche Werte gemessen, die sich bei Vollmond, Sonnenwenden, Tagundnachtgleichen um einiges erhöhen. Auch vor einem Gewitter oder bei Nebel nimmt die Intensität zu. Die tägliche solare Einwirkung ist kurz vor Sonnenaufgang am stärksten und bestimmte regelmäßige Planetenkonstellationen wirken an bestimmten Tagen auf bestimmte Plätze ein. Z. B. werden Kirchenheilige mit bestimmten Planetenkräften in Beziehung gebracht. Es wurde festgestellt, daß an den Kalendertagen, an denen Kirchenpatrone verehrt werden, der Ort in der Regel die stärkste Kraft aufweist, und mitunter an diesen Tagen Wunder geschehen können.

Die Intensität eines Ortes läßt sich beispielsweise mit einer Skala messen, die auf den Physiker Bovis zurückgeht. Danach liegt der durchschnittliche Wert der Erdschwingung bei etwa 6500 bis 7000 Einheiten, ein Wert, der auch dem Durchschnittsmenschen entspricht. Dagegen wurden an besonders starken Orten bis zu 20 000 Einheiten und noch darüber gemessen. Bei einigen Pesonen habe ich festgestellt, daß sich ihre individuelle Schwingung nach dem Aufenthalt an einem kraftvollen Platz in der Regel um 500 bis 1500 Einheiten erhöht hatte.

Doch all die erwähnten Komponenten und ein hoher Meßwert machen einen pulsierenden Ort noch nicht zu einem *Ort der Kraft*. Er ist es erst dann, wenn die geistig-spirituelle Komponente dazu kommt, das heißt, wenn geistige Energie aus dem oberen Kosmos zufließt, die Bewußtseinserweiterungen möglich macht oder Heilkraft besitzt. Wirkliche Orte der Kraft, wie Wallfahrtsstätten oder Traumzeitplätze, können als Tore zur geistigen Welt verstanden werden. Es sind Orte, an denen Eingeweihte leichter mit höheren Welten in Kontakt treten können als an anderen Plätzen. Orte der Kraft sind Schnittstellen zwischen *Himmel und Erde*, zwei Hälften, die eins sind im Verständnis des Traumes.

Die Atmosphäre oder Qualität eines Ortes wird des weiteren von seiner *Geschichte* bestimmt. Mit großem Interesse werden zur Zeit die sogenannten *morphogenetischen Felder* erforscht – ein Ausdruck, den der Biochemiker Rupert Sheldrake (*Das Gedächtnis der Natur*) geprägt hat. Dabei geht es um die energetische Speicherung lokaler historischer Ereignisse. Hat z. B. ein Ort großes Leid oder Grausamkeiten erfahren, haben sich ihm die dabei entstandenen energetischen Belastungen eingedrückt – eine Prägung, die noch Jahrhunderte später auf den Raum ausstrahlt und spürbar ist. Bekannt dafür sind z. B. Häuser oder Orte, an denen Morde geschehen sind, Burgverliese, Galgenhügel oder Schlachtfelder – Plätze, die oft Unbehagen auslösen.

»Hier ist es aber unheimlich!«, ist dann oft die Reaktion von Menschen, und sie versuchen, so schnell wie möglich den Ort zu verlassen. Wenn auch meist unbewußt, so sind Menschen in der Regel doch fähig, die energetische Schwingung eines Raumes recht genau zu erfassen. Es sind natürlich nicht nur destruktive Ereignisse, die ein Ort oder eine Landschaft aufnimmt. Genauso prägen glückliche Ereignisse einen Platz.

»Das ist ein toller Ort!«, heißt es dann. Oder: »An diesem Platz möchte ich am liebsten sitzen bleiben!« oder »Hier fühle ich mich richtig wohl.«

Eine besonders lange Geschichte haben Steinplätze, von denen vielfältige Impulse und Signale ausgehen. Die *Geschichte* eines Platzes kann von vielen Aborigines *gelesen* werden. Ein jüngerer Aborigine, der in Perth aufgewachsen ist, beschrieb mir diesen Vorgang so, als würde er dabei einen Computer einschalten und gespeicherte Programme aufrufen.

In fast allen Erzählungen der Aborigines gibt es – meist in versteckter Form – Hinweise auf Orte besonderer Kraft. Die den Orten innewohnenden Qualitäten lassen sich an den unterschiedlichen Taten und Erlebnissen der Traumzeithelden ergründen. Da ist stets die Rede von ihren Geburts-, Rast-, Kampf-, Liebes-, Begegnungs- oder Sterbeplätzen.

Geburtsplätze deuten auf eine frische pulsierende Kraft hin, etwa vergleichbar mit unserer Vorstellung der jungen Frühlingskraft, die einen neuen Wachstums- oder anderen Entwicklungszyklus einleitet. Orte, an denen die Schöpferwesen Rast machten, sind Orte der Harmonie, Orte, an denen sich heute auch ihre Nachkommen noch gerne niederlassen. Ein Aborigine rastet nicht auf irgendeinem Platz, sondern er muß sich an so einem Platz wohlfühlen. Und erholen kann sich ein Mensch nur dann wirklich, wenn das Energiefeld im Ausgleich der Kräfte ist. Dagegen sind auf Plätzen, wo sich die Helden stritten oder bekämpften, anregende oder dynamische Energien zu spüren, die, wenn sie zu stark sind, auch unruhig machen und das Gemüt zersplittern können. Und Orte, an denen Begegnungen mit anderen Helden stattfanden, können als Orte der Kommunikation und des Austausches wahrgenommen werden. Orte, an denen sich die Ahnen liebten, an denen sexuelle Vereinigung stattfand, sind Fruchtbarkeitsplätze, wo Wachstumskräfte die Vegetation gut gedeihen lassen oder sich der Tierbestand gut vermehrt.

An bestimmten Plätzen warten die Geistkinder auf ihre Wiedergeburt. Sie warten solange, bis der richtige Vater oder die richtige Mutter vorbeikommt. Dann machen sie sich entweder ameisenklein und schlüpfen in den Schoß der Frau oder sie erscheinen dem Vater im Traum, der sie dann abholt und seiner Frau bringt. Die Vorstellung von bestimmten Vermehrungs- und Fruchtbarkeitsplätzen gab es auch in unseren europäischen Regionen. In den Alpen habe ich noch eine ganze Reihe von Fruchtbarkeitssteinen vorgefunden, auf denen sich einst Frauen gesetzt haben und mit nacktem Unterkörper darüber gerutscht sind, wenn sie sich Kindersegen wünschten.

Immer wieder werden von den Aborigines jene Orte hervorgehoben, in die ein Schöpferwesen, nachdem es sein Werk beendet hatte, einging, um für immer dort zu wohnen. Es ist seine geistige Präsenz oder die ursprüngliche genetische Codierung eines Prototypen, die als energetische Schwingung dem Ort erhalten blieb. Und die Sterbeplätze der Taumzeitwesen weisen auf Orte hin, an denen man meint, in die Tiefe gezogen zu werden. Sterbeplätze sind Initiationsplätze – Stätten großer Verwandlung.

Die heiligsten Orte der Aborigines sind jene Plätze, an denen die Erde besondere *strahlende Schätze* wie Gold oder Unranerz in sich birgt. Stätten, die auch den amerikanischen Indianern von großer spiritueller Bedeutung waren. Aber auch in den Alpen finden wir die stärksten Konzentrationen an Wallfahrts- und Andachtsstätten oder alten Kultplätzen in jenen Regionen, die reich an Gold, Eisenerz oder Salz sind. Es waren vor allem Muttergottheiten, die entlang der Urwege, der Salzpfade oder Thermenlinien verehrt wurden.

In Australien ist die Ansicht nicht selten, daß Aborigines erst im Zuge ihrer Landrechtsansprüche gerade jene Plätze, die Bodenschätze beherbergen, erst zu ihren *heiligen Plätzen* gemacht hätten, um daraus wirtschaftlichen Nutzen zu ziehen. Da wird den Aborigines die Sichtweise der Whitefellas angedichtet. Tatsache ist, daß Naturvölker stets ihre Kraft aus den Energien strahlender Bodenschätze geschöpft hatten. Sie vermochten sich dabei der heilvollen und stärkenden Kräfte der Erde zu bedienen, ohne diese zu verletzen. So ist es nur verständlich, daß sich gerade an jenen Orten ihre heiligsten Stätten befanden, an denen der Boden besonders reich an inneren Schätzen war.

Erst der moderne Mensch, der mit seinem technischen Wissen über die Natur zu herrschen meint und dem die inneren Geheimnisse der Natur fremd geworden sind, bricht gewaltsam in die Erde ein, um ihre Kraft herauszuholen, die er erst mit Hilfe technischer Prozesse in Energie verwandelt, um sie zu nutzen.

Aborigines haben zwar Ocker aus der Erde geholt, aber sie haben sich dabei rituell mit der Erde verbunden. Das heißt, indem sie sich mit der Erde in einen inneren Austausch gebracht haben, regten sie damit die produzierenden und fördernden Kräfte der Erde an. Für Aborigines war es stets ein hohes Gesetz, niemals etwas zu nehmen, ohne nicht etwas dafür zurückzugeben.

In den Pilbara sah ich zwei Kilometer lange Züge, die täglich Tonnen um Tonnen Eisenerz zur Westküste Australiens befördern. Als diese Waggons, voll beladen mit der inneren Substanz der Erde an mir vorüberfuhren, fühlte ich einen großen Schmerz in meinem Bauch, so als hätte man in meinen eigenen Eingeweiden herumgewühlt. Als ich an der Westküste weiterreiste, um Material für mein Buch *Magisch Reisen Australien* zu sammeln, lernte ich Agnus, einen Aboriginal Law Man – einen Mann, der das traditionelle Gesetz vertritt – kennen. Anfangs zeigte er sich nicht besonders gesprächig, doch über unsere gemeinsame Sorge um die Erde kamen wir uns etwas näher. Unter anderem erfuhr ich von ihm, daß Aborigines zur Zeit viel Mühe hätten, die geistigen Wesen der Erde zu besänftigen, da diese aufgrund der immensen Ausbeutung der Rohstoffe aus dem inneren Gleichgewicht und in Aufruhr geraten sind. Die Desorientierung der Erdwesen würde auch dazu führen, daß nun im Landesinneren Zyklone auftreten, die früher nur auf die Meeres- und Küstenregion begrenzt waren. Ich bekam auch zu hören, daß Aborigines glauben, die Erdrinde würde an manchen Stellen einbrechen, wenn auf der Oberfläche der

Erde mehr Eisen vorhanden ist als in ihrem Inneren, da dann das *Knochen-*, bzw. Traggerüst der Erde nicht mehr stark genug sei, das obere Gewicht mit all den Häusern, Betonbauten und Maschinen zu tragen. Ein paar Tage später hatte ich einen Traum, indem ich das innere Schmelzfeuer der Erde sah, das die Erdrinde aufweichte, und erlebte, wie Häuser in diese weiche, heiß gewordene Masse einsanken. Ich glaube, daß dieses Bild mir von Agnus übermittelt worden ist, um die Sorge der Aborigines besser zu verstehen. Kurz darauf las ich über eine Studie aus dem Ersten Weltkrieg, in der statistische Zahlen aufzeigten, daß die Blutmenge, die die Soldaten auf den Schlachtfeldern verloren hatten und die in die Erde einsickerte, fast genauso viel Eisengehalt aufwies wie das Eisenerz, das für die Munitionsherstellung der Erde entnommen wurde.

Die zur Zeit stattfindende Serie von Naturkatastrophen, vor deren ungewöhnlichem Ausmaß sich wohl kaum noch einer zu verschließen vermag, scheint einmal mehr darauf hinzuweisen, daß die Erde ihren eigenen Willen und Plan hat. Auf drastische Weise verlangt uns nun die Natur ab, ihr ganze Aufmerksamkeit zu schenken. Die Natur scheint zu fordern, was ihr der Mensch nicht mehr freiwillig gibt. Aborigines sehen in Naturkatastrophen einen notwendigen Lebensimpuls – eine Art Selbsterhaltungstrieb der Erde. Deshalb mahnen die Älteren die Jungen immer wieder, mit den traditionellen Naturritualen fortzufahren. Nicht nur, um damit die Lebenskräfte der Erde anzuregen, sondern auch, um sich mit ihr zu versöhnen.

Mit der Natur in inneren Austausch zu treten ist auch der Sinn, *Orte der Kraft* aufzusuchen. Es geht nicht darum, uns mit Kraft aufzutanken – die Kraft zu *nehmen*, ganz im Sinn des heutigen Konsumdenkens, sondern uns mit den Kräften der Erde und Natur in Einklang zu bringen. Alles was es dazu benötigt ist, die Natur über unsere Herzebene aufzunehmen und liebevolle Gefühle auszusenden, so als würde es sich dabei um einen guten Freund oder eine liebe Freundin handeln.

Skeptiker gibt es immer, bevor neue Erkenntnisse von der Allgemeinheit angenommen und dann mit der Zeit als *ganz normal* gesehen werden. So gibt es auch Stimmen, die meinen, das mit dem *Spüren der Erde* und überhaupt das ganze Getue mit *Orten der Kraft* sei reine Einbildung. Dabei hat fast jeder seinen persönlichen Lieblingsplatz, an dem er sich wohler fühlt als an anderen. Das kann ein bestimmter Platz im Haus oder in der Wohnung sein, ein Baum im nahen Wald, eine Bank im Stadtpark oder eine bestimmte Gartenecke. Es sind Plätze, von denen sich Menschen – bewußt oder unbewußt – magnetisch angezogen fühlen. Orte, die mit ihrem eigenen Energiefeld in Resonanz stehen.

Und so wie es in den Alpen Menschen gibt, die auf bestimmte Mineralienarten ansprechen, so gibt es andere, die auf Erdöl geeicht zu sein scheinen, die direkt riechen, wo es Erdöl gibt. Und bei unseren Straßen- und Kanalbauten werden nicht selten Radiästheten oder bei Brunnenbau-Projekten in Afrika fühlige Wassersucher herangezogen, da sie auf schnellere und billigere Art fündig werden als technische Geräte. In Australien lernte ich einmal einen weißen Buschmann kennen, der am ganzen Körper vibrierte, sobald er unterirdisches Wasser spürte. Dann fing sein kugelförmiger Bauch regelrecht zu hüpfen an.

Das Aufspüren von Urwegen in den Alpen und das Aufsuchen alter Kultstätten – anfangs im Zuge beruflicher Nachforschungen – war für mich der Beginn einer Reise, die in neue innere Erlebnisbereiche führte und mich meinen eigenen Wurzeln näher brachte. Geheimnisvolle Welten, die ich nur in exotischen fernen Ländern zu finden meinte, entdeckte ich plötzlich auch vor meiner eigenen Haustür. Landschaften jeder Art wurden auf einmal zum spannenden Erlebnisraum. Bald entdeckte ich, daß jede Urkultstätte und jeder Wallfahrtsort sich anders anfühlte. Daß jeder Platz seinen eigenen Charakter, sein eigenes Wesen und Temperament besaß. Es gab Orte, die sich unwahrscheinlich belebend anfühlten, und andere, die mich schwer oder schläfrig machten. Manche Plätze wühlten mich innerlich auf, brachten meine Gedanken durcheinander oder machten mich traurig. Und dann gab es wieder Orte, an denen meine Gedanken ganz klar und geordnet waren oder ich mich leicht wie eine Feder fühlte. Die Signale eines Ortes können jedenfalls sehr vielfältig sein. Ich stellte auch fest, daß von dieser Zeit an ganz neue Ideen in mein Leben kamen und dieses entsprechend veränderten. Wenn ich mir auch nicht gleich an Ort und Stelle der Inspirationen und Impulse bewußt geworden bin – oft lagen Tage, Wochen oder gar Monate dazwischen –, so konnte ich sie doch im Nachhinein einem bestimmten Ort zuordnen, der sie zur Auslösung gebracht hatte.

Sobald ich versuche, einen Ort zu erspüren, dann ist es, als würde die Erde unter mir tief und rhythmisch atmen. Mit dem Ausatmen stößt sie ihre eigene Kraft aus ihrem Inneren an die Oberfläche und nimmt mit dem Einatmen ätherische Kräfte auf, Ströme von innen und von außen, von oben und unten, die sich unentwegt wechselseitig beeinflussen und auch durch den Menschen zirkulieren. Mit den Füßen werden die Lebensströme der Erde und mit Kopf und Armen die Energie aus dem oberen Kosmos aufgenommen.

Mit der Zeit begann ich Bäume zu umarmen und ertappte mich dabei, daß ich einen Stein liebevoll berührte. Als ich mir dessen bewußt wurde, begann meine andere Hälfte – jene, in der der sachliche Verstand sitzt, mir einzureden, daß ich mich in eine Phantasiewelt verstricke und ich für die normale Welt bald verloren sei. Schließlich hatte ich mich lange Zeit eher für einen nüchternen Menschen gehalten und mit dieser Vorstellung war ich wohl, trotz all meiner Erfahrungen mit anderen Denk- und Sichtweisen, noch in mein von Kindheit an geprägtes Normen-Netz eingebunden. Inzwischen sind Jahre vergangen und der innere Dialog mit der Natur, das Berühren von Bäumen und Steinen ist mir zur ganz normalen Gewohnheit geworden.

Denke ich an bestimmte Orte zurück, dann ist es ähnlich wie mit Menschen. In meiner Erinnerung haben sie ein bestimmtes Aussehen, einen Körper und auch einen spezifischen Charakter. Orte können zu Freunden und Verbündeten werden. Mit dem Auffinden bestimmter Orte ist es ähnlich wie mit Kristallen. Man sucht nicht nach ihnen, sondern wird auf geheimnisvolle Weise angezogen. Das kann ganz unterschiedlich vor sich gehen. Manchmal stoße ich in einer Reisebeschreibung oder einer Informationsbroschüre auf einen kleinen Hinweis. Das kann die Erwähnung eines bestimmten Ortsnamens, einer Baumart, eines Symbols oder die Lagebeschreibung eines Ortes sein – und plötzlich klingelt etwas in meinem Inneren. Da ist ein feiner Ton, eine zarte und dennoch bestimmte Vibration, ein Pulsieren, das mich aufmerksam macht. Und manchmal, so ganz ohne offensichtlichen Grund, zieht es mich bei einem Spaziergang durch den Wald vom Weg, und ich wandere durch das Gestrüpp ohne zu wissen, wo es eigentlich hingeht – bis ich *da* bin. Das kann dann entweder ein stattlicher Baumriese sein, eine stille Quelle oder ein markanter Stein. Diese Plätze wirken oft ganz unberührt oder gar wie verzaubert. Plätze, die allem Anschein nach berührt werden wollen. Zwar gibt es einzelne Orte, die sich dem Menschen gegenüber verschließen, aber allgemein benötigt die Erde heute unsere ganze und liebevolle Aufmerksamkeit, um sie zu stärken.

In Australien besuchte ich eine Reihe von Plätzen, bei denen ich sofort ein vertrautes Gefühl hatte, obwohl ich noch nie zuvor dort gewesen war. Und dennoch spürte ich an diesen Orten eine tiefe, uralte Verbindung. Manchmal war mir, als würde ich Teile von mir selbst finden, die ich irgendwann einmal im Laufe der Äonen verloren hatte, so als wäre ich in einer längst aus dem Bewußtsein entschwundenen Zeit explodiert und meine einzelnen Teile in alle Winde verstreut. Teile, die ich nun wieder einsammle. Und das tue ich, indem ich die Informationen, die in diesen Orten eingespeichert sind, als Inspiration aufnehme.

Wie bereits erwähnt, tauchen seit einiger Zeit in meinen Träumen häufig archaische Bilder, Symbole oder Urtiere wie Dinosaurier oder Echsen auf. Urtiere hatte ich allerdings bereits als zehnjähriges Kind in meiner Phantasie gesehen. Zeichnen würde ich nicht gerade zu meinen Talenten zählen, doch einmal mußten wir in der Schule Tiere aufs Papier bringen. Da ich nicht Gegenständliches zeichnen kann, wurden es Tiere, die ich noch nie in einem Zoo oder Buch gesehen hatte. Sie wurden einfach auf dem Papier lebendig. Später nahm ich eine dieser Zeichnungen mit nach Australien und zeigte sie Bill Harney. Er betrachtete eine Weile schweigend das Bild und meinte schließlich, das seien Tiere aus der Traumzeit. Solch ähnliche Tiere hätte es einst auf dem australischen Kontinent gegeben. Habe ich diese Tiere aus einer unbewußten Erinnerung heraus gezeichnet? Waren es eigene oder kollektive Erinnerungen? Es war Plato, der sagte: »Alles Erkennen ist ein Sich-Erinnern.«

Totem-Wechselwirkung zwischen Mensch und Natur

Als ich auf meiner ersten Australienreise über die Aboriginalkultur recherchierte, lernte ich in Perth einen Nyoongah-Aborigine im mittleren Alter kennen. Shane war in der Großstadt aufgewachsen, und es war ihm gelungen, die moderne westliche Welt mit der alten Tradition seiner Vorfahren auf recht ausgeglichene und selbstbewußte Weise in sich zu vereinen. Er arbeitete im Tourismusbereich, war von großer Offenheit, und es schien ihm daran gelegen zu sein, eine Brücke zwischen seiner und der westlichen Kultur zu bauen. Er wollte mir sein Totem-Land zeigen, um mir das Wesen des Totemismus nicht nur ein wenig verständlicher, sondern wohl auch anschaulicher zu machen. Es war Anfang Dezember, und während wir über endlose Sandwege Richtung Norden fuhren, zeigte sich die Wüste nach ergiebigen Regenfällen in einer blühenden Fülle und unerwarteten Farbenpracht. Rosa und orange leuchteten die Grevillen, braun und gelb waren die großen Blütenzapfen der Banksien, und überall gab es Wildblumen, die blaue, rote, lila oder weiße Sterne, Knollen oder Kelche trugen. Ein Naturwunder besonderer Art, das die sich stets erneuernde Kraft der Erde offenbarte. Plötzlich breitete sich vor uns ein weites Tal mit unzähligen Grasbäumen aus. Diese einzigartige Pflanzenart ist ein Liliengewächs mit einem palmenartigen Stamm, auf dem ein dichtes, wuscheliges Grasbüschel sitzt. Eine Pflanzenart, die nur in Australien vorkommt und wegen ihrer hochragenden, speerartigen Blüten aus der Distanz einem Krieger ähnlich sieht.

Shane hielt den Wagen an, stieg aus, ging auf einen bestimmten Grasbaum zu und verharrte dort einige Minuten still und schweigend. Als er zurück kam, erklärte er, er mußte erst sein Totem begrüßen und um Erlaubnis bitten, zu passieren. Und während wir zu Fuß den Weg durch das Tal fortsetzten, in dem eine ungemein leichte und beschwingte Atmosphäre zu spüren war, begann Shane zu erklären: »Ein Totem gibt uns viel Kraft. Im Einssein mit dem Totem erhalten wir so viel Kraft, daß wir Berge versetzen könnten.« Und er meinte, die Weißen hätten nicht so viele Probleme mit ihren schwachen Nerven, hätten auch sie ein Totem. Jeder vermag aus einem Totem Kraft zu beziehen, sobald er durch die Initiation gegangen ist.

»Wir nutzen aber die Kraft unseres Totems nicht aus, denn wir geben anderseits unsere Kraft an das Totem weiter. Mein Totem ist der Grasbaum, der vielseitig genutzt werden kann, aber ich darf den Grasbaum niemals als Nutzpflanze verwenden, sondern muß diese Pflanzenart bewahren und beschützen. So helfen wir der Natur, am Leben zu bleiben, die wiederum uns Leben schenkt.«

Des weiteren erfuhr ich, daß der Mensch durch das Totem seine Identität erhält. Das persönliche Totem wird am Ort der geistigen Empfängnis, dort wo die Mutter zum erstenmal spürt, daß sie schwanger ist, bestimmt. Ein Totem kann ein Tier, eine Pflanze oder auch eine Naturerscheinung wie Blitz und Regenbogen sein.

»Der Totemplatz ist unser eigentlicher Geburtsort, mit dem wir ein Leben lang verbunden bleiben.« Es ist wichtig für einen Aborigine, auf dem Land seines Totems begraben zu werden, damit der Kreislauf der Wiedergeburt nicht gestört wird. Das Totem verbindet eine Person mit ihrem Traum, – ihrem Fundament. Das Schlimmste, das den Ureinwohnern Australiens widerfahren ist, war die Vertreibung von ihrem *proper good country* – von ihrem *guten Land*, ihren Totemplätzen, die ihnen ihre Zugehörigkeit gaben. Sie betrachteten zwar das Land nicht als ihren Besitz, aber sich selbst als Besitz des Landes.

Doch wer seinen Totemplatz verloren hatte, fühlte sich abgeschnitten von seinem Ursprung und war damit ohne Orientierung. Und darin wurzeln die heutigen Probleme der Aborigines, wie ihre Abhängigkeit von Alkohol, Drogen, Kava und der Benzinschnüffelei. Auch die zunehmende Zahl an Selbstmorden in ihren Reihen ist alarmierend. Depression war einst ein Zustand, den die Ureinwohner, im Besitz ihrer vollen Lebenskraft und Identität, nicht kannten.

Jedes Totem kam am Beginn der Zeit aus dem großen Körper der Regenbogenschlange, die den Menschen das *Große Gesetz* brachte. Das Totem wird als Bindeglied zwischen der sozialen Ordnung der Menschen und der geistigen Ordnung des Universums gesehen. Außer dem persönlichen Schutz-Totem, hat jede Volksgruppe ein gemeinsames Totem. Dann gibt es noch weitere Totems, wie das Orts-Totem, das mit der Lokalität verbindet oder das Moiety-Totem. Moiety ist das englische Wort für Hälfte. Das soziale System einer Aborigine-Gruppe ist grundsätzlich in zwei Hälften geteilt, die etwa dem taoistischen Yin-Yang-Prinzip entsprechen. Ehepartner dürfen nie der gleichen Hälfte angehören. Geheiratet werden darf nur ein Partner aus der anderen Hälfte – ein System, das, wie das Yin-Yang-Prinzip, die wechselseitige Ergänzung der Gegensätze, Harmonie und Integrität zum Ausdruck bringt. Die Moieties wurden meist nochmals den vier Elementen und Charakteren entsprechend unterteilt. Aber auch bei den alten Griechen wurde die Paarung nach den verschiedenen Grundelementen empfohlen.

Es gibt Volksgruppen, in denen die Mitglieder mit jeder Generation abwechselnd der patrilinearen (väterlichen) und dann wieder der matrilinearen (mütterlichen) Hälfte zugeordnet werden. So haben dann die alten Männer junge Frauen und alte Frauen junge Männer. Damit hängt auch die Lebenssicht zusammen, daß ein junger Ehepartner stets leichter für den älteren Sorge tragen kann, was früher unter den oft harten Lebensbedingungen ein wichtiger Standpunkt war.

Totem ist ein Begriff, den der westliche Mensch von den amerikanischen Indianern auf die Begriffe der australischen Ureinwohner übertragen hat. Aborigines bezeichnen ein Totem als ihr *Fleisch und Blut.* Shane erklärt dazu: »Hat jemand ein bestimmtes Echsen-Totem, darf er diese Echsenart nicht töten und essen, denn das wäre, als würde er sich selbst töten. Und würde ich einen Grasbaum verletzen, wäre das, als würde ich mich selbst verletzen.«

Totemismus wird von den Aborigines in jene Zeit zurückgeführt, als die Erde noch aus einer weichen Urmasse bestand, die zwar das gesamte Schöpfungspotential in sich trug, aber noch keine Formen hatte. Darin waren Menschen, Tiere, Pflanzen und Mineralien eins. Dann begannen sich einzelne Klumpen zu bilden, in denen verschiedene Lebensformen miteinander vermischt waren. Die großen Schöpferwesen trennten dann die einzelnen Lebewesen voneinander, die jedoch durch ihre Grundschwingung, durch ihren einstigen gemeinsamen Puls, in einem gemeinsamen Kraftfeld weiterhin verbunden blieben.

Kata Tjuta (Olgas)

Uluru (Ayers Rock)

Mutitjulu, ein heiliges
Wasserloch am Uluru.

Atila (Mt. Conner)

Rainbow Valley, bei Alice Springs.

Python Pool, Pilbara, Westaustralien.

Wandjina Gorge, Kimberley.

Geiki Gorge, Kimberley.

Heilquelle in Mataranka (unterirdisch mit Neuguinea verbunden).

Millstream, eine Oase in den Pilbara, Westaustralien.

Hidden Valley bei Kununurra, Nordwesten von Australien.

Mit Ocker, das besondere Kraft besitzt, werden Felsen
und Körper bemalt.

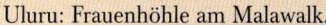

Wave Rock, eine Granitwelle bei Hyden, Westaustralien.

Uluru: Frauenhöhle am Malawalk.

Pinacles: bizarre Erosionsformen inmitten weiter Dünenlandschaft
nördlich von Perth, Westaustralien.

Regenbogenschlange in Nganalam im Keep River Nation Park
nahe Kununurra.

Diese Grundschwingung ist sozusagen der Geheimcode seiner uranfänglichen Existenz, den der Initiand in der Einweihung erfährt. Dieser Code stellt – über die astrale Ebene – eine energetische Verbindung zwischen einer Naturkraft und der psychischen Kraft eines Menschen her. Durch diese Verknüpfung wird der Eingeweihte in die inneren Prozesse der Natur integriert und ihm werden damit Informationen oder Impulse aus dem Naturreich zugänglich, die den Ureinwohnern, als sie früher oft allein weite Strecken im Busch unterwegs waren, überlebenswichtig sein konnten. Das Totem war ihr Ratgeber und Beschützer in allen schwierigen Situationen.

Sobald der Eingeweihte den geheimen Code abruft oder anzapft, ist er fähig, sich mit dem Totem zu verbinden, sich auf die innere Welt der Natur sowie auf seine eigene innere Welt – sein Unterbewußtes – einzustellen.

»Das ist so einfach, als würde man einen Telefonhörer abheben«, behauptet Shane.

Wenn von Totemismus die Rede ist, sind vor allem Christen oft schnell dabei, von einem unheiligen *Heidentum* zu reden. Doch betrachten wir einmal etwas näher die Heiligen der katholischen Gläubigen. Da benötigt es nicht viel und wir entdecken unter ihrem christlichen Gewand Kräfte der Natur und des Universums – jene Urkräfte, die bereits den *Heiden* Kraft, Trost und Hilfe gaben. Nehmen wir als Beispiel die heilige Anna, die bereits Jahrtausende davor als nährende Mutter Erde Verehrung fand. Inana hieß sie bei den Sumerern und die Nepali verehren sie heute noch als Annapurna – als Göttin der Fülle und Fruchtbarkeit. Und über der heiligen Notburga schwebt die Sichel, mit der sie die Getreideähren geerntet hat. Die Verbindung zwischen Wachstum der Feldfrüchte und den Kräften des

Mondes, die sich in der Sichel offenbaren, ist nicht zu übersehen.

Oder betrachten wir den heiligen Florian, der in Österreich und Bayern viele Brunnen ziert. Er gilt heute als jener Patron, den die Gläubigen um Schutz vor Feuer bitten. Seine Attribute sind ein brennendes Haus und ein Eimer mit Wasser, um das Feuer zu löschen. Der Wasserkessel ist ein uraltes Symbol der *Großen Mutter* Natur und versinnbildlicht den weiblichen Schoß des Meeres. Und das Haus, das in Flammen steht, ist als *Haus Gottes* erkennbar, dem die geistige Flamme innewohnt. Florianbrunnen gehen auf einstige Quellheiligtümer zurück, deren Wasser Heilkraft besaß. Der heilige Florian ist damit einerseits Träger des Wassers, das aus der Tiefe kommt und anderseits repräsentiert er das *Feuer Gottes* – das kosmische Feuer, das dem Wasser die lebendige Heilkraft gibt. So vereinen sich in dem Heiligen die Naturbausteine Wasser und Feuer, die auch die beiden wichtigen Elemente der Regenbogenschlange sind.

Im weiteren sind die Schutz- und Leitfunktionen eines Totems sowohl mit den Aufgaben unserer Schutzengel als auch unserer Namenspatrone vergleichbar, die allerdings in letzter Zeit nur noch wenig Beachtung finden. Dabei besitzt jeder Name einen bestimmten Klang, eine bestimmte Schwingung, die uns mit einem Urklang aus der Zeit des Traumes verbindet. Jeder Name ist im Grunde genommen als ein energetischer Code zu verstehen. So ist es wohl auch nicht verwunderlich, daß Personen mit dem gleichen Namen oft sehr ähnliche Charaktere und Eigenschaften aufweisen. Da muß ein gegenseitig wirkender Magnetismus zugrunde liegen, daß wir oft in unserem Bekanntenkreis oder im Arbeitsbereich immer wieder Personen treffen, die den gleichen Namen tragen, während andere Namen wieder gar nicht in unserem persönlichen Umfeld auftauchen.

Auch wenn im allgemeinen westliche, sachlich-orientierte Menschen ein totemistisches Weltbild als rückständig und primitiv betrachten, so ziehen doch Verhaltensforscher aus der Beobachtung von Tieren Rückschlüsse auf menschliches Verhalten. Und im täglichen Sprachgebrauch benutzen wir Eigenschaften der Natur, um bestimmte Ausdrucksformen eines Menschen zu beschreiben. Da heißt es dann z. B.: »Sie ist unscheinbar wie eine Maus«, »stolz wie ein Pfau«, »er ist stark wie ein Baum« oder »schlau wie ein Fuchs«.

Menschen, die sich viel in der Natur aufhalten, werden oft von ganz bestimmten Naturerscheinungen angezogen. Die einen vielleicht von Bäumen, andere von Wasserfällen oder Seen, und wieder andere von Steinplätzen oder Höhlen. Viele haben auch ihre Lieblingstiere, -bäume, -pflanzen oder -steine, Spezies, die einen ganz besonderen Magnetismus auf uns ausüben. Jedenfalls mit unserer verstandesmäßigen Trennung von Mensch und Natur scheinen wir etwas bewußt trennen zu wollen, das im Unterbewußten – in unserem psychischen Bereich – keine Trennung kennt. Eine Verdrängung, die uns viel Lebenskraft kostet.

Dagegen ist der Totemismus ein System, in dem die Lebenskraft von Mensch und Natur höchsten Stellenwert besitzt. In der Natur gibt es keine isolierten Bausteine. Sie alle bilden ein subtiles, engmaschiges Netzwerk, in dem jeder Mensch, jedes Tier, jede Pflanze, jeder Stein, aber auch jedes Naturphänomen und jedes Ereignis seinen Platz und seine Verknüpfung hat. Ein Netz aus unzähligen Fäden, durch das der Puls des Lebens, der Puls der Regenbogenschlange zirkuliert.

In westlichen Ländern hat es zur Zeit den Anschein, als wären die Menschen in zwei große Lager gespalten. Auf der einen Seite macht sich mehr und mehr eine innere Abkehr von der Natur bemerkbar. Da werden z. B. Bäume umgesägt, damit das Laub den Garten nicht *verschmutzt* oder der Rasen wird durch Betonplatten ersetzt, damit es *ordentlich* aussieht. Eine versteckte Naturentfremdung zeigt sich auch in manchmal unbedachten Äußerungen. Vor kurzem hörte ich einen Autofahrer, dem ein Reh ins Auto gelaufen war, sagen: »Zum Glück ist ja alles gutgegangen:« Er meinte damit, daß das Auto unbeschädigt blieb, *nur* das Reh war verletzt.

Auf der anderen Seite wiederum nimmt die Naturverbundenheit zu. Da zeigen plötzlich Menschen auf gefühlvolle Weise ihr neues Bedürfnis, die Erde zu berühren und zu spüren. Sie wollen die Natur auf sensible und individuelle Art erfahren. Stimmen von der naturabgewandten Seite mögen das mitunter als einen Rückschritt in archaische Zeiten betrachten. Doch vielmehr entspricht die neue Entdeckung der Natur einer großen Notwendigkeit, nachdem Erde und Meere seit vielen Jahren rigoros und sträflich als Müllhalde mißbraucht werden. Und offensichtlich will sich die Erde mit der zunehmenden Anzahl von Erdbeben, Erdrutschen, Wirbelstürmen, Flut- und Feuerkatastrophen vehement in das Bewußtsein der Menschen bringen, um sie an eine nötige Zusammenarbeit mit ihr zu erinnern.

Aber bereits die riesigen Abfälle aus Industrie und Technik, die hohen Ozonwerte, die Erwärmung der Erde, der Grünhaus-Effekt, der das Ansteigen der Meeresspiegel zur Folge hat, der saure Regen, das Waldsterben und Aussterben verschiedener Tier- und Pflanzenarten oder daß heute in den Großstädten vierzig- bis hundertmal mehr Blei im Körper der Menschen festgestellt wird als bei ägyptischen Mumien, und nicht zuletzt die ständige Bedrohung durch einen Supergau und die daraus gezogene Erkenntis, daß heute im Zuge des Wirtschafts- und Technikbooms Menschen mehr unter permanenten Ängsten leiden als in den Kriegsjahren, das alles hat in vielen etwas zum Anklingen gebracht.

Die zusätzliche Konfrontation mit einer allgemein zunehmenden Kraftlosigkeit, die sich wie eine Epidemie auszubreiten scheint, oft begleitet von großer Müdigkeit oder immer länger andauernden Erschöpfungsphasen, hat die Menschen veranlaßt, nach neuen Quellen der Kraft zu suchen. So ist das Wunder Natur und ihre stärkende, heilsame Kraft für Körper, Geist und Seele wieder in ihr Blickfeld gerückt. Viele greifen auf natürliche Heilmittel oder ganzheitliche Heilverfahren zurück; umarmen Bäume, richten sich bei Gartenpflege und Ernte, aber auch beim Haareschneiden oder körperlichen Eingriffen wie unsere Altvorderen nach den Mondphasen. Mit dem erneut erwachenden Verständnis für die Natur lernt der Mensch seine eigene Natur besser zu verstehen. Und im sensiblen Austausch mit kraftvollen Energien der Natur wird dem Menschen schließlich bewußt, selbst ein Ort der Kraft zu sein und als solcher die Fähigkeit zu besitzen, Energie zu produzieren und abzugeben. Das heißt, wir beginnen zu begreifen, daß es an jedem von uns selbst liegt, die eigene Lebenskraft zu steigern, zu erhalten oder zu mindern.

Unser persönliches Kraftfeld wird nicht nur von naturgegebenen Energien oder durch Elektrosmog beeinflußt, sondern ist auch an unsere eigene psychische und mentale Kraft gekoppelt. Um es auf den Punkt zu bringen: Unsere Lebenskraft wird von der Kraft unserer Gedanken und noch viel mehr von der Qualität und Intensität unserer Gefühle und unserer grundlegenden inneren Lebensausrichtung bestimmt. Die Intensität unserer Lebenskraft bewirkt unser energetisches Schutzfeld. Ist dieses stark und gesund, ist der Mensch widerstandsfähig. Ist es durchlöchert oder dünn, steht es mit dem Immunsystem nicht zum besten. Grund genug, um uns bewußt zu werden, daß wir unsere Lebenskraft selbst mitbestimmen.

Da jedes pulsierende Lebensfeld stets in Bewegung – in Schwingung ist, sendet es auch Impulse auf das Umfeld und andere Kraftfelder aus. Daß sich alle pulsierenden Lebensformen, – alle Kraftfelder in welcher Größe auch immer – gegenseitig beeinflussen, fanden Japaner in einem interessanten Forschungsexperiment heraus. Dabei wurde das Wirken elektromagnetischer Wellen zwischen zwei verschiedener Bakteriengruppen festgestellt. Kranke Bakterien hatten auf gesunde Bakterien einen positiven Einfluß, obwohl sie voneinander getrennt waren.

Willi Augustat griff dieses Experiment im Zusammenhang mit dem Thema *Elektromagnetische Wellen und Lebensfelder* (*Weltspirale*, 4/98) auf: »Man spricht sogar von ›singenden‹ Bakterien, die durch Frequenzen bzw. Wellen elektrophysikalischer Art – wie ein Chor – untereinander in einer bisher noch nicht objektiv nachgewiesenen Art in Verbindung stehen ... Langsam erkennen die Wissenschaftler, daß selbst Bakterien die ihnen innewohnenden, spezifischen – auch die qualitativen – Lebensenergien konkret und prägend an andere Lebensbausteine und an ihre Umgebung weitergeben.« Um wie vieles stärker und wirkungsvoller müssen da die elektromagnetischen Wellen sein, mit denen ein Mensch, der ja ein bedeutend größeres Energiefeld als ein Bakterium besitzt, auf den ihn umgebenden Raum einwirkt.

Jeder macht gelegentlich die Erfahrung, daß er sich von der inneren Atmosphäre einer Wohnung oder eines Hauses besonders angezogen oder abgestoßen fühlt. Das hängt weniger von der Art der Einrichtung ab, als vielmehr von dem Energiemilieu, das die Bewohner selbst erzeugen – und dann natürlich davon, wie der Besucher selbst auf die ortsspezifische Energie mit seinem eigenen Lebensfeld korrespondiert.

Während eine freundliche, harmonische, lebensbejahende Lebensweise ein gesundes, lebensförderndes, leichtes Raumklima bewirkt, schafft eine depressive, ängstliche, mißtrauische, destruktive oder aggressive Lebenshaltung eine entsprechend ungesunde, kraftraubende, schwere Atmosphäre, die in der Umgangssprache als *dicke Luft* beschrieben wird und oft durch Wände hindurch spürbar ist, wenn Menschen sich dahinter zanken und streiten.

Und da jedes vibrierende Kraftfeld – das stets als ein pulsierendes Teilchen der Regenbogenschlange verstanden werden kann, Empfänger und Sender zugleich ist, beeinflußt unser persönliches, von unseren eigenen Gedanken und Emotionen durchdrungenes und schwingendes Lebensfeld auch die Lebensfelder unserer Mitmenschen. Sobald uns das bewußt wird, erkennen wir ganz klar, daß jeder einzelne nicht nur sich selbst gegenüber Verantwortung, sondern auch dem Wohlbefinden seiner Mitbewohner und Mitarbeiter gegenüber trägt. Einer solchen Erkenntnis wird kaum Beachtung geschenkt, und sie wird nur ungern angenommen, da sich dabei eigene Schwachstellen entblößen. Selbstverantwortung bedeutet Arbeit an sich selbst, und Arbeit wird im allgemeinen als etwas Unbequemes betrachtet. Da ist es viel bequemer, Ursachen des eigenen Unwohlseins, Schwächezustandes oder einer Krankheit außerhalb von sich selbst – außerhalb des eigenen Verantwortungsbereiches – zu suchen.

Gewiß ist es sinnvoll bei einer chronischen Krankheit z. B. einen Radiästheten heranzuziehen, um herauszufinden, ob der Wohn- und vor allem der Schlafbereich von ungünstigen Störfeldern oder zu starken Erdstrahlen belastet ist. Aber ein günstiger Schlafplatz, – ein Platz, der im Ausgleich der Kräfte ist, kann nur dann optimal wirken, wenn der Mensch selbst ein Ort der Harmonie ist.

Im weiteren gilt es zu bedenken, daß jede gedachte oder gefühlte Unfreundlichkeit und Grobheit, sowie Neid, Rachsucht oder Pessimismus nicht nur unseren persönlichen Raum vergiften, sondern damit auch – aufgrund der weiter schwingenden und sich in einen größeren Raum ausbreitenden Impulse zu einer Art psychischen Umweltverschmutzung beitragen. Eine solche Belastung der Atmosphäre hat im weiteren eine allgemeine Schwächung der Lebenskraft und Minderung der Widerstandskraft zur Folge.

Gedanken und Emotionen bilden ihrer Qualität und Intensität entsprechende Energieformen, die wiederum in Wechselbeziehung mit Kraftfeldern in der Natur treten. Und da Mensch und Natur einander reflektieren, läßt der Zustand der Natur schließlich nicht nur den gesundheitlichen, sondern auch moralischen Zustand der Menschen erkennen. Aborigines wissen, wovon sie sprechen, wenn sie zum Ausdruck bringen: »Die Erde atmet aus, was der Mensch lebt, denkt und fühlt.«

Die *Große Kraft*

Das ganze Leben ist ein Suchen nach Kraft. Vor allem für Naturvölker war die Lebenskraft ein ganz besonderes Thema, schließlich hing ihre Überlebenschance davon ab. Die

Ausrichtung auf die Erhaltung oder Steigerung der Lebenskraft nahm deshalb einen großen Teil ihrer Aufmerksamkeit ein. Das letzte, das Aborigines in den Sinn kommen würde, wäre ihre Lebensenergie zu vergeuden. Das heißt, sie vermeiden jede unnötige Körperbewegung. Ich kann mich nicht erinnern, jemals einen hektischen Aborigine gesehen zu haben. Solange sie noch ihrer Sammler- und Jägertätigkeit nachgingen, waren sie in der Regel nur in den kühlen Morgenstunden oder späten Nachmittagsstunden im Busch unterwegs. Den Rest des Tages verbrachten sie im Schatten eines Felsens oder Baumes. Das war eine kostbare Zeit, und sie wurde mit sinnvollen Dingen gefüllt. Geschichten wurden erzählt, Kinder erzogen, Jagdwaffen oder Kultobjekte hergestellt oder in aller Ruhe Rituale vorbereitet. Die Aborigines liebten ein beschauliches Leben. Niemals wäre es ihnen eingefallen, unter großer Anstrengung, mit schwitzendem, überhitztem Körper steile Felswände hochzuklettern, so wie Touristen es heute tun, nur um dann aus reinem Freizeitspaß in ein darunter liegendes Wasserloch zu springen, das den Ureinwohnern obendrein meist heilig war.

Eine Geschichte aus dem Südosten Australiens erzählt von Baiamee, dem *Großen Vater*, der anfangs nur dalag, schlief und vom Leben träumte. Dieser Traum wurde jedoch zum Alptraum und dabei schüttelte es ihn gar sehr. Diese erste Bewegung erweckte seine Helfer Bunjil (Punjel), den Architekten des Universums, und Yhi, die Sonne. Zwei Kräfte, mit denen er davor in anderen Zeiten und Dimensionen bereits schöpferisch tätig gewesen war. Doch um das große Werk zu beginnen, benötigten sie noch unzählige andere Helfer. Dazu entnahmen sie von Baiamee winzige Anteile seiner Intelligenz und schufen daraus die ersten Yowies (Seelen), denen sie eine innere Kraft gaben, die ihnen half, sich selbst zu erhalten und zu vermehren. Mit Hilfe der anderen fing Baiamee an, sich zu drehen und damit begann der dynamische Lauf der Welt.

Eine Welt ohne Dynamik wäre eine sterbende Welt – eine Welt, die dem Untergang entgegensehen würde. Deshalb richtet sich die ganze Aufmerksamkeit des Naturmenschen darauf, daß der Weltenlauf zu keinem Stillstand kommt. All seine Lieder, Tänze oder Malereien sind eine rituelle Wiederholung, eine Neubelebung der Schöpfungsgeschichte.

»*Große Kraft* kommt zu uns, wenn wir singen, tanzen oder unsere Felsbilder neu malen«, sagte Bill Harney einmal. Das Ritual ist an sich eine äußere Handlung, die erst durch die innere Ausrichtung – durch die geistige Konzentration und die emotionale Anteilnahme daran, Wirkung erzielt. Indem der Mensch sich innerlich hingibt und sich gefühlsmäßig in den Erneuerungsprozeß einklinkt, hat er selbst Anteil am kosmischen Geschehen und wird zum Mitschöpfer der Welt.

Auch die alten Ägypter wußten um das innere Geheimnis der rituellen Neuschöpfung. Der König, der für die Lebenskraft des ganzen Landes stand, mußte zu bestimmten Zeiten rituell den Djed-Pfeiler aufrichten. Das war ein Symbol der kosmischen Achse, die wie der Regenbogen *Himmel und Erde* verbindet. Mit dem Ritual wurde zum Wohle des Volkes und des Landes der Lebensstrom zwischen den beiden Polen aufs neue aktiviert und zum Fließen gebracht.

Eine Felsmalerei in Nourlangie im Kakadu-Nationalpark stellt den Kreislauf der dynamischen Kraft offenkundig dar. Es ist Namargun, ein Schöpferwesen, das wie Zeus über Blitz und Donner herrscht. Es versinnbildlicht die gewaltigen Kräfte der Natur und des geistigen Universums. Die Röntgenstil-Malerei, für die das Arnhem Land bekannt ist, macht die pulsierende Kraft, die durch die angewinkelten Arme und Beine und die Wirbelsäule Namarguns zirkuliert, anschaulich. Der Rückenmarks-Kanal versinnbildlicht wie die ägyptische Djed-Säule die kosmische zweipolige Achse, die Geist und Materie zusammenhält. Und der Energiekreis, der sich um Namargun bildet, entspricht der kosmischen Schlange, die sich in den Schwanz beißt und den unentwegten Kreislauf des Universums versinnbildlicht. Namarguns machtvolles Attribut ist die Axt, ein Symbol der Vitalität und Dynamik. Dieses entspricht z. B. in der hinduistischen Bildersprache dem Feuerkreis, in dessen Mitte Nataraja, der tanzende Shiva, den kosmischen Tanz zum Ausdruck bringt. Die rituelle Neuschöpfung der Welt war offensichtlich die Kraftgrundlage aller alten Ur-Kult- und Kult-Ur-Völker.

Axt oder Flammenkreis wollen den Betrachter nicht nur an die *Große Kraft* erinnern, sondern vor allem an die Notwendigkeit, sich mit ihr regelmäßig auszutauschen und sie in Schwung zu halten. Solche Symbole wollen auch stets mahnen, daß *die Kraft* erlahmen könnte, wenn der Mensch sich selbst aus dem dynamischen Prozeß ausschließt, er nicht selbst mit seiner eigenen schöpferischen Kraft das Weltenrad in Bewegung hält.

Alle Älteren der Aborigines haben Sorge um den Fortbestand der Welt, da die Jungen nicht mehr regelmäßig auf Walkabout gehen, die fahl gewordenen Felsbilder kaum noch auffrischen und die alten Naturrituale mehr und mehr in Vergessenheit geraten. Sie haben Sorge, daß großes Unglück über die Menschen kommen könnte, geht die Dynamik des Weltengetriebes verloren.

Krankheit oder Schwäche war für alle Naturvölker unnatürlich – ein Zeichen eines störenden Einflusses, ein Hinweis, daß entweder die Person selbst mit der Natur oder den geistigen Mächten nicht im Einklang war oder ein anderer mit destruktiven, schadenbringenden Gedanken – bewußt oder unbewußt – dessen Lebenskraft schwächte. Dabei müssen wir uns bewußt sein, daß Gedanken keines äußeren Rituals bedürfen, um Niederschlag zu bewirken, – daß jeder Gedanke an sich bereits magische Kraft besitzt. Hier soll noch einmal darauf hingewiesen werden, daß jeder unfreundliche oder neidische Gedanke, der einer anderen Person gilt, deren persönliches Energiefeld schwächt – und um vieles mehr, wenn der Gedanke emotionsgeladen ist. Aber dem kosmischen Gesetz zufolge schadet sich der *Absender* schließlich selbst, da aufgrund der wechselseitigen Resonanz, die Wirkung auf ihn zurückfällt. Dagegen stärkt jeder freundliche, liebevolle und unterstützende Gedanke, den wir einem anderen zukommen lassen, auch die eigene Lebenskraft. Die wunderbarste Kraft der Regenbogenschlange, so wie ich sie in meinem Traum wahrgenommen habe, steckt in der bewußten Bejahung des Lebens, in der reinen Lebensfreude und in jener Liebe, die bedingungslos ist und die jedem gleich zukommt.

Mit psychischer Kraft wurden auch sakrale oder magische Objekte aufgeladen oder *besungen*, um ihnen Schutz oder Abwehrkräfte zu verleihen. Und so manche Traumzeitstätten besitzen nicht nur natürliche Kraft, sondern sind zusätzlich *magisch* aufgeladen, um Uneingeweihte fernzuhalten. Sie werden als *gefährliche Plätze* bezeichnet, vor denen all jene gewarnt werden, die mit der dem Ort eingespeicherten Energie nicht umzugehen verstehen.

Die psychische Kraft, die den Menschen mit den Kräften der Natur und der Astralebene verbindet, kann als der niedere Kraftaspekt der *Großen Kraft* gesehen werden. Dieser wird von der Schlange, die am Boden kriecht, versinnbildlicht. Dagegen repräsentiert der Regenbogen den hohen Aspekt der *Großen Kraft.*

Ein Aborigine im Süden Australiens, der zugleich mit der christlichen Bibel als dem traditionellen Gesetz aufgewachsen ist, sagte: »Die Regenbogenschlange ist das Feuer Gottes.«

Genaugenommen verkörpert der Regenbogen das kosmische Licht oder Feuer, das der Regenbogenschlange innewohnt. Das Feuer ist der spirituell-geistige Kraftaspekt der *Großen Schlange.* Es ist die Kraft jeder Schöpfung, und Aborigines sprechen auch vom *Hohen Gesetz.* Für diese *Große Kraft* hat jedes Aborigine-Volk in seiner eigenen Sprache einen Namen. *Djang* wird sie von den Gunwinggu im Arnhem Land genannt; *Kurunba* von den Warlbiri in der Tanami-Wüste, *Kuran* von den Pitjantjara zwischen den Mann Ranges und *Uluru* oder *Paranda* von den Wardaman westlich von Katherine. Diese Kraft als nicht existierend zu bezeichnen, wäre für Aborigines, als würde man die Luft, die der Mensch zum Atmen braucht, anzweifeln.

Djang ist in jedem Menschen, jedem Berg, jeder Pflanze, jedem Tier – in allem, was lebt und wächst. Es ist das lebendige Sein. Es ist die Kraft, die den Menschen denken, sprechen, bewegen und handeln läßt. Es ist die innere Antriebskraft, die der Mensch benötigt, um den physischen Körper zu erhalten und um seine Art zu vermehren. Es ist jene Kraft, die schon war, bevor es Menschen und Tiere gab. Es ist die Kraft, die am Anfang der Zeit, Bewegung in das Unbewegliche brachte. Es ist die Kraft, die Heilung bewirkt, Fruchtbarkeit hervorbringt, die Wasser und Nahrung lebendig macht.

Djang existiert auch in den Felsmalereien. In manchen heiligen Bildern können nur alte Frauen und alte Männer, jene, die das große Wissen haben, die Kraft sehen. Aber es gibt auch Bilder, deren Kraft von allen wahrgenommen werden kann. Bill Neidji, Älterer und berühmter Gagadju-Dichter des Arnhem Landes, dem die Bewahrung des traditionellen Kulturgutes sehr am Herzen liegt, sagt über die Malerei, die der Traum – die Geschichte der Aborigines ist: »Für unsere Traum-Malereien verwenden wir eine besondere Farbe: Ocker. Es ist das Blut, das unsere Gefühle zurückbringt – unsere Erinnerung an den Traum. Der rituelle Gehalt der Malerei ist nicht für jeden sichtbar. Das ›Hohe Gesetz‹ kannst du nicht sehen. Es geht durch deinen Körper und gibt dir Wissen. Du kannst die Geschichte nur träumen, es ist eine gute Geschichte, ein guter Traum.«

Djang ist auch die Kraft, die jede Verwandlung bewirkt. Östlich vom Ost-Alligator River kennen die Gunwinggu-Aborigines eine Geschichte über die Regenbogenschlange Ngalyod, in der es heißt, daß sie viele Urzeitwesen verschluckt hatte, und als sie deren Knochen wieder ausspuckte, verwandelten sich diese in Felsen. Es war ihr Djang, das diese Umwandlung möglich machte.

Mit Djang erfüllt sind auch die *Vermehrungs-Plätze*, die über das ganze Land verstreut sind. Diese standen unter ganz besonderer Obhut der Aborigines. So wie es bestimmte Plätze gibt, an denen sich Regen hervorrufen läßt, so hat auch jede Pflanze und jedes Tier ein eigenes Energiezentrum. Meistens sind es Steinplätze – oder genauer gesagt, in Stein verwandelte Körper eines Traumzeitwesens. Zeigte sich eine bestimmte Tier- oder Pflanzenart nicht mehr fruchtbar genug oder war sie gar vom Aussterben bedroht, wurde mit einem Wetzstein der entsprechende Fruchtbarkeitsstein gerieben, so daß sich die darin *wohnenden*, leben-spendenden Substanzen loslösten und mit dem Steinstaub wie *nebelige Wolken durch die Luft flogen* und die Befruchtung herbeiführten. Diese Lebenskeime mögen als die Eier der Regenbogenschlange verstanden werden.

Daß die *Große Kraft* in manchem Stein gespeichert ist, mußten ebenso unsere Altvorderen gewußt haben, denn es war üblich, solche Steine abzukratzen und das gewonnene Steinmehl, mit Wasser vermischt, einzunehmen, ein Mittel, dem man Fruchtbarkeit und Heilungskräfte zuschrieb. Solche Schabstellen lassen sich noch an manch alten Kirchen-wänden oder Menhiren (Langsteinen) erkennen. Und in Ägypten weisen einige Obelisken solche Kratz- und Wetz-spuren auf.

Von Kunmanggur, der Regenbogenschlange der Murin-bada-Aborigines, wird erzählt, daß sie ihr Blut – ihre Kraft – der Erde übergab, worauf es sich in Gestein verwandelte. Und als die Schlange später verletzt wurde, setzte sie sich mit ihrem Rücken drei Tage lang an einen Felsblock, um wieder gesund zu werden. Es war die Kraft, die sie selbst der Erde gab, und die ihr zur Heilung verhalf. Mit dieser Ge-schichte wird das Zirkulieren der Kraft und ihrer heilenden Wirkung bewußt gemacht. Auch in unseren Regionen war es früher üblich, daß sich kranke, schwache Menschen mit ihrem Rücken an einen kräftigen Baumstamm setzten, damit die Kraft des Baumes auf sie übergehe. Eine Kraft, die nie ihre Bedeutung verloren hat, sondern nur aus dem Bewußt-sein der Menschen entschwand. Es ist eine Kraft, der Wis-senschaftler schon längst auf der Spur sind und die sie auch gerne beweisen würden, aber niemals beweisen werden können, solange sie die geistige Materie nicht anerkennen und statt dessen die Welt in Geist *und* Materie trennen. Wissenschaftler erforschen zwar die Tiefen der Meere und den planetaren Raum, wissen aber bis heute nicht, wie Leben ursprünglich entstanden ist.

Wo immer die Regenbogenschlange auf ihrer Wanderung gerastet hat, füllte sich der Ort mit Djang. Aber diese lebendige Kraft wohnt allen pulsierenden Orten inne. Bill Neidji sagte dazu: »Wenn wir auf einem Djang-Platz sitzen, beobachtet uns das Djang. An einem Djang-Platz lebt die Traumzeit fort.« Der Traum ist die Geschichte. Und Bill Neidji bezeichnet das Innere eines Bora-Grundes – eines heiligen Zeremonien-Platzes – als die *Innere Geschichte*, womit er die *Große Kraft* meint. Wer diese *Geschichte* erfahren hat, darf sie nicht weitererzählen, aber es sei eine sehr schöne Geschichte – ein wunderbares *Gefühl*. Und mit diesem Gefühl ist ein spezielles Gefühl gemeint – ein Gefühl, das wie eine heilige Flamme empfunden wird und mit Djang identisch ist.

Und David Mowaljarlai erwähnte einmal: »Jeder Mensch hat Elektrizität in seinem Körper.« Nach Meinung der Aborigines, kommt diese Elektrizität von oben und wurde dem Menschen übertragen. Ein Älterer in den Kimberleys sagte, diese Kraft könne man besonders spüren, wenn wir auf feuchter Erde stehen. Die feuchte Zeit sei auch die beste Zeit, um über die *Elektrizität* mit verstorbenen Seelen und Geistwesen Kontakt aufzunehmen.

Die feurige Kraft der Schlange wirkt ebenso in jeder geistigen Verwandlung, jedem Ritual, jedem Gebet und jeder religiösen Verehrung, egal welchen Namen die Menschen ihrer Religion, ihren Heiligen und Schutzpatronen auch geben. Es ist die Kraft, die das Fleisch Christi in Brot und das Blut Christi in Wein/Wasser verwandelt. In der katholischen Kirchen-Symbolik lodern Feuerzungen aus dem Drachen oder der Schlange – zu Dämonen verurteilt – hervor, und die Reptilien werden vom Feuerschwert des Erzengels Michael durchbohrt. Dieser Akt wird als Sieg über das *Böse* ausgelegt, wobei das Böse sich im Grunde auf die eigenen Schattenseiten bezieht und das Schwert unsere Schwachstellen im Inneren berührt und an unsere Selbstverantwortung für unser Wohlbefinden und unsere geistige Entwicklung mahnt. Das Schwert des *Streiter Gottes* ist ein Sinnbild der kosmischen Achse, durch die die feurige kosmische Energie zwischen Himmel und Erde pulsiert. Mit dem Flammenschwert brachte der heilige Michael den göttlichen Blitz, den elektrischen Funken zur Erde, um diese zu beleben.

Den feurigen Aspekt stellt auch Krishna, der göttliche Held der Inder, dar. »Ich bin das Feuer, das in den Körpern aller Dinge herrscht, die Leben haben«, sagt er in der Bhagavadgita. Damit repräsentiert er Agni, die lebendige Flamme, die niemals erlischt. Agni wird durch sieben Flammenzungen versinnbildlicht oder durch den gleichnamigen vedischen Feuergott verkörpert. Gott Agni wurde einerseits aus der männlichen Sonne, anderseits aus dem weiblichen Wasser geboren, und er ruht im Stein, von dem seine große Kraft ausstrahlt. Agni ist wie die Regenbogenschlange oder der heilige Michael der göttliche Sender, der die lebendige Flamme in das Innere der Menschen bringt. Das innere Feuer schwächt sich jedoch ab, wenn es keine Nahrung erhält, wenn der Mensch zu satt, faul und nicht mehr geistig aktiv ist. Es erlahmt, wenn der Mensch in starren Doktrinen festgefahren ist oder durch zu strenge Tabus beschränkt wird.

Die innere Flamme ist das kostbarste Gut, das Mensch und Natur besitzen. Die flammende Perle, die das reine, strahlende Licht repräsentiert, wird auf chinesischen Tempeldächern von Drachen bewacht und beschützt. Sie entspricht in der christlichen Symbolik der reinen, heiligen Maria, die von einem Strahlenkranz umgeben ist, wobei die leuchtenden Strahlen oft in schlangenförmigen Wellen von ihrem Körper ausgehen. Helle Strahlen oder Flammenzungen vergegenwärtigen, wie der Regenbogen, die lebendige Energie der geistig-göttlichen Präsenz, die in allem, was ist, existiert.

Die Gestalt der heiligen Maria war den patriarchalischen Kirchenvätern nie sehr bequem, verbirgt sich doch in ihr die einst *Große Mutter* der ›Heiden‹. Sie wurde erst im Mittelalter als Lichtquelle in das von Männern geprägte Haus Gottes geholt, nachdem das Landvolk beharrlich weiterhin die Kraft *der Frau* in ihren heiligen Hainen, Wäldern und an heiligen Quellen gesucht und verehrt hatte und die Aufrechterhaltung der Kirche als Institution mehr von der Verehrung der fürsorgenden und kraftspendenden Gottesmutter abzuhängen schien als vom Leiden und Tod Jesu. So pilgern heute noch – vor allem in den östlichen Ländern Europas – Millionen von Menschen zu den Wallfahrtsorten der *Schwarzen Madonna*, der *Alten Frau*, deren *Große Kraft* in den Herzen unzähliger Gläubiger bewußt geblieben ist.

Als Kind plagte ich meine Mutter, die eine sehr gläubige Katholikin war, mit unbequemen Fragen. Ich wollte wissen, wer die Frau vom lieben Gott sei. Sie antwortete, er hätte keine Frau, aber sein Sohn hätte eine Mutter – die heilige Maria. Das sei die Mutter Gottes. Also sei sie doch die Frau vom lieben Gott. – Nein, das sei sie nicht, – *nur* die Mutter von Jesus. Diese verzwickte Vorstellung der Erwachsenen bekam ich einfach nicht in meinen kleinen Kopf hinein.

Während im Christentum – zumindest seitens der geistigen Obrigkeit – sich die ganze Verherrlichung auf einen

Gott-Vater und seinen Sohn ausrichtet, wird im tantrischen Hinduismus das weibliche Gott-Prinzip dem männlichen zur Seite gestellt. Die bekannteste Darstellung eines Hindu-Gottes mit seiner Shakti ist die Gestalt Ardhanarishvara, in der Shiva und Parvati eine Union bilden. Zwar zeigen sich auch die männlichen Hindu-Götter oft in überlegener Position, aber keiner von ihnen wäre ohne seine *Shakti* (Sanskrit: *Kraft*), seiner weiblichen, aktiven, schöpferischen und innewohnenden Kraft handlungs- und bewegungsfähig. Nur aus der Vereinigung eines Gottes mit seiner Shakti – seiner *anderen Hälfte* – konnten alle lebendigen Dinge entstehen.

»Wo hast du denn deine bessere Hälfte gelassen?«, ist oft die gängige Reaktion, wenn wir nur einer *Hälfte* eines befreundeten Paares begegnen. Ein solcher Ausspruch beinhaltet – bewußt oder unbewußt – das Wissen um das kosmische Prinzip der Polarität, das in allen Lebenserscheinungen enthalten ist.

Shakti ist die weibliche Verkörperung des Agni, die innere Flamme, die mit der strahlenden Maria identisch ist. Und die wunderbaren Bildnisse von Jesus, die ihn mit seinem flammenden Herzen zeigen, können als Vereinigung des männlichen Gott-Prinzips mit seiner Shakti – seiner *inneren Braut*, seinem inneren Licht – gesehen werden.

In der hebräischen Tradition wird die *Braut Gottes* von Shekinah (Schechina), der lichtvollen göttlichen Präsenz auf Erden, repräsentiert. Shekinah gilt als das *Innere Universum*, und es heißt, es gäbe nur Erlösung, wenn Gott sich mit ihr vereint. Sie ist die innere Kraft, die im Äußeren zum Ausdruck gelangt. Die innere Kraft wurde auch von Anahita, der semitischen Göttin, die mit Wasser und Weisheit assoziiert war, verkörpert. Mit ihrer *Großen Kraft* belebte sie das Wasser und die Früchte, und sie wurde vom Pfau begleitet.

Da jeder begleitende Aspekt, jedes Attribut einer Gottheit stets als deren eigene Aspekte zu verstehen sind, weisen das regenbogenfarbene Federkleid, das Element Wasser und die belebende Kraft wieder einmal auf das Wesen der Regenbogenschlange hin. Die *Große Kraft* umspannt die ganze Welt. Es ist ein und dieselbe Kraft, die nur unterschiedlich, dem jeweiligen kulturellen Verständnis entsprechend, interpretiert wird.

Die universale, dynamische Lebensessenz ist den heutigen Forschern, Historikern oder Anthropologen ein eher diffuser Begriff. Charles Mountford schreibt z. B. über Kurunba, wie die Warlbiri-Aborigines die *Große Kraft* nennen: »Der Glaube an eine universale Lebensessenz, die allen lebendigen Dingen Kraft gibt, ist vermutlich weit mehr verbreitet, als darüber in Büchern zu finden ist.« Aber genau genommen, wurden diese *lebendigen Dinge* erst durch Kurunba, die lebensaktivierende Essenz lebendig.

Die dynamische kosmische Energie ist jedenfalls eine Kraft, die nicht künstlich erzeugt werden kann, was im Umfeld der Gentechnologie offensichtlich ignoriert wird.

»Die Menschen werden vor vollen Tellern sitzen, doch nichts zu essen haben.« Eine solche Zukunftsvision hatten Indianer bereits vor vielen Jahren beschrieben. Kartoffel, Rüben, Mais oder Tomaten werden wunderbar aussehen, aber ohne Kraft sein.

Bereits heute haben unsere Nahrungsmittel, die zu Massen in den Supermärkten angeboten werden, kaum noch lebendige Kraft. Feldfrüchte wachsen auf überdüngtem, ausgelaugtem Boden; Gemüse, Obst und Nüsse wurden chlorgebadet oder unter Röntgenstrahlen keimfrei gemacht, das heißt, ihre Lebenskraft wurde abgetötet – weniger zum Wohlwollen der Menschheit, denn als umsatzsteigernde

Maßnahme. Doch je niedriger die Qualität ist, desto mehr benötigt der Mensch an Quantität, die ihm zwar zu einer guten Leibesfülle, aber kaum zu Kraft verhilft.

Allem Anschein nach ist es unseren emsigen und ehrgeizigen Wissenschaftlern, die so kühn mit der Genforschung und ihrer Entwicklung voranschreiten, aus dem Sinn gekommen, daß Lebensmittel nicht nur Nahrungsmittel, sondern auch Heilmittel sein könnten und daß jede Krankheit letztlich ein Zeichen geschwächter Lebensenergie ist. So sehen es zumindest alle Menschen, die um die Heilkraft der Natur wissen.

Doch ohne Aufnahme lebendiger Kraft bleibt es nicht aus, daß sich die Kraft des Menschen erschöpft und sich seine Abwehrkräfte gegen Infektionen und Allergien mindern. Manager und Sportler scheinen ohne Aufputschmittel kaum noch Hochleistungs-Aktivitäten liefern zu können. Und ohne lebendige Energiezufuhr wird es mit der Zeit auch mit der Fruchtbarkeit vorbei sein. Viele Tier- und Pflanzenspezies werden aussterben – und die Spezie Mensch obendrein. Es gibt Zyniker, die meinen, daß das nicht das Übelste wäre. Aber solange es noch Menschen gibt – woher sollen sie in Zukunft ihre Kraft beziehen? – Nun, die Theologen und Pfarrer unserer Christenkirche lehren zwar, daß man den lieben Gott um Kraft bitten kann. Doch sie scheinen vergessen zu haben, daß der liebe Gott dem Menschen zwar genügend Energievorrat mitgegeben, ihm aber auch Selbstverantwortung übertragen hat. In den christlichen Religionen finden wir für die große universelle Kraft keine genau treffende Bezeichnung. Ich persönlich würde sie aber am ehesten mit der Herzenskraft Jesu vergleichen, da die Herzensenergie das Tor zur kosmischen, geistig-feurigen Welt – der Welt des Lichtes darstellt.

Reich

Wer sich eingehender mit dem Thema Lebenskraft, Lebensessenz oder innere Lebenssubstanz auseinandersetzt, findet heraus, daß diese Begriffe allen früheren Kulturen und Naturvölkern selbstverständlich waren. Wie kann deshalb etwas, das rund um den Globus unzählige Namen hat und umfassend beschrieben wird, nicht existent sein? Wieviel Blindheit verträgt der konsum- und sachorientierte Mensch noch? Wieviel Kraft muß er noch verlieren, um *die Kraft* anzuerkennen?

Dabei gab es im wissenschaftlichen Bereich einige Entdeckungen, die einem Beweis nahe kamen. Russische Forscher spürten das Bioplasma auf, oder denken wir an den Arzt und Naturwissenschaftler Wilhelm Reich (1897-1957), der das Orgon entdeckte. Darin sah er jene Energie, die im gesamten Universum und in jedem Teilchen der Materie enthalten ist. Jene Energie, die stets im Fluß ist und alle Lebenszyklen stets aufs neue anregt.

Reichs Entdeckungen waren außergewöhnlich wie seine Experimente auch. Er vermochte z. B. mit einem einfachen Gerät im lokalen Bereich Wetter zu verändern, Wolken aufzulösen, Regen zu mindern oder zu vermehren, Handlungen, zu denen auch Aborigines fähig waren, allerdings ohne dabei ein Gerät zuhilfe zu nehmen. Reichs Entdeckung stand jedoch im Widerspruch zum Weltbild der konservativen, gängigen Wissenschaft. Es konnte einfach nicht sein, was nicht sein durfte. Er wurde nicht nur als Außenseiter der Wissenschaft betrachtet, sondern auch gerichtlich verfolgt, und seine Bücher waren sogar für eine Weile in den USA verboten.

Aber vielleicht kommt die moderne Wissenschaft mit ihren zur Zeit schnell wachsenden Erkenntnissen, mit Begriffen wie Quintessenz oder der Erforschung der Lichtphotonen, die in allen lebendigen Dingen enthalten sind, dem Begriff einer kosmisch-geistigen Lebens- oder Lichtenergie ein gutes Stück näher. Und vielleicht ist es gar nicht so weit hin, die geistige Lichtsubstanz in unser allgemeines Weltbild zu integrieren. Jedenfalls ohne Anerkennung dieser universellen Kraft läßt sich keine alte Kultur und deren Weltensicht in ihrem Inneren verstehen. Die *Große Kraft* ist der verbindende Mittler zwischen den Welten – und wie der Regenbogen die große Brücke, die *Himmel und Erde* zusammenhält.

Die aufsteigende Schlange

Eine Geschichte der Pitjantjara-Aborigines handelt von einem Wanambi – einem Regenbogenschlangenmann, der sich nach seiner Wanderung in einen Baum verwandelte, während seine Frau in das untere, bauchige Ende des Baumstammes eingegangen ist.

Baum und Schlange spielen in vielen Geschichten der Welt eine bedeutende Rolle. Da fällt einem sogleich der Baum im christlichen Paradies ein, dessen einwohnende Schlange Eva verführte. Eva wird jedoch ebenso als Mutter der Welt gesehen, deren Schoß sich mit der männlichen Schlange vereint hatte. Und in gnostisch-aramäischen Texten ist Hawah (Eva) selbst mit Hewya, der Urschlange gleichgesetzt. Als *Mutter alles Lebenden* wurde sie als die pulsierende Kraft – sozusagen als Shakti gesehen, die die Materie, die äußere Hülle, belebte.

Im Arnhem Land stellten die Aborigines aus einem Baumstamm eine Art Trommel oder Gong her. Es ist ein sakrales Instrument, das bei Zeremonien und Einweihungen benutzt wird. Während die äußere phallusartige Form das männliche Prinzip repräsentiert, wird der innere Raum des hohlen Stammes mit dem weiblichen Schoß assoziiert. Die Schwingung, die der Gong erzeugt, vereinigt das Männliche und Weibliche, das Äußere und Innere – den äußeren und den inneren Kosmos.

Bei den Batak in Nord-Sumatra wird ein Hochzeitspaar vom Vater der Braut in ein Ulos gehüllt. Das ist ein Tuch, das mit Tondi, der *Großen Kraft*, aufgeladen ist. Und das Tuch versinnbildlicht die Rinde des Lebensbaumes, der die Batak von der Geburt bis zu ihrem Tod als Symbol des Lebens mit all seinen Phasen und Lebensstufen begleitet. Das Ulos umschließt symbolisch die weiblichen und männlichen Kräfte, die im Inneren wie Yin und Yang zusammenfließen. Den Lebensfluß selbst repräsentiert bei den Batak die Baumechse, die im Wurzelbereich ruht und nicht gestört, beleidigt oder abrupt geweckt werden darf, da sie sonst Unglück bringen könnte. Sie verkörpert wie die Regenbogenschlange die vibrierende, pulsierende Kraft, die auf natürliche und harmonische Weise fließen muß, soll sie den Menschen und dem Land Glück und Segen bringen.

Bei den alten Griechen war die Göttin Artemis die Hüterin des kosmischen Baumes und wie Diana, ihre römische Entsprechung, verkörperte sie die Kraft der Schlange, deren Geist in einem Baumstamm verehrt wurde. Später verschmolz Diana mit Dianus, dem männlichen Kraftaspekt und gemeinsam versinnbildlichten sie die dualen Kräfte der Natur, bzw. im Körper der großen Geistschlange.

Im indischen Yoga und Tantrismus wird die kosmische Energie ebenfalls als Schlange gesehen. Als persönlicher Energievorrat ruht sie im feinstofflichen Bereich des menschlichen Beckens. Da dieser Energiestrom für gewöhnlich im unteren Nervensystem wie eine aufgerollte Schlange liegt, wird sie *Kundalini* genannt. *Kundala* bedeutet *aufrollen*. Die Kundalini wird als Quelle der persönlichen Lebenskraft gesehen. Sie steht nicht nur mit dem pulsierenden Blutkreislauf in Beziehung, sondern auch mit dem höheren Selbst und dem geistigen Universum und entspricht der schöpferischen Energie der Regenbogenschlange. Sobald die Kundalini erwacht, strömt sie im inneren, subtilen Energiekanal nach oben, der entlang der Wirbelsäule verläuft und in der Lehre des Yoga Sushumna genannt wird.

Es gibt verschiedene meditative Praktiken, mit denen die Kundalini-Schlange geweckt werden kann, damit sie aufsteigt und geistige Erkenntnis bringt. In manchen neu-esoterischen Kreisen bemüht man sich darum, die Kundalini-Kraft mit allen Mitteln zu wecken, was nicht selten eine Art Konsum- und Prestigemanier durchscheinen läßt. Damit sind jedoch gesundheitliche Risiken verbunden, da eine forcierte Kundalini zu mentalem Streß und psychischen Störungen führen kann. Am sinnvollsten ist es, die Kundalini auf natürliche Weise, ihrem eigenen Tempo entsprechend fließen zu lassen, das der persönlichen geistigen Entwicklung des Menschen angepaßt ist. Unterstützend können dabei harmonische Tai Chi- oder Qi Gong-Übungen sein, die auf sanfte Weise helfen, Blockaden zu lösen.

Menschen, deren Kundalini auf natürliche Weise erwacht, bringen am ehesten die Voraussetzung mit, Heiler oder spirituelle Lehrer zu werden. Die Autorin Christa Zettel (*Seele der Erde*) beschreibt wunderbar die erweckte Kundalini: »Wenn die Kundalini erwacht, richtet sie sich auf, um im dritten Auge zu explodieren. Diese Kraft, die Hellsichtigkeit und natürliche Heilkraft schenkt, explodiert in einer Art Heiligen Hochzeit zwischen linker und rechter Gehirnhälfte.«

Menschen, deren Kundalini am *Dritten Auge* explodiert ist, erlangen die Fähigkeit, durch Materie hindurchzusehen oder in entfernte Welten zu reisen, ohne dabei ihren Körper zu bewegen. Von manchen wird die Kundalini als eine doppelte, spiralig gewundene Schlange wahrgenommen, die wie die gespaltene Zunge der Schlange die Dualität aller Dinge zum Ausdruck bringt. Auch der oft geseufzte Spruch: »Zwei Seelen wohnen ach in meiner Brust«, spiegelt das Bild der *Zwei in Eins* wieder.

Nach dem Pranayama, der Atemlehre des Yoga, sind es drei Schlangenkräfte, die mit der Wirbelsäule im Verbund stehen. Da ist einmal die Kundalini, *die feurige Königsschlange*, die durch Sushumna, den feinstofflichen Nervenhauptkanal, der innerhalb der Wirbelsäule liegt, fließt. Rechts und links von Sushumna verlaufen je ein *Nadi*, ein subtiler Energiekanal. Diese beiden Nadi führen von den beiden Nasenlöchern hinunter zur Wurzel der Wirbelsäule. Durch das rechte Nasenloch strömt *Pingala*, der Atem, der der Sonnenkraft zugeordnet wird und durch das linke Nasenloch strömt Ida, der Atem, der mit der Mondkraft assoziiert ist. Letzterer ist der kühlende, befeuchtende Strom oder *Wind,* und Pingala der wärmende, trockene Wind oder Atem, der von den Indern auch *Faden* genannt wird.

Die *Mond- und Sonnenfäden* werden von manchen auch als weißer und orange-roter Lebensstrom oder Schlange gesehen. Bill Neidji beschreibt in einem Gedicht: »… Blut zirkuliert – es geht rosafarben und es kommt weiß …«

In diesem Sinne ist z. B. unser Märchen *Schneeweißchen und Rosenrot* zu verstehen: zwei Schwestern, die einen Zwerg, der in einem Baumstamm eingeklemmt war, befreien. Der Zwerg repräsentiert die pulsierende Lebenskraft, die *blockiert* war und nach der Befreiung wieder in Fluß kam.

Der Lebensatem *kommt und geht* auch beim Spielen des Didjeridus, eines Blasinstrumentes, das aus einem von Termiten ausgehöhlten Baumast hergestellt wird. Dieses Hohlinstrument war einst den Ureinwohnern Australiens ausschließlich ein sakrales Instrument und diente vor allem heilerischen Zwecken. Krankheit bedeutet, daß die inneren Kräfte des Menschen nicht im Ausgleich sind. Indem mit dem Didjeridu auf kranke, bzw. energetisch blockierte Körperstellen eingespielt wurde, konnten die inneren Kräfte belebt, aktiviert und wieder in Fluß und Harmonie gebracht werden.

In der Keep River-Region im Norden Australiens heißt es: »Bläst ein Mann das Didjeridu, bläst es zurück zu ihm aus dem Wasser, das in der Nase umschlägt und ihm Wind gibt.«

Die Kraft des Wassers wird hier von der Regenbogenschlange und der Wind mit dem Fliegenden Hund verkörpert. Die Aborigines erklären, Regenbogenschlange und Fliegender Hund sagen einander, was *zu tun* sei. Zwei Kräfte, die sich miteinander arrangieren, um den Lebensfluß eines Menschen oder den Weltenlauf in Gang zu halten. Zwei Kräfte, die Himmel und Erde repräsentieren und die einander unentwegt austauschen und sich dabei gegenseitig beleben. Wer immer die Kunst des Didjeridu-Spielens beherrscht, wird mit seinem Atem und dem Atem des Universums eins.

In den Kimberleys erklären die Ungarinyin-Aborigines, daß ihre Regenbogenschlange Ungud deshalb keinen Mund und keine Ohren besäße, da sie *mit der Nase ausgesungen habe.*

Die Nase ist im Zusammenhang mit dem zirkulierenden Lebensatem unser wichtigstes Organ. In einer ganzen Reihe von Geschichten wird einem Held aus der Traumzeit die Nase abgeschlagen. Dann deuten Aborigines auf einen Stein oder einen Felsbrocken, der diese Nase verkörpert: Plätze, wo die Erde besonders tief ein- und ausatmet. In anderen Geschichten bohrt ein Traumzeitwesen mit seiner Nase ein Loch durch die Felswand hindurch: ein Platz, an dem der Wind ein- und ausgehen kann. Die Nase ist nicht zuletzt ein Blasinstrument, eine *Trompete* wie das Didjeridu es ist.

Das Prinzip des Didjeridu-Blasens – das Auf- und Absteigen des Atems – kommt der Zirkulation der auf- und abströmenden *Schlangen* Ida und Pingala gleich. In diesen beiden Lebensströmen können im Grunde genommen auch die griechischen *Götter* Psyche und Eros gesehen werden. Die Psyche steht wie Ida mit den Mond- und Wasserkräften und den nach innen gehenden, magnetischen Kräften der Erde in Verbund. Dagegen werden Eros und Pingala mit dem elektrischen, nach außen gehenden, warmen Sonnen-Atem, in Beziehung gebracht.

Entlang der Sushumna, im Inneren der Wirbelsäule, befinden sich pulsierende Energiezentren, dort, wo sich die Mond- und Sonnenfäden, bzw. die Wege der Ida und Pingala-*Schlangen* mit dem Pfad der Kundalini, der Königsschlange, kreuzen. Eine Regenbogenschlangengeschichte der Warlpiri-Aborigines erzählt, daß Menschen in ihrer *Mitte* zwei Schlangen miteinander kämpfen sahen, die sich an manchen Stellen verknoteten. In dieser Verknotung können wir auch die Umarmung von Psyche und Eros ausmachen.

Die subtilen Energiezentren werden Chakras – Räder – genannt, da es sich genau genommen um kreisende Energieräder handelt, die den Mechanismus des Körpers wie Schwungräder einer Maschine regulieren. Von manchen Menschen, die die Chakras sehen können, werden sie auch als Blütenkelche beschrieben, die offen oder geschlossen sein können. Chakras sind die Kraftzentren in unserem inneren Körper, die die veschiedenen *Hüllen* oder Ebenen des Menschen – seine physische, ätherische, astrale, psychische, mentale und geistige Natur – miteinander verbinden.

Doch nur wenn unsere inneren Mond- und Sonnenströme, bzw. Yin- und Yang-Kräfte, im Ausgleich sind, ist es der purpurfarbenen, königlichen Schlange möglich, zu erwachen und sich zu entrollen. Nur dann vermag sich die große, hohe Schlange über das niedere Selbst zu erheben und hochzusteigen.

Entlang des feinstofflichen Rückenmarkkanals liegen die sieben Hauptchakras, die die Kundalini, sobald sie erwacht ist, durchströmt. Jede dieser *Stationen*, die die *Große Schlange* auf ihrem aufsteigenden Pfad durchwandert, entspricht einem bestimmten Bewußtseinsgrad oder einer Einweihungsstufe. Die Qualitäten der einzelnen Energiezentren entsprechen nicht zuletzt auch den einzelnen Kräften der Regenbogenschlange. Und die Farben, die den einzelnen Chakren zugeordnet werden, entsprechen den Farben des Regenbogens. Jedes der Chakren läßt sich im weiteren mit einem bestimmten sakralen Gegenstand oder Symbol der Aborigines zum Ausdruck bringen.

Das unterste Chakra liegt an der Basis der Wirbelsäule und wird Wurzelzentrum genannt. Hier befindet sich die Quelle der Lebenskraft und die Kraft der Abstammung. Diese Kraft wird bei den Aborigines durch das Seelenholz oder den Seelenstein verkörpert, den die Arrernte im Zentrum Australiens *Tschuringa* nennen. Das ist eine Art Geburtsurkunde und bedeutet *das Verborgene.* Dieser einst besonders sorgsam gehütete heilige Gegenstand sagt etwas über den inneren Ursprung einer Person aus und stellte ihre wahre Identität dar. Es ist sozusagen der energetische Abdruck einer Person. Ihre wahre Herkunft und Wurzel erfahren die Jungen in der ersten Initiation. Dabei wird der Junge zum erstenmal bewußt-gemacht. Von nun an beginnt sich das Leben zu verändern – der Junge fängt an, erwachsen zu werden.

Das erste Chakra wird mit der roten Farbe assoziiert. Es ist die Farbe, die von der Tiefe der Erde über die Füße des Menschen bis zur Basis der Wirbelsäule hochsteigt. Es ist die Farbe des Blutes, in dem die Kraft des Lebens sitzt. Es ist auch die Farbe des Phönix, der sich aus der Asche erhebt. In vielen Geschichten der Aborigines wird auf die Asche, die von einem Campfeuer zurückbleibt, hingewiesen. Und Asche bedeutet Transformation, die jede Einweihung bewirkt.

Das zweite Chakra ist das Sakralzentrum, das mit den Geschlechtsorganen in Verbindung steht. Auf dieser Stufe lernt der Initiand das Prinzip der Polarität und Dualität zu verstehen – er beginnt *ganz* zu werden. Allen Naturvölkern war stets bewußt, daß nur aus der Vereinigung polarer Kräfte neues Leben entstehen kann. Die Vereinigung des männlichen und weiblichen Prinzips wird bei den Aborigines durch den runden oder ovalen Zeremoniengrund, der den weiblichen Schoß repräsentiert und dem darin stehenden Zeremonienpfahl, der den männlichen Phallus darstellt, versinnbildlicht. Dem zweiten Chakra entspricht die Farbe Orange. Es ist die Farbe der Sexualität und der Empfindungen, die aus dem Bauch herauskommen.

Das dritte Chakra ist das Nabelzentrum und ist dem Zentralnervensystem, der Milz, Leber und Nieren angeschlossen. Dieses Energiezentrum wird auch Sonnengeflecht (Solar-Plexus) genannt, da sich in diesem Bereich die Kraft der

Sonne zentriert. Die Farbe der Sonne ist Gelb oder Golden. Es ist ebenso die Farbe des Willens und Ehrgeizes. Auf dieser Stufe lernt der Initiand, seine Willenskraft und persönliche Macht zu erproben. Hier begegnet er Freude und Angst und muß sich entscheiden, ob er die *Schlange* an sich *bindet* oder *loslöst*. Aus dem Nabel entsteigt die magische Schnur, die den Schamanen in höhere Welten klettern läßt. Bei den Aborigines ist der Grabstock – wie das Zepter – ein Symbol der magischen und persönlichen Macht.

Das vierte Chakra ist das Herzzentrum, das dem Herz, den Blutgefäßen und der Lunge zugeordnet ist. Das Herz ist die Umschaltstelle, an der die Lebensströme von unten und oben zusammenfließen und einander mächtig umkreisen. Auf dieser Stufe erfährt der Initiand die Öffnung des Herzens. Hier lernt er die Gefühlskräfte der Regenbogenschlange und die inneren Gesetze der Natur kennen sowie das Gleichgewicht zwischen Körper, Psyche und Geist herzustellen. Dem Herzchakra ist die Farbe Grün zugeordnet. Es ist die Fabe der Harmonie und Kreativität, des Mitgefühls und der Heilung. Bei den Ureinwohnern Australiens liegt die Heilung noch immer zu einem großen Teil in den Händen der Frauen. Der *Dillybag*, eine Netztasche, die Frauen gleichfalls zum Sammeln von *Bushtucker* (Nahrung aus dem Busch) benutzen, war ursprünglich der Medizinbeutel der heilenden Frau. Es war die heilige Tasche der alten Weisen, in der sie ihre sakralen Objekte und Heilmittel aufbewahrten.

Das fünfte Chakra ist das Kehlkopfzentrum. Es liegt an der Basis des Kehlkopfes und steht in Verbindung mit der Schild- und der Thymusdrüse. Auf dieser Einweihungsstufe lernt der bereits fortgeschrittene Regenbogenkrieger sich selbst zum Ausdruck zu bringen und seine Gedankenwelt zu

aktivieren. Die Farbe, die diesem Energie-Zentrum zugeordnet wird, ist Hellblau oder Türkis. Es ist die Farbe der inneren Ruhe und der Kommunikation. Es ist die Farbe des
Wassers, das in der Welt der Aborigines ein wichtiger Träger
von Botschaften und Informationen ist. Über das Wasser
reist auch die verstorbene Seele in ihre Urheimat zurück.
Und in einer Fischreuse oder einem Fischnetz glitt einst die
weibliche Regenbogenschlange Ngalyod den East Alligator
River entlang. Das Fischnetz versinnbildlicht die Vernetzung zwischen sämtlichen Geschöpfen der Welt, die alle aus
dem singenden Leib der *Großen Schlange* hervorgegangen
sind. Das Netz ist im weiteren Sinnbild der elektromagnetischen Energiegitter, die die ganze Welt umspannen und in
deren vernetzenden *Fäden* der Puls der Regenbogenschlange vibriert. So steht Kommunikation und Vernetzung nicht
zuletzt auch für das bereits begonnene Wassermann-Zeital-
ter. Es ist wohl kein Zufall, daß im Übergang zum Wasser-
mann-Zeitalter nicht nur das Internet allen Menschen zugänglich geworden ist und nun alle Regionen der Welt
miteinander in Kommunikation stehen, sondern daß die Bewegung im Internet *Surfen* genannt wird.

Das sechste Chakra ist das Stirnzentrum oder Dritte Auge, das zwischen den beiden Augenbrauen liegt. Es wird der
Nase, den Augen und Ohren zugeordnet. Die Farbe, die mit
diesem Energiezentrum assoziiert wird, ist Indigo. Diese
Farbe steht für hohe Spiritualität, große Weisheit und geistige Stärke. Wenn die *Große Schlange* diesen Punkt erreicht, erhöht sich die innere Sehkraft. Mit diesem Bereich beginnt
der *geistige Durchblick* und die spirituelle Meisterschaft. Hier
findet der Übergang vom Bewußten zum Überbewußten
und die Kommunikation mit der höheren Seele statt. In diesem Energiezentrum vereint sich die persönliche Lebens-

kraft mit der Kraft des geistigen Universums. Bei manchen Aborigine-Gruppen war es üblich, dem Initianden die Geistschlange in Form eines Kristalls an den Platz des Dritten Auges einzupflanzen, um die Lichtkanäle, die mit der kosmischen Energie verbinden, weiter zu öffen. Der Quarzkristall ist für die Aborigines eine Gesteinsart von höchstem Wert, da er die Urenergien, Urtöne und Urfarben der *Großen Schlange* in sich trägt und aussendet.

Das siebente Chakra ist das Scheitelchakra, das mit dem Netzgeflecht der Gehirnnerven und der Hypophyse assoziiert wird. Das siebente Energiezentrum wird auch Kronenchakra genannt, womit der gekrönte Geist zum Anklingen gebracht wird. Die zugeordnete Farbe ist Violett. Es ist die Farbe der geistigen Flamme, die höchste Spiritualität ausweist. Aber auch Weiß wird mit diesem Chakra in Beziehung gesetzt. Weiß ist die Farbe der Perle, die bei den Aborigines im spirituellen Bereich einen besonders hohen Rang einnimmt. Sie war ein hochgeschätztes Handelsgut, das von der Küste seinen Weg ins Innere des Kontinents fand. Die Perle versinnbildlicht Vollkommenheit und gilt als Kind der weiblichen Muschel, die vom männlichen Blitz befruchtet wurde. In der Perle vereint sich die lebensspendende Kraft des Wassers und die reinigende Kraft des Feuers. Perlmutt-Muschel, Perle und Kristall nehmen bei den Aborigines etwa den gleichen Platz in der Wertigkeit sakraler Objekte ein und sind an sich austauschbar. Alle drei sind von der höchsten Kraft der Regenbogenschlange durchdrungen.

Von einer Wasser- und Feuertaufe und der Beherrschung der Schlangenkraft berichtet folgende Geschichte: Im westlichen Küstengebiet wohnte einst Ataintjina, ein großer Regenmacher. Er hatte viele Schüler, die ebenfalls das Regenmachen erlernen wollten. Und sobald im Landesinneren eine Dürre herrschte, ging der alte Lehrer mit einem seiner Schüler zum Ufer, wo eine große Wasserschlange lebte. Diese verschluckte dann den Jungen. Das Innere der Schlange war voll mit Perlmutt-Muscheln, die in den Jungen eindrangen. Dann befahl der Lehrer der Schlange, den Jungen wieder freizugeben. Die Frauen machten nun ein Feuer und der Junge wurde durch den Rauch gereinigt. Dann mußte der Initiand beweisen, daß er die Kraft der Schlange anzuwenden verstünde, und er wurde von seinem Lehrer auf eine Reise geschickt. Unterwegs kam er auf eine Hochebene, wo er eine der Perlmutt-Muscheln, die die *Große Schlange* in sein Inneres eingepflanzt hat, hervorholte. Er rieb damit über einen Regenstein, wobei er regenmachende Substanzen freisetzte. Eine Wolke ging davon aus, die ihn einhüllte und in die Höhe trug. Und während er mit der Wolke Richtung Osten zog, entließ er Regen aus ihrem Inneren. Und ab und zu holte er eine der Muscheln aus seinem Kopf und sandte sie als Blitz zur Erde. Inzwischen war der alte Regenmacher in einen tiefen Schlaf gefallen und schickte dem jungen Regenmacher seinen Traumgeist in Gestalt eines Regenbogens hinterher. Der Junge ergriff sodann den Regenbogen, machte ihn auf seinem Kopf fest und wanderte weiter nach Osten.

Der Regenbogen ist nicht nur Sinnbild der kosmischen Brücke, sondern auch der Weg der geweckten *Großen Schlange*, die von einem Chakra zum nächsten, von einer Reifestufe zur nächsten, hochsteigt. Der Weg der Regenbogenschlange ist der Weg des spirituellen Kriegers, der wie Parzifal auf der Suche nach dem Gral, viele Prüfungen zu bestehen hat. Es ist ein individueller und einsamer Weg auf der Suche nach der großen inneren Wahrheit.

Tab. 1: die Eigenschaften der Chakren

Chakra	Kräfte/Qualitäten der Regenbogenschlange	Regenbogen-Farben	Symbol
Krone	Spirituelle Kraft	Violett	Regenbogen
	Reines Licht, bedingungslose Liebe	Weiß	Perle
Stirn	Erkenntnis	Dunkelblau	Kristall
3. Auge	Intuition, Einsicht	Indigo	
Kehlkopf	Kommunikation	Hellblau	Fischnetz
Herz	Heilung, Ausgleich, Gefühlskraft	Grün	Dilly-Tasche, Medizinbeutel
Solar-Plexus	Willenskraft, Persönliche Macht	Gelb/Gold	Grabstock
Sakral	Fruchtbarkeit, Sexualkraft	Orange	Kreis und Pfahl
Wurzel	Erweckung Kraft der Abstammung Identität	Rot	Schwirrholz, Tschuringa

II

Die kosmische Ordnung

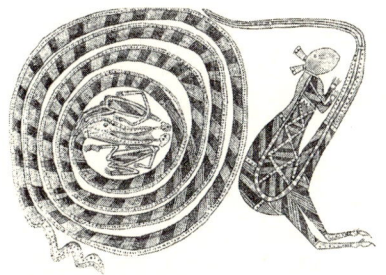

Schlange und Regenbogen

Um die Regenbogenschlange in ihrer Ganzheit besser zu umfassen, erscheint es mir sinnvoll, sie in ihren beiden Hälften als Schlange und Regenbogen getrennt zu betrachten. In zusammengesetzten Wörtern läßt sich oft die ganze Aussage leichter erkennen, wenn erst einmal die einzelnen Teile und ihre Bedeutungen verstanden werden, bevor wir sie wieder zu einem ganzen Bild zusammenfügen.

Die Schlange ruft in jedem ein anderes Bild hervor. Die einen mögen in ihr die Verführerin im Paradies sehen, andere ein Symbol der Macht oder die aufgerichtete Schlange der Weisheit auf der Stirn ägyptischer Pharaos. Wenn wir in die Mythen und Legenden der Welt eintauchen, finden wir dermaßen viele Schlangen-Götter, -Bilder und -Symbole, daß es den Anschein hat, als wäre die ganze Welt aus einem Schlangenei geschlüpft.

Die Welten-Schlange Okeanos galt bei den alten Griechen als die große Wasserschlange, die das Welten-Ei umschlang. Sie versinnbildlichte den Ozean, der die Erde umschloß. Und als das Schlangenei brach, ertönte der erste Urlaut und der Urhügel der Welt erhob sich aus dem Schoß des Urmeeres. Okeanos ist identisch mit dem Schwanzfresser Uroboros, die rundum kreisende Schlange, die ihren Schwanz ins Maul nahm und die die immerwiederkehrenden Lebenszyklen und die Ewigkeit symbolisiert. Gott Vishnu, einer der drei Hauptgötter im hinduistischen Glauben, liegt in seinen Ruhephasen – zwischen den einzelnen Inkarnationen – auf der mütterlichen Welten-Schlange Ananta, um stets aufs neue Kraft zu schöpfen. Und der griechische Zeus verbarg sich in der Riesenschlange Meilichios. Quetzalcoatl, der aztekische Gott des Windes, wird als gefiederte Schlange dargestellt und für die Balinesen versinnbildlicht der schlangenförmige Kris (Dolch) die universelle Energie, auf die alle *Götter* zurückgehen.

In alten Schöpfungslegenden wird oft die *Große Göttin* und eine männliche Schlange als das erste Paar dargestellt, aus deren Verbindung alles Leben hervorging. In einem pelasgischen Mythos galt die Göttin Eurynome als universelle Schöpferin, die allein auf dem Urmeer tanzte. Sie war die Herrin der Elemente und brachte Ordnung in das Chaos. Aus sich heraus schuf sie die männliche Schlange Ophion und gebar aus dieser Verbindung das Welten-Ei, um das sich Ophion siebenmal herumschlang. Aus dem auseinanderbrechenden Schlangenei kamen Himmel und Erde und alle Lebewesen hervor. Nachdem der Schlangengemahl die Göttin befruchtet hatte, gab er vor, selbst der Schöpfer der Welt zu sein. Diese Anmaßung empörte Eurynome so sehr, daß sie ihn mit ihrer Ferse auf den Kopf trat und die Schlange in die Unterwelt verbannte. Ein Bild, das später von den Christen auf die heilige Maria übertragen wurde, die mit der *Siegespose* zum Ausdruck bringen soll, daß sie der Verführung der dämonischen Schlange widerstanden hatte. In der christlichen Literatur verwandelte sich dann Eurynome in einen männlichen Dämon.

Von den jüdischen Naassianern wurde Gott Jahwe mit der Schlange Ophion gleichgesetzt. Jüdische Münzen aus dem ersten und zweiten Jh. v. Chr. zeigten Jahwe als einen sich windenden Schlangen-Gott. Und in jüdischen Überlieferungen aus dem ersten Jh. wurde Jahwe als Schlangen-Gott erwähnt, der Eva im Paradies begleitet hatte.

Die Schlange wird oft als Hüterin großer Schätze gesehen. Damit wird nicht nur auf Bodenschätze hingewiesen, sondern auch auf die Schätze im Inneren des Menschen. Mit einem Schatz ist stets etwas gemeint, das Energie abgibt – etwas, das strahlt. Das brachten ebenso die Gnostiker zum Ausdruck, die der Meinung waren, daß die Schlange den Menschen das Licht – die innere Kraft – gebracht habe. Das Schlangensymbol galt ihnen als der *geheime Name Gottes.* In alten Texten wird die Schlange oft als Weise oder Allwissende genannt. Auch Jesus sagte zu den Jüngern: »... Seid klug wie die Schlange und arglos wie die Taube.« (Matthäus 10,16). Diese Worte stehen im Widerspruch zu den Auslegungen der Kirchenlehrer, die die Schlange als böses, heimtückisches Wesen bezeichnen. Die Abwertung der Schlange und die Dämonisierung der Natur fand Hand in Hand mit der Abwertung der Frau statt, – was so weit ging, daß sogar unter den männlichen Kirchenvertretern die Frage aufkam, ob eine Frau überhaupt eine Seele habe.

Die auf der Erde entlanggleitende Schlange war ein Symbol der Natur und der Fruchtbarkeit. Es war ihre pulsierende Kraft, die die Erde belebte. Und da die Frau wie die Erde Leben gebiert, wurden Frau, Natur und Schlange stets in engem Verbund gesehen. So war in der vorpatriarchalen Zeit die Schlange in der Regel mit der großen Göttin assoziiert. Die griechische Erdmutter Gaia wird mit der Schlange Pythia, deren Geist im Orakel von Delphi Verehrung fand, identisch gesehen. Es war Apollon, der die Pythia getötet hatte und sich die pulsierende Schlangekraft einverleibte. Der Gott, der die Schlange in seinem Inneren trug, besaß große Macht – und das wußten und nutzten die Priester, die sich mit dem zunehmenden Einfluß der Indo-Arier vaterrechtlich orientierten.

Bei den Chinesen war Mat die große Schlangengöttin, die das Paradies verkörperte, in dem die verstorbenen Seelen Aufnahme fanden. Und Eva, die schlichtweg das weibliche Prinzip versinnbildlicht, wird als das Tor gesehen, das zum Paradies führt. In der arabischen Sprache bedeutet das Wort *Hayyat* sowohl Eva als auch Schlange. Hippolytos, ein römischer Priester und Schriftgelehrter im 3. Jh., der auf Sardinien verbannt und später heilig gesprochen wurde, bezeichnete Eva als das Mysterium des Garten Eden und als *Fluß des Lebens*. Dieses Fließen und Strömen veranschaulicht die Schlange schon aufgrund ihrer wellenförmigen Fortgebewegungsart. Damit ist sie ein Ausdruck der ewigen Bewegung. Und was sich bewegt, verändert sich naturgemäß. So steht die Schlange für jede Art der Veränderung. Und aufgrund ihrer periodischen Häutung ist sie ein Symbol der Erneuerung und Wiedergeburt und gilt als unsterblich. Im ägyptischen Totenbuch sagt die alte Schlange: »Ich bin eine Schlange mit vielen Jahren. Ich gehe durch die Nacht und werde jeden Tag neu geboren ... erneuert und verjüngt.«

Die Schlange, die am Boden kriecht wird zwar der niederen Welt zugeordnet, ist aber auch fähig, ihren Körper aufzurichten und wird damit zum Sinnbild des erwachenden Geistes, so wie es die Uräus-Schlange, die aufgerichtete Schlange auf der Stirn der ägyptischen Könige zum Ausdruck bringt. Ursprünglich war die aufgerichtete Schlange die Hieroglyphe für *Göttin*. Damit wird die Schlange auf der Stirn des Pharao als die *innere Göttin* transparent, die der hinduistisch-tantrischen Shakti entspricht.

Daß die Schlange nicht nur mit dem fruchtbaren und sinnlichen, sondern auch mit dem weisen Aspekt der Frau verknüpft war, darauf macht uns z. B. die griechische, *feurige* Athene, die Göttin der Weisheit aufmerksam. Auch sie verkörpert die *Große Schlange*. Sie ist jene Tochter des Zeus, die bei ihrer Geburt aus seiner Stirn, seinem *Dritten Auge* – dem Sitz der Weisheit – hervorgesprungen war. Er soll bei ihrer Geburt große Kopfschmerzen gelitten haben. Kein Wunder, mußte der gewaltige Patriarch erkennen, daß seine eigene Weisheit weiblicher Natur war.

In Südindien gab es den Volksstamm der Naga, bei dem das Mutterrecht gepflegt wurde. Dem indischen Mythos nach waren die vedischen Naga, die teils als Schlange, teils als Frau gesehen wurden, Hüterinnen geheimer, weiser Bücher, die sie in ihren Palästen unter dem Wasser aufbewahrten. Die alten, weisen Schlangen galten stets als die Lehrer der jungen Schlangen, deren Mut, Ausdauer und Ehrlichkeit sie während ihrer Initiationszeit prüften, indem sie versuchten, diese zu verführen. Doch wer die Prüfung bestand, der ging verwandelt und gestärkt aus der Einweihung hervor.

Die aufgerichtete Schlange bildet eine Brücke zwischen der niederen und höheren Welt, zwischen Unterbewußtem und Bewußtem, eine Brücke, die der Regenbogen noch anschaulicher macht. Wenn wir über Land gehen oder fahren und plötzlich vor uns ein Regenbogen auftaucht, läßt das kaum einen unberührt. Viele bleiben sogar mit glänzenden Augen stehen, um sich an diesem wunderbaren Farbenschauspiel wie ein Kind zu erfreuen, das noch fähig ist, über die Wunder der Natur zu staunen. Der Regenbogen gilt als das beglückendste Phänomen und Geschenk, das die Natur den Menschen zu bescheren vermag. Ein Ereignis, das uns in eine fröhlichere und leichtere Gemütsverfassung versetzt. Wie unangenehm ein Tag auch begonnen haben mag, ein Regenbogen kann uns mit dem Rest des Tages versöhnen.

Der Regenbogen wird für das normale Auge erst in der Verbindung von *Wasser und Feuer* – durch die Brechung und Spiegelung der Sonnenstahlen an den Regentropfen – sichtbar. Dabei ist das volle Lichtspektrum stets um uns herum vorhanden. Doch nur wenn wir den Regenbogen sehen, erinnern wir uns an das Schöne um uns herum. So ist der Regenbogen auch stets ein Sinnbild für den Übergang vom Sichtbaren zum Unsichtbaren. Er wird als ein Bote der Götter gesehen, als ein Zeichen der göttlichen Allmacht oder kosmischer Kräfte, damit der Mensch, bei all seinen ablenkenden Aktionen, die geistige Welt nicht vergißt. Der Regenbogen galt allen Völkern als ein Symbol der Versöhnung zwischen Gott und den Menschen. Und als ein solches erscheint der Regenbogen auch in der biblischen Geschichte:

Als das Wasser der großen Sintflut zurückging, verließen Noah und die seinen die Arche, und sie entdeckten in den Wolken einen Regenbogen, den Gott ihnen sandte als Symbol des Friedens. Und Gott sprach zu Noah: »... dieser Mein Bogen, den Ich in die Wolken gesetzt habe, soll Zeichen des Bundes sein zwischen Mir und der Erde.« Von dieser Zeit an sollte jeder Regenbogen, der in den schönsten und hellsten Farben gegen die dunklen Wolken erscheint, an die Gegenwart Gottes erinnern.

Über den farbigen Lichtbogen, der sich weithin über den Himmel erstreckt, sind die göttlichen Wesen unterschiedlichster Kulturen herabgestiegen, um den Menschen ihre Lehren und Botschaften zu bringen. Es ist aber auch der Pfad der Heiler und Schamanen und all jener, die zwischen den Welten zu reisen verstehen. Der Regenbogen ist rund um die Erde in unzähligen Mythen und Geschichten als weltenverbindendes oder glückbringendes Symbol und im Verbund vieler Götter zu finden.

Im nordischen Mythos vereinte Bifrost, die Regenbogenbrücke, die Welt der Menschen mit der Welt der Götter. In einer polynesischen Legende zeigt sich der Regengott

Rongo als Regenbogen. Er ist ein Wesen des Friedens und lehnt jedes Blutopfer ab. Er wird auch *der Klangvolle* genannt, womit wir eine Paralelle zum *Großen Lied* entdecken, das die Traumzeitwesen der Aborigines – allen voran die Regenbogenschlange – anstimmten.

Im alten Griechenland war Iris die Regenbogengöttin. Sie war die Botin des Götterberges Olymp. Ihr Begleittier war der Pfau und ihr Attribut der Schlangenstab. Regenbogen und Schlange kommen auch in der baskischen Mythologie zusammen. Die Göttin Mari ist die flammensprühende Herrin der Luft, die sich in der Gestalt des Regenbogens zu erkennen gibt. Wenn sie mit Maju, ihrem schlangengestaltigen Gemahl zusammentrifft, gibt es ein gewaltiges Naturschauspiel. Dann blitzt und donnert es fürchterlich, so wie im Norden Australiens, wenn Jabaringi und Yagdjagdbula, die beiden Blitz- und Gewitterbrüder einander bekämpfen und damit ein Wetterleuchten verursachen, das kein Ende mehr zu nehmen scheint.

Sieben Schleier in den Farben des Regenbogens trugen die ägyptischen Göttinnen Isis und Hathor, die ebenfalls die Kräfte der *Großen Schlange* repräsentierten. Und das tat gleichfalls die tanzende Salome. Diese war vermutlich eine Hohepriesterin der Göttin Ishtar, der babylonischen Herrscherin über die Achse der Welt. Und der Tanz, den Salome vor Herodes zeigte, war offenbar ein ritueller Tanz, bei dem sie ihre sieben Schleier – einen nach dem anderen – ablegte. Damit machte sie den Einweihungspfad der *Großen Schlange* anschaulich – den stufenförmigen Weg von der äußeren Welt zum inneren Tempel. Als tanzende *Schlange* galt sie den späteren Christen als Verführerin, die Herodes zu bezirzen versuchte, wie die Schlange es im Paradies mit Eva anstellte.

Auch Freya, die nordische Muttergöttin stand mit dem Regenbogen in Verbund, den sie als Halsband trug, ähnlich jener Traumzeitwesen der Aborigines, die die *Große Schlange* um den Hals gewickelt hatten. Auf die Bedeutung des Halses bin ich bereits im Zusammenhang mit dem Emu-Mann Gurudadjji eingegangen. Der Hals verbindet Kopf und Körper – Geist und Materie. Dem Körper und der Materie werden das Quadrat und die Zahl Vier zugeordnet; dem Kopf und Geist das Dreieck und die Zahl Drei. Diese geometrischen Formen und Zahlen finden sich in der Pyramide wieder, die aus einer quadratischen Grundfläche und dreieckigen Seitenflächen besteht. Die Zahl Drei erhalten wir auch, wenn wir alle vier dreieckigen Seitenflächen addieren. (4 x 3 = 12; 1 + 2 = 3). Die Sieben gilt auf der ganzen Welt als die magische, heilige oder vollkommene Zahl.

Die sieben Bewußtseinsebenen oder Reifeprüfungen des Initianden, die sieben Schleier der Isis und Salome, oder die sieben Farben und Kräfte der Regenbogenschlange entsprechen den sieben Stufen oder Sphären der *Himmelsleiter*, von der in der Bibel die Rede ist. Es war Jakob, der – wie die Traumzeit-Helden der Aborigines – sich auf einer Reise oder Wanderung über Land befand. Unterwegs bettete er seinen Kopf auf einen Stein und träumte von der Himmelsleiter, auf der Engel auf- und abstiegen. Und Gott sagte zu Jakob: »Ich will dein Beschützer sein, wo immer du hinziehst.« Dann gab er sich in seinem Aspekt als *Herr des Weges* und als *Schutzherr der Reisenden* zu erkennen. Jakob erkannte, daß an jener Stelle, wo der Stein lag, Gott gegenwärtig war, und setzte den Stein als Denkmal, ein Brauch, der früher allgemein üblich war, um die vorhandene Kraft eines Ortes anzuzeigen und auch zu verstärken. Solche

Plätze wurden mancherorts Feen-Plätze genannt und in Griechenland wurden Langsteine gesetzt, die Gott Hermes, der ebenfalls als *Herr und Beschützer des Weges* verehrt wurde, geweiht waren. – Dann goß Jakob Öl über den Stein, das heißt, er *salbte* den Stein, was die besondere Ehrung des Platzes hervorhob. Und Jakob versprach, bei diesem Stein einen Altar zu errichten.

In einer Geschichte der Dogon, eines westafrikanischen Volkes, das von den alten Ägyptern abstammen soll, heißt es: »In den errichteten Steinaltären verbarg sich die Kraft des Urahnen. Und die große Schlange folgte jedem, der einen neuen Altar baute. Und die Christen, die ihre Gotteshäuser in der Regel auf alten Naturheiligtümern errichteten, setzten ihre Altäre genau auf die alten pulsierenden Stein- und ›Schlangen‹-Plätze«. Der Traum von Jakob und der Himmelsleiter ist jedenfalls eine wunderbare Geschichte, die einen *Ort der Kraft* ausweist. Und jeder *Ort der Kraft* stellt eine Himmelsleiter dar, auf der sich die Kräfte *der Erde und des Himmels* austauschen.

Allein schon die Erwähnung, daß Jakob seinen Kopf auf einen Stein gelegt hatte, bringt ganz deutlich die Vereinigung von Geist und Materie der oberen und unteren Welt als auch die Vereinigung der Zahlen Drei und Vier hervor und macht damit die Regenbogenbrücke transparent.

Im islamischen Glauben wird die ›Große Brücke‹ *dünn wie ein Haar und scharf wie ein Messer* beschrieben, doch die guten Menschen gelangen mit Leichtigkeit in die *Gärten der Wonne.* Der Regenbogen wird in vielen Geschichten mit dem Paradies assoziiert, mit jener vollkommenen Welt, in der Menschen, Engel und Naturwesen in Frieden und Harmonie zusammen wohnen. Das Paradies wird als Kreis gedacht, der die vollkommene Welt repräsentiert. Dagegen symbolisieren zwei Halbkreise bzw. ein unterer und ein oberer Bogen die Teilung der Ganzheit in zwei Hälften.

Einen Bogen stellt ebenso der Bumerang dar, der für die Aborigines ein Sinnbild des Regenbogens ist. Bumerangs werden bei Zeremonien als begleitende Schlaginstrumente verwendet. Zwei Bumerangs aneinander geschlagen, versinnbildlichen das Zusammenkommen der oberen und unteren Welt. Es heißt, der erste Bumerang wurde aus dem Weltenbaum gemacht, aus jenem riesigen Baum, dessen Wurzeln tief in die Erde hineinreichten und dessen Krone sich hoch oben im *Himmel* befand – jener Baum, der die paradiesische Einheit anschaulich machte.

Viele Menschen werden vom Zauber der Opale, die in den Farben des Regenbogens schimmern, magisch angezogen. Der Opal, der als glücksbringender Talisman gilt, wird in den großen Wüsten Zentralaustraliens gefunden. Opale kommen nur in wenigen Regionen vor, da es dazu besonderer geologischer und klimatischer Bedingungen bedarf. Ein Opal von einem Zentimeter Stärke benötigt etwa fünf Millionen Jahre, um zu dieser Größe anzuwachsen. Eine der großen Fundstätten ist Cooper Peddy, in Südaustralien. Dieser Name soll von dem Aboriginal-Namen *Kupa-Piti* herstammen und bedeutet: *Das Kind in der Felsenhöhle.*

Das Kind in der Höhle läßt sich auf das Ei im Bauch der Regenbogenschlangenmutter übertragen. Und das erste Ei der Regenbogenschlange versinnbildlicht die anfängliche Licht- oder Lebenszelle der Welt. In einer Felshöhle geboren wurden auch Mithras, der persische Lichtgott, und der griechische Gott Hermes. Und ebenso soll Jesus nicht in einem Stall, sondern in einer Felshöhle als *Licht der Welt* zur Welt gekommen sein. Mithras und Jesus wurden beide angeblich am 25. Dezember geboren – an jenem Tag, an dem der neue

Licht- und Wachstum-Zyklus nach der Wintersonnenwende beginnt. Und Jesus wird nicht zuletzt auch mit dem Regenbogen in Verbindung gebracht. Im Buch Jahwe (319:149) heißt es: »Ich erblickte zuerst den Regenbogen Jesu am Himmel. Dann sah ich etwas, was wie tausend Lichtbogen zu sein schien, sich in diesen Regenbogen hüllen und sich mit der Erde verbinden ...«

Im Zuge umfassender Missions-Aktivitäten haben viele Aborigines Jesus in ihre religiöse Welt miteinbezogen. Sie scheinen kein großes Problem damit zu haben, sehen wohl auch in ihm den Regenbogen.

Der Regenbogen gilt in erster Linie als Manifestation des lebendigen Lichtes oder des kosmischen Feuers. Als *feurige Schlange* werden auch die göttlichen Schmiede wie der griechische Hephaistos oder der römische Vulcanos es waren, bezeichnet.

Bei den Dogon in Westafrika war der Schmied der erste Ahn. Er war der Erste, der nach Gott kam. Der erste Ahn war ursprünglich ein Wasserwesen und hatte schlangenförmige Beine. Mit Hilfe eines Strickes, an dessen Ende ein Haken befestigt war, stahl er ein Stückchen von der Sonne in Form eines glühenden Eisens. Mit diesem gestohlenen himmlischen Feuer versteckte er sich dann in einer Vorratskammer, in der Saatkörner gelagert waren. Dann stellte er den Speicher auf den Regenbogen und glitt über diesen, wie von einem Spinnfaden gezogen, zur Erde.

Diese Erzählung macht uns einmal mehr auf die feurige Antriebskraft, die hinter allem Lebendigen steht, aufmerksam. Speicher und Sonnenglut versinnbildlichen jeden lebendigen Körper, dem das kosmische Feuer innewohnt. Die Saat im Speicher wäre ohne das *Feuer des Lebens* ohne Kraft.

128

Eine Geschichte der australischen Ureinwohner, die aus der Disaster Bay stammt, erzählt, daß die einstigen Bewohner – in jener fernen Zeit – ein großes Ei fanden und sich über diese gefundene Buschnahrung freuten. Sie machten ein Feuer und legten das Ei in die Glut. Sie wußten jedoch nicht, daß es ein Ei der Regenbogenschlange war. Plötzlich zogen dunkle Wolken auf und das Ei platzte. Daraus flossen riesige Mengen Wasser hervor und danach stieg aus dem Ei ein Regenbogen hoch.

Viele Flut- oder Weltuntergangsgeschichten deuten auf innere Reinigungs- und Veränderungsprozesse, auf das Hintersichlassen psychischer Bürden mit all den damit verbundenen Ängsten und Unsicherheiten hin. So ist der Regenbogen auch ein Symbol für den seelischen Bereich des Menschen. Der Weg abwärts vom Regenbogen bedeutet Abstieg in die Schwere. Doch wer den Regenbogen aufwärts steigt, ist dabei, sich von der Erdenschwere, von Fesseln und hemmenden Bindungen zu befreien. Er erfährt dabei ein inneres Leichtwerden und gewinnt seelische Balance.

Der Regenbogen, der einen vollen, perfekten Bogen bildet, erinnert an eine umgedrehte Schale. In manchen Erzählungen wartet am Ende des Regenbogens ein Topf mit Gold, der ein Sinnbild des Heiligen Grals ist. Der Mensch, der sich in den Irrgärten des Lebens verstrickt hat und vom geraden Weg abgekommen ist, sucht nach dem Regenbogen, um der Wahrheit und dem Sinn des Lebens näher zu kommen. So ist der Regenbogen ein gehaltvolles Symbol des Initiationsweges, der das ganze Spektrum des Lebens offenbart, das Uneingeweihten verborgen bleibt.

Ein weiser Lehrer in China wurde einmal von einem Schüler gebeten, ihm von den tiefen Geheimnissen des Lebens zu erzählen. Darauf antwortete der Meister nicht mit

Worten, sondern gab dem Schüler Einblicke in das Lebensmysterium, indem er ihm einen Regenbogen zeigte, den er
aus sich selbst hervorholte.

Stab und Ring

Regenbogen und Schlange, als Repräsentanten der oberen
und unteren Welt, weisen auf das kosmische Prinzip der Polarität aller Dinge hin. Aber auch die Schlange selbst bringt
mit Kopf und Schwanz gegensätzliche Pole zum Ausdruck.
Ihr dreieckiger Kopf wird mit der geistigen Welt und der
Schwanz mit der materiellen Ebene in Bezug gesetzt. Und
die aufgerichtete Schlange, die sich dem Himmel entgegenstreckt und wie ein Stab aufrecht zu stehen vermag, wird
dem männlichen Prinzip und der Schlangenbauch, der die
Eier trägt, sowie der Schwanz, der zu einer fließenden Spirale geformt mit der Erde verhaftet bleibt, dem weiblichen
Prinzip zugeordnet. Die Symbole der weiblichen Schlange
sind im allgemeinen Ring, Ei, Spirale, V-förmige Erdspal-
ten, schalenförmige Mulden und der waagrechte Faden. Die
Symbole der männlichen Schlange sind phallusartige Formen wie Stab, Speer, Pfahl, Didjeridu, Blitz und vertikaler
Faden.

Die größten Gegensätze, die die Regenbogenschlange repräsentiert, sind ihre Wasser- und Feueraspekte. Thuwatur,
die Regenbogenschlange der Lardil-Aborigines war mit Feuer bedeckt, als sie sich durch das Land wälzte und dabei
Flüsse und Wasserlöcher schuf. In der Regenzeit lebt die Regenbogenschlange in den Wasserlöchern, reist mit den Flüssen oder regenschwangeren Wolken und befruchtet mit dem
Regen die Erde. Doch in der Trockenzeit zieht sie sich mit

dem versiegenden Wasser in das Innere der *feurigen* Felsen oder in das tiefe, *heiße* Innere der Erde zurück.

Mit dem Kommen und Gehen versinnbildlicht die Regenbogenschlange nicht nur die regelmäßigen Zyklen des Lebens, sondern vielmehr die dahinterstehenden und die Zyklen verursachenden Kräfte der Natur. Das sind vor allem die Kräfte des Mondes und der Sonne und die Elemente Wasser und Feuer, die die großen Wandlungen des Lebens bewirken. Wasser gilt als das Blut der Erde und das Feuer als der zündende, von *oben* kommende Impuls. Das Wasser wird in vielen Kulturen als Urquelle des irdischen Lebens gesehen. Und das ist kein Wunder, besteht doch die Erde zu siebzig Prozent aus Wasser. Das entspricht etwa dem Wassergehalt des menschlichen Körpers.

Während das Wasser unter dem Einfluß des Mondes fällt und steigt und die Erde im Rhythmus ein- und ausatmet, ist die Sonne und ihr Feuer die antreibende Kraft, die jede Lebenszelle zum Sprießen und Wachsen bringt. Auch Jesus, der Wunder – also Wandlungen – bewirkt hatte, wird mit Wasser und Feuer in Verbindung gebracht. Er wurde als *Wasser des Lebens*, wie als *unbesiegbare Sonne* gleichermaßen verehrt.

Wasser und Feuer sind aber nicht nur Wandlungs-, sondern auch Reinigungs-Kräfte. Vor dem Betreten heiliger Stätten reinigten sich die Menschen, indem sie durch einen Bach wateten oder gar in ein Wasserbecken tauchten. Initianden vieler Mysterienschulen mußten durch *Feuer und Wasser* gehen, um gereinigt und geläutert ins *Paradies,* in die vollkommene Welt zu gelangen, bzw. um das Paradies in sich selbst zu finden. An die großen Wasser- und Feuertaufen erinnern heute noch im Christentum die Wassertaufe bei der Geburt und die Firmung, bei der brennende Kerzen das *entzündete Feuer* versinnbildlichen.

Wurde in den Kimberleys ein Aborigine-Kind von einem Verwandten in die Gesetze des Volkes eingeführt, reinigte der Erwachsene zuerst seine Hand im Feuer und strich damit über das Kind, das gemahnt wurde, niemals Schlechtes zu tun und niemals die Unwahrheit zu sagen. Bei Ritualen rieben sich Aborigines mit Asche ein, da dieser Schutzkraft zugesprochen wird. In unseren Alpen ist mancherorts zur Zeit des Überganges von Winter zum Frühjahr das *Funken- oder Scheiben-Schlagen* Brauch. Dabei werden glühende Holzstücke an langen Stöcken im weiten Kreis herumgewirbelt oder man läßt – heutzutage unter Aufsicht der Feuerwehr – *brennende* Holzräder einen Hang abwärts rollen. Damit ist noch immer der Glaube verbunden, daß – so weit der Funkenregen fliegt – das Land gereinigt und vor bösen Einflüssen geschützt ist.

Licht und Wasser spielen z. B. in dem einzigartig erhaltenen Brauch des *Kirchleintragens* von Eisenkappel im südlichen Kärnten von Österreich eine Rolle. Da werden erst von den Einwohnern des Ortes auf langen Stöcken kleine, selbstgebastelte Kirchen aus Pappe getragen, die im Inneren mit einer Kerze beleuchtet sind. Diese Lichter-Kirchlein werden letztendlich auf den Wildfluß, der durch den Ort hindurchgeht, gesetzt. Es ist ein bezauberndes Bild, wenn in der Dunkelheit die Lichter auf dem Wasser entlangströmen und mit den Wasserwirbeln tanzen. Dieser Brauch wird am 2. Februar, zu Mariä Lichtmeß durchgeführt. An diesem Tag ist das Licht, im Vergleich zum 25. Dezember, dem Geburtstag des *Lichtes*, um eine Stunde länger *meßbar* geworden.

Der Brauch steht heute unter dem Patronat der Kirche und soll auf ein altes Versprechen zurückgehen, dem Fluß zu *opfern*, um den Ort vor Hochwasser zu schützen. Aber

Das-Licht-ins-Wasser-bringen versinnbildlicht genau genommen einen schöpferischen Akt aus der Traumzeit. Das Licht repräsentiert das kosmische Feuer, durch das das Wasser – die Urquelle des irdischen Lebens – erst Belebung erfährt.

Das kosmische Feuer, bzw. die *feurige Schlange* ist die ursprünglichste Brücke zwischen *Himmel und Erde.* Allerdings besitzt das Feuer auf dem Weg zwischen Geist und Materie viele Wärmegrade. Feuer kann hitzige Leidenschaft, Herzenswärme oder reines Licht sein. Jede Feuerqualität repräsentiert eine der vielen Stufen, die der erwachende Geist der aufsteigenden Feuerschlange durchwandert.

Der Feuer-Wasser-Aspekt der Regenbogenschlange entspricht etwa dem Yin-Yang-Prinzip der taoistischen Harmonielehre Feng-Shui (*Wind-Wasser*). Yang und Feuer werden dem *Himmel* zugeordnet und Yin und Wasser der Erde. Yang und Feuer stehen für die elektrischen Kräfte, Yin und Wasser für die magnetischen. Das Yin- und Yang-Symbol ist mittlerweile auch im Westen ein beliebtes Harmonie- und Glücks-Symbol geworden, womit sich Bewertungen wie *positiv* und *negativ* im Sinne von *gut* und *böse* weitgehendst vermeiden lassen. Mit Yang und Yin wird Bipolares wie Tag und Nacht, Licht und Schatten, Hartes und Weiches, Festes und Flüssiges anschaulich gemacht. Oft wird das helle Yang als die männliche und das dunkle Yin als die weibliche Seite ausgelegt. Mit einer solchen Zuordnung laufen wir wieder Gefahr, in ein bewertendes Klischee hineinzurutschen. Außerdem sollten wir in diesem Zusammenhang nur von einem weiblichen oder männlichen Prinzip sprechen, das nicht unbedingt mit dem äußerlichen weiblichen oder männlichen Geschlecht zu tun hat. Wir sollten dabei bedenken, daß jeder Mann wie jede Frau *Yin-* und *Yang-*Aspekte – *männliche* wie *weibliche* Qualitäten in sich vereint, wie sie

mit der Umarmung von Eros und Psyche anschaulich gemacht werden. Und C. G. Jung bezeichnete unsere innewohnenden beiden *Hälften* als Anima und Animus. Yang
und Yin wird auch gerne als aktives und passives Prinzip
ausgelegt. Aber im Kosmos gibt es keine passive Kraft. Den
Gegenpol des belebenden Prinzips bildet der in sich ruhende Pol.

Um das Yin- und Yang-Symbol besser zu verstehen, müssen wir erst einmal erkennen, daß alle Pole, egal wie weit sie
voneinander entfernt liegen mögen, einander über einen gemeinsamen Kanal beeinflussen. Das mag der Baumstamm
sein, der Wurzel und Krone vereint, die Wirbelsäule, die
Becken und Kopf verbindet, oder ein Berggrat, der ebenfalls
einen Yin- und Yang-Pol aufweist. Die gegenseitige Beeinflussung der Gegensätze wird im Yin-Yang-Zeichen durch
seine strömende Form auf sanfte Weise dargestellt. Und
letztendlich erkennen wir in der äußeren Ringform, in dem
Kreis, der das schwarz/weiße Feld umfaßt, die Welten-
schlange, die sich in den Schwanz beißt und durch deren
Leib die Kräfte von beiden Polen her zuströmen und zirkulieren.

Das Zusammenfügen beider *Hälften* – die Ergänzung von
Gegensätzen – ist eine Grundausrichtung in der Lebensphi-
losophie der Aborigines. Dieses Lebensverständnis ist in
vielen ihrer künstlerischen Ausdrucksformen erkennbar. Immer wieder werden zwei Pole, wie zwei Kreise, zwei Traum
zeitplätze durch eine Linie, eine Schlange, einen Traumpfad
miteinander verbunden. Beliebte Motive sind Pflanzen, wie
Liliengewächse, die mit ihrem langen Stil den Kanal zwischen oben und unten, zwischen Blüte und Wurzel, besonders anschaulich machen. Der innere Kanal tritt auch ganz
klar bei den Röntgenstil-Malereien im Arnhem Land her-

vor, bei dem die Wirbelsäulen der dargestellten Tiere und Menschen deutlich als mittlere Achse eines *Lebensfeldes* eingezeichnet ist.

Die stete Ausrichtung auf die Vereinigung von zwei Hälften und das Bedürfnis, die *Ganzheit* zu leben, liegt nicht zuletzt auch allen Fruchtbarkeitsriten der Welt zugrunde. Im gemeinsamen sexuellen Austausch inmitten der heiligen Natur ging es aber auch darum, eine Gruppendynamik aufzubauen, im Bewußtsein als kollektive Kraft im rituellen Austausch mit der Natur wirkungsvoller zu sein. So wurden in den antiken Tempeln sexuelle Vereinigungen gepflegt, um im Ritual die Verschmelzung von *Gott und Göttin* zu erfahren.

Ebenso war für die Gnostiker die Vereinigung des göttlichen Vaters und der göttlichen Mutter, der Weg, der zur Befreiung und Erleuchtung führte. Ein Weg, der den Tantrikern entspricht. Doch die Vertreter der christlichen Kirche lehnten sowohl die gnostische Lehre als auch androgyne Gottesbilder ab, die ihrer Meinung nach die Vorstellung sexueller Vereinigung erwecken könnten. Hier wird durchsichtig, daß in der Androgynität mehr die körperliche Vereinigung gesehen wurde, als ihre innere, geistige Bedeutung. Aber bereits Zeus, der göttliche Patriarch Griechenlands, war gegen die totale Vereinigung der weiblichen und männlichen Natur. Um die Frau etwas ›weniger‹ zu machen, entfernte er der aus Lehm geformten weiblichen Hälfte ein Stück, das er dem Mann anfügte. Doch was einmal zusammen war, läßt sich nicht wirklich trennen, weshalb das Zusatzstück des Mannes immer wieder nach seiner weiblichen Urheimat zurückbegehrt. Der Schoß der Urmutter, bzw. der Schoß des Urozeans, wird in unseren Kirchen mit dem Taufbecken versinnbildlicht, das oft Muschelform be-

sitzt. Während das Taufbecken im *Wurzelbereich* der Kirchen-
achse zu finden ist, steht der Altar am *oberen* Ende der Achse, sozusagen im geistigen *Kopfbereich* So ist auch die Haupt-
achse – der Mittelgang einer Kirche – als verbindender
Kanal zwischen Geist und Materie zu sehen.

Im mittelalterlichen Frankreich war es in der Osterwoche
Brauch, eine Schlange an einem Stab zum Taufbecken in die
Kirche zu tragen. Das wirft die Frage auf, ob nicht dereinst
die Ostereier von der Schlange anstelle des Osterhasens gebracht wurden? Und da die Ostereier bunt sind, fällt es wohl
nicht schwer, sich vorzustellen, daß es sich dabei um die
Eier der Regenbogenschlange gehandelt haben könnte.

Das Bild des Weihwasserbeckens, das die Schlange auf-
nahm, ist übertragbar auf die Symbole *Ring und Stab*, die zueinander wollen wie der Schlüssel und das Schlüsselloch.
Dabei kann der Ring mit eiförmigen, ovalen Formen ausgetauscht werden. Die Vereinigung von *Stab und Ring* oder *Stab
und Ei*-Symbolen begegnet uns in der Bild- und Symbol-
sprache vieler Kulturen. Das Ankh, wie der ägyptische Le-
bensschlüssel genannt wird, ist z. B. eine Zusammensetzung
aus Stab und Kreis. In der klassischen Architektur war die
Mars- und Venusleiste eine Dekorations-Leiste, die eine Aufeinanderfolge von pfeilartigen- und eiförmigen Symbolen
aufwies. Eine solche Leiste, die rund um ein Gebäude ver-
lief, durfte keine Lücke haben. Sie mußte genau im Ausgleich des männlichen und weiblichen Prinzips sein. Nur eine vollständige, *ganze* Leiste garantierte Fruchtbarkeit und
Segen.

In einer Fruchtbarkeitszeremonie der Batak in Nord-
Sumatra wird innerhalb einer quadratischen Fläche, die die
Erde darstellt, ein Reptilienkopf gezeichnet und darauf ein
Ei gelegt. Der tanzende Schamane ergreift einen Stab, der in

einem Korb mit Reiskörnern steckt und sticht damit das Ei an. *Stab und Ei* versinnbildlichen zwar einerseits das Zusammenfinden des männlichen und weiblichen Geschlechts, das Früchte hervorbringt, anderseits weist diese Vereinigung auch auf einen Schöpfungsvorgang hin. Das Ei steht für die uranfängliche Lebenszelle, aus der der erste *Wurm* – der erste Lebensfaden hervorkam. *Ei und Wurm* entsprechen nicht zuletzt dem Zellkern und den Chromosomen, jenen fadenförmigen Gebilden (Kernschleifen), die den Erbfaktor tragen. Offensichtlich enthüllt die moderne Gen-Forschung nichts, was die Alten nicht schon längst wußten.

Während die Batak die Erde mit dem Quadrat, das auch auf die vier Himmelsrichtungen hinweist, symbolisieren, benutzen die Aborigines einen kreisförmigen Zeremoniengrund, in dessen Mitte der Zeremonienpfahl steht. Dieser stellt gleichzeitig den Phallus und die kosmische Achse dar. Auf dem runden Zeremoniengrund, der die weiche Natur der Mutter Erde repräsentiert, werden die Jungen in die inneren Mysterien der weiblichen Natur eingeweiht. Frauen sind von diesen Ritualen ausgeschlossen, da sie selbst aufgrund ihrer Zyklen und Gebärfähigkeit das Lebensmysterium verkörpern.

In manchen Erzählungen wird eine Aborigine-Frau erwähnt, die mit ihrem Grabstock tanzt. Der Stab ist nicht nur ein Phallussymbol, sondern gerade im Tanz mit dem Stab wird die *tanzende Weltenachse* transparent, wie sie auch vom tanzenden Shiva oder der tanzenden Salome dargestellt wird. Der Tanz um die Achse beschreibt einen Kreis oder eine Spirale. Und umso schneller sich der Mensch dreht, desto leichter kommt er in einen Zustand der Ekstase, der die Seele von ihrem Körper zu befreien vermag. Das ist z. B. der *Weg der Derwische*, um Gott zu finden. Jeder Tanz war früher ausschließlich Ausdruck religiöser Empfindungen und ein Mittel, sich der geistigen Welt zu nähern. Doch Missionare haben vielerorts den Naturmenschen ihre Tänze verboten. Nicht allein wegen ihrer *verderblichen* Aspekte, sondern auch in dem Bewußtsein, daß, wer Gott selbst findet, keinen Vermittler zu Gott benötigt.

Ring- und Stabsymbole finden wir auch in unserem Alltag. Denken wir dabei an das Ruf-Zeichen! Ein Zeichen, das Aufmerksamkeit verlangt. Und wir tragen am *Ringfinger* den Ehering, den Ring des Bundes. Ein Bund, der Gegensätze vereint. Der Ringfinger wird in der Handlesekunst auch Apollo-Finger genannt. Apollo tötete die Weltenschlange, die ja durch den Kreis versinnbildlicht wird. So können wir im Ringfinger Apollo erkennen, der die phallische Macht repräsentiert, und inmitten des *weiblichen* Schlangenkreises, steht wie der Zeremonienpfahl der Aborigines auf dem runden Zeremoniengrund. Apollo verkörpert damit die kosmische Achse, die durch die rundum zirkulierende Schlange Kraftnahrung erhält. Wer das Geheimnis kennt, das zwischen Achse und Schlange besteht, besitzt große Macht.

Stab und Ring finden wir schließlich auch in den Weihnachtskränzen, die auf einem Holzständer hängen, oder im Maibaum wieder. Ein Bild der Weltenachse, um die die Weltenschlange kreist. Und die sieben Bänder des Maibaumkranzes tragen die Farben des Regenbogens. Der Maibaum wird mit der Zahl Zehn assoziiert. Der Baumstamm verkörpert die Eins und der Kreis die Null. Die Zehn enthält alle Grundzahlen. Sie ist das alles Umschließende. Stab und Kreis sind im weiteren auch in den Zahlen Neun und Sechs erkennbar. Beide repräsentieren die Vereinigung des weiblichen und männlichen Schlangenprinzips und harmonische Ausgewogenheit.

Die *Große Schlange* der Chortis ist mit einer goldenen Kette an einen silbernen Pfahl gekettet. Sie gilt als Herrin des Wassers, die in der heißen Jahreszeit am Grunde der Quelle schläft. In ihrer Macht liegt es, das Wasser zurückzuhalten oder es frei fließen zu lassen. Die goldene Kette repräsentiert den Sonnenlauf, die zirkulierende und pulsierende Kraft. Und der silberne Stab weist auf die Kraft des Mondes hin, die das Wasser steigen und fallen läßt. So repräsentiert die Schlange gleichermaßen Mond und Sonne, Gegensätze, die sich in einem Körper vereinen.

Götter, die mit Stab und Ring dargestellt werden, weisen stets auf *ganze* Götter hin, – Götter, die auch Heilkraft repräsentierten. Heilend kann nur sein, was ganz ist. Mit Stab und Ring im Verbund standen z. B. Nanna, der Mondgott der Sumerer, der babylonische Sonnengott Schamasch oder Aplu, ein etruskischer Blitzgott, der in den Händen einen Stab hält, auf dem ein Lorbeerkranz ruhte. So ähnlich zeigt im Tarot die Stab-Sechs-Karte einen Reiter mit einem Lorbeerkranz, den er auf einer Stange trägt. Diese Karte repräsentiert den Anführern das *Leittier*, das der Gruppe vorangeht. Und das ist auch die Regenbogenschlange, die allen anderen Traumzeitwesen voran geboren wurde.

Zwei in einem Körper

In vielen Mythen der Welt wurde das Dualitätsprinzip mit göttlichen Schlangenwesen oder mit Göttern, die mit Schlangenaspekten assoziiert waren, zum Ausdruck gebracht. Im alten Ägypten verkörperten die Schwestern Isis und Nephtys als zweigesichtige Schlange Geburt und Tod, Anfang und Ende. Zweigesichtig wurde auch Janus, der römische Vegetations- und Fruchtbarkeits-Gott gesehen. Er wird als Mensch dargestellt, dessen Körper mit dem Schlangenleib verschmilzt, welcher zwei Hundeköpfe besitzt, die in zwei Richtungen blicken. Dieses Bild veranschaulicht die Aufnahme zweier konträrer Lebensströme, die durch einen Körper fließen.

Im vedischen Mythos war Aryaman die *Große Schlange*, die zwei Gesichter hatte – das Gesicht des Lichtes und das Gesicht der Dunkelheit. Er war der große Magier und Heiler. Und heilend kann nur sein, was *ganz* ist. Seine Mutter war Aditi, die Urmutter der Weltordnung und der Zeit. Sie hatte zwölf Söhne, die den zwölf Sonnenmonaten entsprachen. Den Zeitaspekt erhielt Aryaman als weiß-schwarzer Zwilling, der Tag und Nacht repräsentierte. Da er Gegensätze in sich selbst vereinte, war er ebenso für Bünde zwischen zwei gegensätzlichen Parteien zuständig. So war er nicht zuletzt auch ein Hoch-Zeits-Gott.

Heute noch versinnbildlichen die Hochzeitsgewänder der weißen Braut und des schwarzen Bräutigams das Yang- und Yin-Prinzip. Daß die Braut weiß und der Bräutigam dunkel gesehen wird, muß aus jener Zeit stammen, als die Frau die *Yang*-Kraft und der Mann die *Yin*-Kraft repräsentierte. Die *weiße Frau* und der *schwarze Mann* lassen uns noch einmal erkennen, daß es irreführend wäre, das weiße Yang männlich und das schwarze Yin weiblich zu sehen. Auch das christliche Ehegelöbnis des Hochzeitspaares, ›in *guten* wie *schlechten* Tagen füreinander dasein‹, beinhaltet heute eine Wertung, die ursprünglich so nicht gemeint war. Zwar erinnern die erwähnten Tage noch an den Zeitaspekt der Mutter Aditi, aber im ursprünglichen Sinn repräsentierten Weiß und Schwarz (Tag und Nacht, Licht und Dunkel) Gegensätze ohne Wertung.

Von Aryaman, den die Perser Ahriman nannten, stammt das Wort Arier (*Edler*) ab – ein Wort, das später als Begriff einer *edlen Rasse* mißbraucht wurde. Mit dem zunehmenden Einfluß der patriarchalisch ausgerichteten Indo-Arier wurde die *Große Schlange* von deren Gott Indra vom Himmel verdrängt. Und auch der stärker werdende Sonnenkult der Perser, die Gott Mithras als Lichtgott verehrten, machten die Schlange zum bösen Geist der Finsternis. Eine Sichtweise, die später die Christen mit ihrer Verehrung von Jesus, der *unbesiegbaren Sonne*, die das Licht Mithras ablöste, übernahmen. Mithras ist der persische Name des altindischen Mitra, der ebenfalls einer der zwölf Söhne der Urmutter Aditi gewesen ist. Mithras blieb mit der Zahl Zwölf im Verbund. Er hatte zwölf Apostel wie später dann Jesus.

Während die *Große Schlange* einst Licht und Schatten in einem Körper repräsentierte, wurde in einer Übergangsphase Aryaman und sein Bruder Mitra als Zwillingspaar gesehen, wobei Aryaman, die Schlange, das dunkle und Mitra das helle Licht verkörperte. Bei dieser Entwicklung, die mit der Verdrängung oder Verbannung der *Großen Schlange* im Zusammenhang steht, zeichnet sich ein großer Widerspruch ab.

Wenn auch die Schlange heute von den *arischen*, den *reinen, edlen* Menschen, mit dem dunklen, unreinen Aspekt assoziiert wird, so stammt das Wort Arier dennoch ursprünglich von der *Großen Schlange* Aryaman ab. Und im Grunde genommen bedeutet das Wort Arier, seinem Ursprung entsprechend, *Schlangenmensch.*

Ein Attribut von Aryaman war das Netz, das ebenfalls ein Attribut der Regenbogenschlange ist. Es hieß, Aryaman würde in der Endzeit die *Verdammten* auffischen und retten. Viele meinen, wir würden nun der *Endzeit* entgegen gehen. Drängen sich deshalb in dieser Wendezeit erlösende Urschlangen in unser Bewußtsein? Wollen sie im Menschen dessen eigene Wendigkeit und Beweglichkeit in Erinnerung rufen? Ein Hinweis auch, sich seiner kreativen Fähigkeit zu besinnen, um sein Schicksal selbst in die Hand zu nehmen? Im Netz des Aryaman laufen jedenfalls die Fäden aus unterschiedlichen Kulturrichtungen zusammen und nicht zuletzt auch die Traumwege der Regenbogenschlange.

In der griechischen Geschichte der Götter verschmolzen Hermes und Aphrodite im Hermaphrodit zur androgynen Gestalt. Hermes wie Aphrodite waren Gottheiten, die mit großer Weisheit und der Kraft der Schlange assoziiert waren. Und auch ihr Sohn Hermaphroditos vereinte sich mit einer Quellennymphe in einem Körper. In Zypern trugen Priester des Hermaphroditos-Kultes künstliche Brüste und Frauenkleider.

Allgemein wird in androgynen Göttern die Verschmelzung des Weiblichen und des Männlichen gesehen. Aber ich möchte nochmals darauf hinweisen, daß mit solchen Bildern die Vereinigung aller Gegensätze bewußt gemacht werden sollte. Weibliche und männliche Symbole sind nur Ausdruck kosmischer Prinzipien. Und so sind wohl auch die Darstellungen des ägyptischen Königs Echnaton zu verstehen, der oft mit weiblichen Formen, mit betont weiblichen Hüften oder Brüsten gezeigt wurde. Unter den Regenbogenschlangen der Aborigines ist es Kunmanggur, die zwar als männlich gilt, aber Brüste einer Frau besitzt. Und Bolong, eine andere Regenbogenschlange aus dem Norden wird mit seiner unteren Seite als Frau gesehen, deren Gesicht nach unten zeigt, und die obere Seite wird als Mann dargestellt, dessen Gesicht nach oben schaut.

Im Hinduismus wird die linke Körperhälfte androgyner Götter dem weiblichen Aspekt und die rechte Körperhälfte dem männlichen Aspekt zugeordnet. Wogegen die linke Gehirnhälfte als Sitz der Ratio und die rechte als Sitz der Intuition gilt. Ich erinnere mich noch gut an einen Traum, in dem ich vor einem Spiegel stand, in dem ich mich gleichzeitig als Frau und Mann sah und fühlte. Das war ein großartiges Erlebnis, und ich hatte kein Problem mit meiner Identität. Im Gegenteil. Ich fühlte mich dabei wunderbar *ganz*..

Auch die gespaltene Zunge der Schlange macht die *Zwei in einem Körper* anschaulich. Ihr entspricht die Y-förmige Lebensrune oder der gegabelte Zweig. Dabei stellt das V, der obere Teil des Zweiges, der an ein Gefäß erinnert, das weibliche Element dar und der untere Teil, das pfahlförmige I, das männliche Element. Bei den Yolngu-Aborigines im Arnhem Land spielen solch gegabelte Stäbe bei bestimmten Zeremonien eine große Rolle. Die beiden oberen *Arme* des Zweiges verkörpern die beiden Djangkawu-Schwestern, zwei große weibliche Schöpferwesen, die von ihrem Bruder, der *Großen Schlange*, verschlungen werden. Zu den Attributen der beiden Schwestern zählen das Kopfband und der Speer, womit sich wieder *Ring und Stab* zusammenfinden. In vielen Regenbogenschlangengeschichten kommen zwei Schwestern, zwei Brüder, Mutter und Tochter, Vater und Sohn – bipolare Kräfte in einem Körper zusammen, indem sie von der *Großen Schlange* verschluckt werden. Auf diese Weise wird nicht nur auf das Prinzip der Polarität, sondern auch auf das der Dualität hingewiesen. Zwei kosmische Prinzipien, die in allem was existiert, zu finden sind.

In der Region rund um Uluru, Kata Tjuta, Mt. Conner und den Petermann Ranges lebt Wanambi, eine mächtige Regenbogenschlange. Es gibt viele Wanambi-Geschichten, und jede zeichnet einen anderen Charakter und ein anderes Bild der *Großen Schlange*. Im allgemeinen gilt Wanambi als gefährlich. Diese Schlange wird mit wallender Mähne, einem Bart und langen Fangzähnen beschrieben. Sie lebt z. B. in der Walpa-Schlucht, die sich zwischen den beiden riesigen Steindomen der Kata Tjuta (Olgas) hinzieht und durch die der Wind, zuweilen Orkanstärke erreichend, mächtig hindurchblasen kann. Manche Wanambi treten zu zweit oder zu dritt auf. Der Name Wanambi mag auf *Wonambi Nara Coortens*, die Riesenpython zurückgehen, die in der Urzeit in dieser Region gelebt hat.

Eine Wanambi-Geschichte der Pitjantjara-Aborigines berichtet von zwei Brüdern, die mit ihren Frauen, die Schwestern waren, an einem Wasserloch lebten. Eines Tages hatten die beiden Brüder Streit mit ihren Frauen und die Schwestern verließen ihre Männer. Einer anderen Auslegung zufolge zwang eine große Dürre die Frauen, ihre Männer zu verlassen. Auf ihrer Wanderung entfernten sich die beiden Frauen immer weiter von den Männern, die nun ohne Nahrung waren und Angst hatten, ohne ihre Frauen, die sie offensichtlich bisher versorgten, zu verhungern. Die Männer beschlossen, sich in Wanambi-Schlangen zu verwandeln und ihren Frauen zu folgen. Als diese mit ihren Stöcken einen langen Graben zogen, um darin zwei Schlangen zu fangen, freuten sie sich bereits auf das leckere Mahl, da es sich um besonders fette Exemplare handelte. Als sie diese mit ihren spitzen Stöcken aufspießen wollten, erkannten sie in den Schlangen ihre beiden Ehemänner und erschrocken liefen sie davon. Unterwegs warfen die Frauen ihre Kopfringe ab und die beiden Wanambi-Männer waren erst hinter den Ringen her. Doch dann holten sie die Frauen ein und verschluckten sie. Dabei wurden auch die Frauen zu

Wanambi. Alle vier Schlangen kehrten schließlich in zwei Körpern zu ihrem heimatlichen Wasserloch zurück.

Was läßt sich aus dieser Geschichte herauslesen? Nun, da ist einmal der Hinweis, daß die Männer ohne ihre Frauen nahrungslos waren. Das deutet darauf hin, daß die Frauen die pulsierende, nährende Kraft repräsentieren, von denen die *in sich ruhenden Männer* zehrten. Und der Graben, den die beiden Frauen gezogen haben, ist natürlich in erster Linie ein Traumpfad – ein *Weg der Kraft*, den Aborigines auf ihren Walkabouts, ihren spirituellen Reisen immer wieder begehen. Aber der Graben ist ein Sinnbild für jede Lebensader, jeden Kanal, durch den die Schlangenkraft strömt. Ein Bild, das sich auf eine Leylinie, einen Drachenpfad, Baumstamm, Blumenstengel oder die Wirbelsäule von Mensch und Tier übertragen läßt. Und die beiden Schlangen darin verweisen auf die duale Natur der *Großen Schlange*. Daß die Fauen mit ihren Grabstöcken den Weg gegraben haben, läßt sie als *Herrinnen des Weges* bzw. als Hüterinnen der *Kosmischen Achse* erkennen, dessen Sinnbild nicht zuletzt auch der Grabstock ist.

Die dynamische Kraft der Wanambi-Frauen wird zusätzlich durch den Kopfring – den *Goldenen Ring* symbolisiert, der den *Silbernen Stab* in Bewegung hält. Der Ring, der auf dem Kopf getragen wird, ist im weiteren ein Attribut der Weisheit. Daß die Männer hinter den Kopfringen herjagten, macht im weiteren offensichtlich, daß die Männer den Frauen nicht nur ihre Kraft und Macht, sondern auch ihr Wissen neideten und sich dieses einzuverleiben versuchten, wie Apollon die Kraft und Weisheit der Schlange Pythia.

Aber Aborigines sind stets auf Ausgleich bedacht. Ihnen war klar, ohne ihre Frauen nur *halb* zu sein. So schluckten sie ihre Frauen in dem Bewußtsein, gemeinsam stärker und *ganz* zu sein. So wird aus der Polarität, die die Trennung von Männern und Frauen am Beginn der Geschichte aufzeigt, am Ende die *Zwei in Eins*, das kosmische Prinzip der Dualität transparent. Und nicht zuletzt zeigt uns der Graben den Lebensweg von der Geburt bis zum Tod. Der Pfad der Schlange ist vor allem der Weg, der aus der Urquelle herausführt und wieder in sie zurückkehrt.

Vogel, Hund und Schlange

In der Ord-Victoria-River-Region im Norden Australiens gilt Ekarlarwan als der große Unsichtbare, der unserer Allvatervorstellung entspricht. Kunukban, die schwarzköpfige Python, die von der Timor-See kam und ihre Festlandwanderung bei Wyndham begann, wollte Ekarlarwan fangen, um dessen Schleier zu lüften und sein geheimes Wissen zu erfahren. Da Ekarlarwan jedoch unsichtbar war, jagte Kunukban den Hund Djaringin, den Boten des Großen Vaters, der wiederum die Schlange abzulenken versuchte und dabei seinen Weg in vielen gewundenden Schleifen durch das Land fortsetzte.

Und während die Schlange dem Hund folgte, schuf sie Flüsse und markierte das Land. Tief im Landesinneren gelang es Kunukban, Ekarlarwan zu stellen und dessen Geheimnisse abzuringen, um sie an die Menschen weiterzugeben. So erfuhren diese um die Gesetze der Natur, wie sie Zeremonien durchzuführen und ihr Leben zu regeln hatten. Von nun an besaßen die Menschen die Fähigkeit, direkt mit Ekarlarwan zu sprechen. Das war dem *Großen Schöpfer* gar nicht recht, und er fand es nicht gut, daß die bis dahin unwissenden Menschen plötzlich so viel Wissen besaßen. So sandte er den Vogel Jolpol aus, damit er von Kunukban die Geheimnisse zurückerobere. Der Vogel betörte mit süßem Gerede die Schlange. Kunukban wurde unvorsichtig und ließ Jolpol zu nahe herankommen und der Vogel versuchte die Schlange zu töten. Sie kämpften miteinander direkt am Lagerfeuer. Dabei zogen sich beide Verbrennungen zu, weshalb heute Kunukban einen schwarzen Kopf hat und Jolpols Federkleid nun schwarz-weiß ist. Jolpol ist der Butcherbird, der mit seinem wunderbaren Geträller und Stimmvolumen jedermann zu bezaubern vermag. Die Schlange reiste schließlich weiter und enthüllte den Menschen das Wissen und das Gesetz.

Die Schlange, die Erkenntnis vermittelt, wurde auch von den gnostischen Ophiten verehrt. Ophion, die paradiesische Schlange, hatte den Menschen gegen den Willen eines eifersüchtigen und tyrannischen Gottes das Licht überbracht. In der Genesis (3,22) ist die Rede davon, daß die elohim (Götter) nicht begeistert waren, daß der Mensch geworden war wie sie und zu unterscheiden gelernt hatte, was gut und böse war. So vertrieben sie den Menschen aus dem Paradies, damit er nicht von dem Baum des Lebens esse und ewig lebe. Es waren die Lehren der Schlange, die es dem Menschen ermöglicht hätten, den Tod zu überwinden. Und in jüdischen Schriften heißt es, daß der neidische Gott *die Schlange Moses* selbst begraben habe, damit niemand das Grab des Moses finden kann und das Volk nicht Moses, sondern Gott verehre.

In der Geschichte, die sich um Kunukban rankt, wird die Spannung zwischen dem in sich ruhenden Urschöpfer und der in die Welt hinaustretenden Regenbogenschlange offenbar; letztendlich eine positive Reibung, die das Schöpfungswerk erst möglich machte. Vogel und Schlange stehen in vielen Schöpfungsgeschichten im Konflikt miteinander. Ein Kampf zwischen solaren (himmlichen) und chthonischen (irdischen) Mächten. Doch jedes Zusammentreffen von Vogel und Schlange deutet auf die Wechselwirkung gegensätzlicher Kräfte hin, die einander bereichern und befruchten.

In einem anatolischen Mysterienkult sind es der Sonnengott Mithras in der Gestalt der Taube und seine Gattin Anahita, die Schlange, die als Mutter des Wassers verehrt wurde, die zu einer Ganzheit verschmelzen. In Borneo wird der göttliche Vogel durch den Nashornvogel repräsentiert. Dieser sitzt auf der Spitze geschnitzter Pfähle, die den Lebensbaum darstellen und am unteren Ende, im Wurzelbereich, dominiert der weibliche Drache, der Glück und Fruchtbarkeit bringt. Der Pfahl, der Himmel und Erde, Geist und Materie verbindet, wird im weiteren auch von der vertikalen Achse des christlichen Kreuzes, an dessen unterem Pol die feurige Schlange zu finden ist und über dessen oberen Pol die versöhnende Taube schwebt, repräsentiert.

In der Kunukban-Geschichte treffen Vogel und Schlange am Lagerfeuer aufeinander. Wir können uns dabei bildlich vorstellen, wie vom Lagerfeuer eine Rauchsäule zum Himmel hochsteigt, die wiederum Sinnbild der verbindenden Achse ist. Das Feuer symbolisiert das uranfängliche Feuer, das kosmische Licht. Daß sich Schlange und Vogel Verbrennungen zugezogen haben, vermag so ausgelegt werden, daß Himmelsvogel wie Erdschlange Anteil am kosmischen Feuer haben, dessen Sinnbild der Regenbogen, die weltenverbindende Brücke ist.

Der Hund spielt im Leben der Aborigines eine wesentliche Rolle. Nicht nur um sich an seinem Körper in kalten Wüstennächten warm zu halten. Der wilde Hund oder Dingo ist eine der Schlüsselfiguren im Schöpfungsprozeß. Auch wenn es in der Kunukban-Geschichte den Anschein hat, als wären sich der Hund und die Schlange nicht ganz grün, so haben sie doch den gleichen Weg. Die Milchstaße, in der die Aborigines die Himmelsschlange sehen, wird von nordamerikanischen Indianern als jener Weg bezeichnet, an dem der Hund entlangläuft.

Der Weg der Schlangen und der Weg der Dingos treffen in Zentralaustralien in der Tanami-Wüste im Gebiet der Warlbiri- und Ngalia-Aborigines zusammen. Bei Talkalku gibt es einen Hügel mit einem schlüsselähnlichen Loch, wo Jarapiri, die Rote Schlange, der wir bereits im Zusammenhang mit den Liederwegen begegnet sind, einen schlafenden Maletji-Hund überwacht. Hunde gelten als Hüter der Schwelle, die zum geheimnisvollen Reich der Toten führt. Löcher in Felswänden sind stets besondere Naturplätze und oft Initiationsstätten. Durch das Loch tritt der Initiand in die andere Welt über. Da das Loch auch ein Sinnbild des weiblichen Schoßes ist, ist das Durchschlüpfen der männlichen Initianden ebenfalls mit ihrer Mannwerdung verbunden.

In Ngama, etwas südlich der Siedlung Yuendumu, haben die Maletji-Hunde, die ursprünglich über den indischen Ozean kamen und bei King Sound an das Festland wateten, ein Heim gefunden. Der Platz ist gefüllt mit Kurunba, der *Großen Kraft*. Es ist die Fruchtbarkeits- bzw. Vermehrungsstätte der Dingos. In der Jukiuta-Höhle traf Jarapiri mit den Dingo-Männern zu einer geheimnisvollen Zeremonie zusammen. Danach vereinigte sich der rote Schlangenmann mit einer weiß-schwarz gescheckten Hundedame. Diese Vereinigung kann als Übertragung der pulsierenden Schlangenkraft auf die Hundedame gesehen werden, damit diese fruchtbar wird. Schwarz und Weiß versinnbildlichen die Ge-

genpole Materie und Geist, die des roten Vermittlers, der pulsierenden Kraft bedürfen. In unserem irdischen Lebensraum können weder Materie noch Geist für sich allein existieren, weshalb sie der Kraft benötigen, die zwischen Materie und Geist steht. Es ist jene Kraft, die unserer Welt erst Form und Ausdruck zu geben vermag.

Die drei magischen Farben repräsentieren in vielen Kulten und Kulturen der Welt die drei Ebenen des Lebensbaumes. Weiß ist die Farbe der oberen, geistigen Welt oder Krone. Schwarz ist die Farbe der unteren, materiellen Welt oder des Wurzelbereiches und Rot ist die Farbe der mittleren Welt oder des Baumstammes, der die obere und untere vereint. Bei den Aborigines gilt Weiß auch als Farbe, die unsichtbar macht; Schwarz als die Farbe der Verwandlung und Rot als die Farbe, die sichtbar macht.

Weiß-Rot-Schwarz sind ebenfalls die drei Kultfarben der dreifältigen *Großen Mutter*, die einst in unseren Regionen verehrt wurde. Weiß stellte ihren jungfräulichen Aspekt dar und entspricht im katholischen Glauben der Jungfrau Maria. Rot ist die Farbe ihres fruchtbaren Lebensaspektes, die Farbe der Lebensreife und Fülle, die die *heilige Anna*, die Mutter der heiligen Maria, repräsentiert und die auch die Rote Anna genannt wird. Und Schwarz ist die Farbe der alten Göttin, der Weisen, die ihr Wissen an die Jungen weitergibt. Von den Katholiken wird sie in der Schwarzen Madonna verehrt, die ebenso dem schwarzen Aspekt der heiligen Anna, der Urmutter, entspricht.

Da der Dingo erst vor etwa 4 000 Jahren nach Australien gekommen ist, fragen viele, wieso er dann ein Schöpferwesen der Traumzeit, die ja bedeutend länger zurückliegt, sein kann. Wenn auch der wilde Hund, so wie er heute in Australien bekannt ist, nicht seit Urzeiten den australischen

Kontinent bewohnt hat, so gab es vermutlich stets andere hundeartige Tiere wie z. B. den Tasmanischen Tiger, der nicht nur in Tasmanien existierte. Ein solch hundeartiges Tier, das Streifen wie ein Tiger besitzt, ist z. B. in Nourlangie im Kakadu National Park auf einem Felsen abgebildet. Auf der Insel Bali, die ja nicht weit entfernt von Nordaustralien liegt, wurde mir einmal von wilden schwarzgelb gestreiften Hunden erzählt, die gelegentlich mit Tigern verwechselt wurden.

Und obwohl der Tiger in Borneo gar nicht physisch existiert, spielt er hier im Mythos eine bedeutende Rolle, und es heißt, daß sich der Tiger in einen Hund verwandeln kann. Der Tiger wird mit dem Wasserdrachen, der mit der Wasserschlange der Aborigines gleichgesetzt werden kann, im engen Verbund gesehen. Er, der König des Dschungels, gilt ebenso als Meister des Wassers und wird als solcher mit dem Fisch assoziiert. Der Tiger vermag zumindest wie ein Fisch im Wasser zu schwimmen und das auch noch mit großer Wonne, wie ich es selbst in freier Natur beobachten konnte. Auf der malaysischen Insel Pangkor sah ich eine ungewöhnliche Felsritzung, die einen Tiger darstellt, der anstelle seines Kopfes einen Fisch trägt. Der Schwanz des Tigers hatte die Form einer S-förmig aufwärts ragenden Schlange. Und eine Feng Shui-Regel lautet: »Tiger und Drache müssen im Ausgleich sein«. Eine Regel, die auf Hund und Schlange übertragbar ist.

Nachdem ich einmal vom Tiger träumte und mit der Aussage nicht ganz klar kam, erzählte ich Bill Harney davon, da ich zu dieser Zeit gerade in Katherine war. Damals überraschte mich seine Antwort, als er sagte: »Der Tiger ist wie der Hund. Tiger und Dingo haben die gleiche Bedeutung.«

Ich begann mich mit der Symbolik beider Tiere eingehender zu beschäftigen. Beide repräsentieren das Gesetz der Natur und beide gelten als Wegöffner und Botschafter zwischen der Welt der Menschen und der Welt der Götter.

In einer malaysischen Erzählung über den heiligen Berg Gunung Ledang heißt es, daß der Tiger der Hüter des Berges sei. Er sei es auch, der die strahlende Perle, die von einer schönen Prinzessin verkörpert wird, die in einer tiefen Höhle wohnt, von der Bergeshöhe hinab in das Tal trägt. Der Berg gilt allgemein als Symbol der kosmischen Achse. So entpuppt sich der Tiger in dieser Geschichte als jene Kraft, die das Licht hinab in die Dunkelheit bringt. Ähnlich der Prinzessin von Gunung Ledang wohnte die griechische Regenbogengöttin Iris in ihrer heiligen Höhle. Mit ihrem bunten Gürtel gelang es ihr, den Löwen zu binden und zu führen.

Löwen, Tiger oder wilde Hunde standen in vielen Mythen der Welt mit den *Großen Göttinnen* in Verbund. Der Tiger ist das Reittier der indischen Göttin Kali, die als *Große Mutter* ebenfalls die drei Kultfarben Weiß, Rot und Schwarz repräsentiert. Und die römische Diana und griechische Artemis, die die ungezähmten Kräfte der Natur als auch die *Große Schlange* verkörpern, reiten auf einem Wolf. Und aus dem alten Babylonien gibt es Tierkreis-Bilder, wo der *Große Hund,* der Löwe, auf der Schlange steht.

Aryaman, die *Große Schlange*, die der Urbevölkerung Indiens einst ein Bild der kosmischen Ganzheit war, wird manchmal löwenköpfig dargestellt. In der malaysischen Stadt Malakka bewunderte ich einmal in einem Café einen aus Butter geformten, geflügelten und von einer Schlange umwundenen Löwen. Fasziniert von diesem außergewöhnlichen Kunstwerk, das sich in einem gläsernen Schaukasten befand, fragte ich die Inhaberin, wer das geschaffen habe.

»Ach«, meinte sie, »das hat mein junger Neffe gemacht. Er ist ein Träumer.« Ich fragte, ob diese Figur etwas Besonderes darstelle, einen bestimmten Helden oder eine religiöse Gestalt. Sie lachte nur. »Das ist einfach eine Phantasiefigur.« Es scheint, als würden zur Zeit bestimmte Urbilder rund um die Erde in der Luft liegen und nur darauf warten, daß sie sich jemandem als Floh ins Ohr setzen können.

Die Vermischung von Löwe und Schlange erinnert im weiteren an die Sphinx, die ein großes Geheimnis hütet, aber auch an jene Regenbogenschlangen, die mit Mähne, Bart und Zähnen einer Raubkatze beschrieben werden. Die *Große Schlange* der Aborigines ruft mit ihrem *Brüllen*, das mit dem Schwirrholz erzeugt wird, die Initianden zum heiligen Zeremoniengrund.

Große Katze und Wilder Hund haben etwas gemeinsam. Das sind ihre vier Beine und ihre Schnelligkeit. In einer Felsenmalerei im Keep River National Park, im Grenzbereich zwischen Western Australia und Northern Territory, wird die Rote Schlange mit vier Beinen dargestellt. So scheint ganz offensichtlich Hund oder Raubkatze im Verbund mit der Schlange auf die ziehende oder antreibende Kraft zu verweisen.

Es ist gut möglich, daß kultische Tiger-Aspekte aus der nördlich vorgelagerten Inselwelt, die einst von der Mystik Indiens stark beeinflußt war, zu den australischen Ureinwohnern gelangten. Daß zwischen dem australischen Festland und der malaysisch-indonesischen Inselwelt schon lange vor dem Auftauchen der Europäer Kontakte bestanden, darüber gibt es kaum Zweifel. Zwar gab es auch in Australien den Thylacoleo, ein Beuteltier, das dem nordamerikanischen Berglöwen ähnlich war, doch die mythische Gestalt, die Schlange und Raubkatze vereint, könnte durchaus auf eine Urerinnerung zurückgehen, die die Aborigines und die Urbevölkerung Indiens oder von Sri Lanka gemeinsam haben. Und könnte es nicht auch sein, daß die *Große Schlange* Aryaman aus dem alten Indien und die Regenbogenschlange der Aborigines den gleichen Ursprung haben?

Es gibt Ethnologen, die meinen, daß Aborigines und die Urbevölkerung von Indien und Sri Lanka auf den gleichen Urstamm zurückgehen. Da mag etwas Wahres dran sein. Aber es ist nicht nur ihr Äußeres, das Ähnlichkeiten aufweist. Vor etwa zwanzig Jahren nahmen mich die Veddas, die damals noch fernab im Busch von Sri Lanka lebten, in ihre *Traumzeit* mit. Ich fühlte mich wie eingesponnen in ihre Welt, die nicht nur aus Busch, Elefanten, Leoparden und Krokodilen bestand, sondern worin auch ein Geist pulsierte, der mit der Urzeit verband.

Der Hund wird im weiteren mit magischen Bräuchen in Zusammenhang gebracht. In Irland glaubte man z. B., daß Magie nur mit Hilfe des Hundes ausgeübt werden könnte. Und im großen Epos um den heiligen Berg Uluru (Ayers Rock) schufen die verärgerten und beleidigten Mulgasamen-Männer den bösartigen schwarzen Hund Kurpany, der das Volk der Mala (Felsen-Wallabies) vernichten sollte, nachdem diese ihre Einladung zu einer gemeinsamen Zeremonie schnippisch abgesagt hatten. Kurpany war ein magisches Werk. Zuerst wurden Zweige, Knochen, Haare und Zähne ausgelegt, bevor die Magier des Mulgasamen-Volkes den Hund zum Leben erweckten.

Das deutet darauf hin, daß der Hund im weiteren mit dem *inneren Gerüst* zu tun hat. Im alten Ägypten galt Thot/ Hermes, als die *Große Weise Schlange*, die im engen Verbund mit dem Schakal Anubis stand. Er war der große Magier, aber mehr noch wurde in ihm der Architekt des Universums gesehen, der sozusagen das *innere feinstoffliche Gerüst der Welt* kreiirte. Thot/Hermes scheint Bunjel, dem mächtigen Schöpferwesen der Koori-Aborigines zu entsprechen, den Cyril Havecker in seinem Buch *Understanding Aborigine Culture* als *Architekt des Universums* bezeichnet. In den Grampians im Süden Australiens ist auf einem kleinen Felsen Bunjel gemeinsam mit einem weißen und roten Hund abgebildet. Bunjels Sohn ist Binbeal, der Regenbogen, der die große feurige Schlange in sich trägt. Damit der geistige Weltenplan auf der Erde zur Manifestation gelangte, bedarf der Architekt der pulsierenden, bewegenden Kraft der Regenbogenschlange, die mit ihrem großen Lied dem Hund half, seinen gestalterischen, geistigen Entwurf sichtbar zu machen.

Lebende Steine und ein singendes Gebäude

In vielen Geschichten der Aborigines heißt es, daß die Regenbogenschlange von einem Vogelwesen mit seinem Schnabel aufgespießt oder von einem Speer durchbohrt wird. Wie das Schwert des heiligen Michael oder die Lanze des heiligen Georg kennzeichnet der Vogelschnabel einen Ort von besonderer Kraft und macht auf eine Energiekonzentration oder ein Naturphänomen aufmerksam.

Als die Menschen im europäischen Raum seßhaft wurden, war es üblich, mit einer Lanze oder einem Pfeil den Mittelpunkt des entstehenden Siedlungsraumes zu markieren, was den *Nabel der Welt* versinnbildlichte. Die Pfahlsetzung wurde nicht an einer beliebigen Stelle vorgenommen, sondern an einer Stelle, wo sich wachstums- und lebensfördernde Energieströme bündelten. Mit diesem rituellen Brauch wurde *die Kraft* an den Ort gebunden. Dies war bereits ein Akt, der den Beginn der Zähmung der Natur darstellte.

Mit weiteren Pfahl- und Steinsetzungen wurde vom *Mittelpunkt* aus, von jener Stelle, an der *die Schlange gepfählt oder gespeert* wurde, zu anderen Plätzen, wie z. B. zu religiösen Stätten oder Schutz-Heiligtümern, die in allen Himmelsrichtungen entstanden, weitergeleitet. Alte Marktsäulen erinnern noch an solch ursprüngliche Siedlungsgründungen. Und wo die herkömmliche Ortsstruktur erhalten geblieben ist, wird zwischen der Marktsäule und den umliegenden Kirchen oder Wallfahrtsplätzen eine energetische Verbindung wahrnehmbar sein.

Ein Pfahl vermag aber nicht nur die Kraft eines Ortes an den Lebensraum der Menschen zu binden, sondern auch die psychische Kraft eines Menschen an einen Ort. Da wird beispielsweise die Geschichte eines Hirten erzählt, der seine Herde auf der Weide verließ, um im Dorf in ein Gasthaus zu gehen. Dort wurde er von anderen gefragt, ob er denn keine Sorge habe, daß ihm die Tiere weglaufen könnten. Da antwortete der Hirte: »Die Tiere laufen nicht davon, ich hab doch meinen Hirtenstab auf der Weide zurückgelassen.« Es war seine persönliche Energie, die sich auf den Stab, den er täglich in seinen Händen hielt, übertragen und seine Präsenz auf das Umfeld ausgestrahlt hat.

In Ghana bin ich einmal mit einem Dorfchef, der königlichen Geblüts war, über sein weites Land gewandert. Dabei hat er sein hölzernes Zepter mitgenommen, von dem er sich niemals getrennt hatte, da es magische Schutzkraft besaß. Er hütete diesen kunstvoll geschnitzten Stab wie seinen Augapfel, verkörperte dieses Holz doch sowohl ihn selbst als auch die königliche Macht. Hätte jemand seinen magischen Stab verletzt oder gar zerbrochen, hätte er seine Macht oder gar sein Leben verlieren können.

Es gibt einen historischen *magischen Speer der Macht*, dessen Ursprung angeblich in biblische Zeiten zurückgeht. Es soll dessen Macht gewesen sein, die die Stadtmauern von Jericho zum Einsturz gebracht hatten. Schließlich gelangte der Speer in den Besitz europäischer Herrscher, wie Karl den Großen, und landete im Museum der Hofburg von Wien, die Hitler in seinen jungen Jahren besucht hatte. Er soll derart von dem magischen Speer und seiner magischen Macht fasziniert gewesen sein, daß er beschloß, ihn eines Tages zu besitzen. Inzwischen ist bekannt, daß Hitler sich der magischen Macht gegenüber geöffnet hatte, er z. B. in den Thule-Geheimorden eingeweiht war. Und als er in Wien einmarschiert war, soll ihn sein erster Weg in die Hofburg geführt haben, wo er den Speer der Macht an sich nahm. Dieses geheimnisvolle Objekt wurde nach Hitlers Tod in einem Nürnberger Versteck gefunden und ist heute wieder in der Wiener Hofburg zu besichtigen.

Ein magischer Stab kann auch der Grabstock der Aborigine-Frau sein. Ein bekanntes Beispiel dafür ist Ingridi, die Kunia-Frau, die dem Volk der Teppich-Schlangen angehörte, das in der Traumzeit an der Südseite von Uluru lebte. Nachdem sie *Arukwita*, eine klebrig-weiße Substanz auf ihren Grabstock spuckte, wurde der Stab zu einer machtvollen Waffe, mit der sie ihren Feind, den Liru-Mann aus dem Volk der Giftschlangen, zu bezwingen vermochte. Sie hatte sozusagen den Stab mit ihrer psychischen Kraft über ihren Handschweiß präpariert und mit ihrem Willen, ihrer inneren Vision und geistigen Konzentration *geladen* und *programmiert*.

Der Grabstock, ein Machtsymbol der Frau, wurde als Ritual-Pfahl zum Machtsymbol des Mannes. Während sich der Zeremonienpfahl phallusartig dem väterlichen Himmel entgegenstreckt, verbindet sich der Grabstock der Frau mit der mütterlichen Erde. Doch Grabstock wie Zeremonienpfahl stellen wie die Marktsäule, die Lanze, der Baumstamm oder die Wirbelsäule eine Achse dar, die zwei entgegengesetzte Pole vereint. Und jede Achse bildet die Mitte einer Welt, im Mikro- wie im Makro-Kosmos, mag es nun ein Grashalm, ein Haar oder die Achse des kosmischen Gebäudes sein. Und jede Achse, jeder Kanal, ist nicht zuletzt der *Weg der Schlange*, die zwischen zwei Polen vermittelt.

So wie inmitten des runden Zeremoniengrundes der Aborigines der Zeremonienpfahl steckt, finden sich an vielen Megalithstätten wie in England, Frankreich oder im Alpenraum kreisförmige Ritualplätze mit einem Nabelstein oder einem Steinpaar in der Mitte. Megalithstätten wurden nicht nur als Zeremoniengrund benutzt, sondern erfüllten eine ganze Reihe von Funktionen. Sie konnten Orakel- und Heilstätten sein oder mittels sogenannter Kalendersteine der Beobachtung der Himmelsbewegungen dienen. Mit errichteten Steinreihen vermochten Energien kanalisiert zu werden, um die Fruchtbarkeit des Landes anzuregen und die konzentrierte Kraft innerhalb der Steinkreise bewirkte schnellere Bewußtseinserweiterungen als außerhalb des erhöhten Energiefeldes. An manchen Steinplätzen wurden Phänomene wie helle Nebelerscheinungen, Lichtsäulen, kugelförmige Lichter oder Erdlichter registriert und in der Nähe von Megalithstätten auch oft verstärkte Ufo-Sichtungen oder Kornkreisphänomene gemeldet.

Megalithplätze geben der Wissenschaft noch große Rätsel auf. Eine Herausforderung, die z. B. Paul Devereux angenommen hat. Er ist Leiter des Dragon-Projektes gewesen, das sich die Aufgabe gestellt hatte, prähistorische Steinmonumente vor allem im britischen Raum wissenschaftlich zu erforschen. Dabei ging es nicht nur um geophysikalische Untersuchungen, sondern auch um die Auswirkung der Phänomene auf die Psyche. Die daraus gewonnenen Erkenntnisse und Meßergebnisse, die mit Hilfe technischer Geräte wie Magnetometer, Ultraschalldedektoren oder Mikrowellenspektrometer zustande kamen, erweckten weltweit großes Interesse. Bei einem Treffen von Urkult- und Naturforschern, das von der Hagia Chora, einer Geomantieschule bei München organisiert wurde, begegnete ich Paul Devereux und lernte ihn als einen sehr vorsichtigen, besonnenen Menschen kennen, keiner, der sich auf spekulative Höhenflüge einläßt.

Das Dragon-Team stellte bei langjährigen intensiven Untersuchungen von Steinkreisen, Menhiren oder Dolmen große magnetische Schwankungen oder elektromagnetische Störungen aufgrund stark tektonischer Aktivitäten und oft eine ungewöhnlich hohe natürliche Radioaktivität fest. Messungen von Mikrowellenstrahlen ergaben innerhalb von Steinkreisen abweichende Werte vom außerhalb liegenden Umfeld. Infrarot-Fotografien ließen ungewöhnliche Lichter oder *Wolken* erkennen, die von bestimmten Steinen ausgingen. In der Nähe der Megalith-Stätten streikten oft elektrische Geräte, Kompaßnadeln drehten durch oder Batterien liefen aus. Manche Testpersonen spürten an den untersuchten Plätzen starke Vibrationen und mittels EEG-Geräten wurden Beeinflussungen auf die elektrochemische Natur des Gehirns festgestellt. Die Gehirnwellenrhythmen entsprachen jenen der Traum- oder Tiefschlafphasen. Manche erlebten auf diesen Plätzen kurzzeitige visionsartige Eindrücke oder nahmen Bilder von Ereignissen aus vergangenen Zeiten wahr. Ur-Kult-Stätten scheinen jedenfalls als große Torwege von einer Seite der Welt zur anderen zu führen.

Es ist heute wenig bekannt, aber auch Aborigines errichteten einst große Steinkreise oder lange Steinreihen, um das Kraftfeld zu erhöhen oder *die Kraft* zu kanalisieren. In der Daly-River-Region haben Aborigines z. B. Steinkreise errichtet, von denen sie sagten, diese stellen den fruchtbaren Leib der Erde dar. Viele dieser Steinsetzungen, von denen es auch hieß, daß sie von den Ahnen selbst vorgenommen worden seien, fielen entweder dem Vandalismus zum Opfer oder wurden mit der Zeit von den Aborigines vergessen, da sie nicht mehr auf ihrem abstammenden Land lebten. Mir wurde erzählt, daß die Kraftfelder innerhalb mancher Steinkreise derart stark waren, daß auf ihnen mitunter sogar Levitationen durchgeführt wurden.

Solche Kraftzentren sollen sich in der Woomera-Maraligna-Region in Südaustralien befunden haben, wo die Briten in den Fünfziger Jahren ein Testgelände für nukleare Waffen eingerichtet haben. Wieviele Aborigines 1957 bei Atombomben-Versuchen ihr Leben in *der Wolke* verloren haben, wird wohl niemals geklärt werden. 1998 erhielten die Aborigines das zerstörte Land ihrer Ahnen, das für 250 000 Jahre unbrauchbar geworden ist, wieder zurück.

Charles Mountford erwähnt in dem Buch *Brown Men and Red Sand*, daß er in den Mann-Ranges einige Menhire am Boden liegen sah. Der ihn begleitende Aborigine bedauerte, daß sich keiner mehr um die Steine, die sie *Signalsteine* nennen und in denen Kuran, der *Große Geist* ihres Schöpferwesens lebt, kümmern würde. Niemand würde mehr diesem heiligen Grund Aufmerksamkeit schenken. Solange die Steine aufrecht standen und sie sorgsam gehütet wurden, waren die Menschen in diesem Land gesund und ihre Beine stark gewesen. Sie konnten weite Strecken wandern, ohne müde zu werden. Und ihre Arme und Hände waren damals ruhig, so daß sie niemals das Ziel mit dem Speer verfehlten. In diesen Zeiten waren alle Männer und Frauen voll Kraft und glücklich gewesen. Aber seitdem ihre Signalsteine so achtlos herumliegen, hätten sie ihre Kraft und ihr Glück verloren. Von da an wären sie müde gewesen und hätten sich nur noch von dem ernährt, was sie auf Missionen oder Rinderfarmen erhielten. Nachdem Weiße das Land der Aborigines besiedelt hatten, wurden sie entweder vertrieben oder erhielten Arbeit auf den Outback-Stationen, wofür sie mit Kleidung oder Lebensmitteln entschädigt wurden. Von da an gingen die Männer nicht mehr auf Jagd und die Frauen machten sich keine Mühe mehr, Grassamen zu sammeln, um selbst Brot und Kuchen zu backen. Die Lebensart der Weißen habe sie geschwächt und sie seien krank geworden. Schwäche war davor ein Zustand, den Aborigines kaum gekannt hatten.

Von Steinplätzen werde auch ich seit einigen Jahren immer öfter angezogen. Als ich dies einmal einer Bekannten gegenüber erwähnte, rief sie aus: »Was, – mit Steinen beschäftigst du dich – mit so totem Zeug!«

Ich mag einmal ähnlich gedacht haben. Inzwischen weiß ich, daß von Steinen lebendige Impulse ausgehen und sie bestimmte Informationen und Energien auf das Umfeld abstrahlen und sie auch mit anderen Steinen in wechselseitiger Beziehung stehen. Mit der Zeit lernte ich ihre Kraftströme oder Reaktionszonen mit meinen Händen zu spüren. Manchmal reagiert auch meine Schilddrüse oder mein Herz auf die Signale der Steine.

Vor kurzem entdeckte ich in Malaysia Menhire und alte Steinkultplätze. Relikte längst vergangener Kulturen. Auch hier haben die Menschen vieles vergessen, was ihre Vorfahren gewußt hatten, aber nach wie vor werden die aufrecht stehenden Steine *batu hidup* – *lebende Steine* genannt. Einheimische erzählten mir, daß sie manchmal die Steine atmen oder flüstern hören würden, vor allem bei Vollmond.

Bestimmte Steine oder Steinplätze haben in allen Teilen der Welt kultische Bedeutung. Das höchste Heiligtum der Muslime ist die Kaaba, der Schwarze Stein. Einst wurde in dieser Region die *Große Göttin* im Schwarzen Stein verehrt. Schwarzes eisen- und magnetithaltiges Meteoritgestein, das die Kräfte des *Himmels* in sich trägt, hat ja auch bei den Aborigines hohen Stellenwert, so wie der Ocker, in dem die magnetischen Kräfte der *Erde* wohnen.

Von Steinen ist auch immer wieder in der Bibel die Rede. Petrus ist der Fels, der Gründungsstein oder *Nabelstein* der Kirche. Die Bedeutung des Nabelsteines, des Steines der Mitte, hat sich letztendlich auf die ver-mittelnde Rolle der Kirche zwischen Mensch und Gott übertragen und die *vermittelnde Schlange* verdrängt. Und wir erinnern uns an Jakob, der auf einem Stein schlief und von der *Himmelsleiter* träumte.

Die Himmelsleiter wird von jedem Berg symbolisiert und in diesem Sinne kann auch *Berg Sinai* verstanden werden. Das Bild verstärkt sich mit dem hinauf- und hinabsteigenden Moses, der in alten Schriften selbst als Schlange bezeichnet wurde. Wenn wir noch genauer hinsehen, dann erkennen wir im Berg Sinai die kosmische Achse, den vertikalen Weg der Schlange, der dem silbernen Stab des Mondes entspricht. Auf die zu- und abnehmenden Mondphasen wird auch im alten Testament hingewiesen, in dem es heißt, daß

Moses und die seinen alle vierzehn Tage *das Phase* feierten. Dagegen erinnert der Tanz um das Goldene Kalb an den *Goldenen Ring*, den die Sonne beschreibt. Wenn wir also tiefer in die altbiblische Szene hineinblicken, treffen auch hier *Stab und Ring* zusammen, zwei Symbole, die auf die dynamischen und kraftvollen Bewegungsrichtungen der *Großen Schlange* verweisen, Symbole, die aber vor allem auf die große Notwendigkeit der unentwegt zirkulierenden Schlange, die den Lauf der Welt in Gang hält, aufmerksam machen. In der biblischen Geschichte sind unentwegt in bildlicher, symbolischer oder versteckter Form die großen kosmischen Prinzipien zu entdecken.

Bleiben wir bei Moses, der den Berg Sinai hinauf- und hinabstieg und einmal von der Höhe zwei Steine mitbrachte, auf denen angeblich die neuen Gesetze standen, die im Grunde so alt wie die Menschheit selbst waren. Die beiden Steine können wir auch als die beiden Hälften der Welt sehen – die wie Yin und Yang zusammen ein Ganzes ergeben. Zwei Steine in der Mitte alter Kultsteinplätze repräsentierten die polaren Kräfte der Welt.

Mögen es nun alte kultische Steinplätze, christliche Wallfahrtsorte oder Traumzeit-Stätten der Aborigines sein, all diese *heiligen Orte* sind machtvolle Schnittpunkte, Pforten zu anderen Welten. Und sie alle befinden sich auf Knotenpunkten eines erdumspannenden Energie-Netz-Systems. Im Zusammenhang mit der Erforschung subtiler Strahlen wurden rund um die Erde schachbrettähnliche Energie-Muster bzw. -Netze entdeckt. Deren Zustandekommen wird mit dem Spannungsfeld erklärt, das durch die wechselseitige Beeinflussung der Bewegungen im Erdinneren und den Bewegungen der Himmelskörper entsteht. Zwischen den magnetischen Kräften der Erde und den elektrisch pulsierenden

Kräften aus dem oberen Kosmos bilden sich elektromagnetische Wellen, die sich wie Fäden vernetzen. Während die Linien abwechselnd *positiv* und *negativ* sind, befinden sich die inneren Felder im Ausgleich der Kräfte, soweit keine Reizzonen wie geologische Verwerfungen oder unterirdische Wasseradern Störfelder bilden. Treffen solche mit *negativen* Gitternetzkreuzpunkten zusammen, kann das die Gesundheit eines Menschen, vor allem wenn er auf einer solchen Stelle regelmäßig schläft, beeinträchtigen, da dann die Erdstrahlendosis zu stark sein kann.

Inzwischen wurde eine ganze Reihe energetischer Gitternetze entdeckt, die unterschiedliche Qualität besitzen. Doch im Zusammenhang mit dem *Kosmischen Gebäude*, das ich zu erklären versuche, sind vor allem drei Hauptnetze von Bedeutung, die die Erde umspannen und die den drei Welten des mythischen Weltenbaumes entsprechen.

Das erste Netz befindet sich tief unter der Erdoberfläche, eine Art tunnelartiges Kanal-System. Diese Dimension entspricht dem Wurzelbereich des *Kosmischen Baumes* und jener Ebene, die in vielen Mythen als Unterwelt oder als *Ort der Klärung* verstanden wird. In der Tiefenpsychologie ist damit das Reich des Unterbewußten gemeint.

Das zweite Netz umläuft die Erdoberfläche. Es ist das elektromagnetische Feld der Erde. Diesem zugeordnet sind die kristallinen Adern und unterirdischen Wasserströme, die den Meridianen und Blutbahnen des menschlichen Körpers entsprechen. Es ist die mittlere Ebene des *Kosmischen Baumes*, die Welt der Menschen, Tiere, Pflanzen und Mineralien. Im psychologischen Sinn entspricht sie dem normalen Tages-Bewußtsein.

Das dritte Netz befindet sich über der Erdoberfläche. Es ist das ätherische Netz, das mit den höheren, geistigen Re-

164

gionen des Weltenbaumes verbindet. Es ist jene Sphäre, die das Überbewußte darstellt.

Diese drei feinstofflichen Netze können wir uns als einzelne Stockwerke wie in einem großen Gebäude vorstellen. Und wo die Knotenpunkte der einzelnen Netze übereinanderzuliegen kommen, bilden sich vertikale Kanäle oder Säulen, die die einzelnen Ebenen, ähnlich wie ein Aufzugschacht, miteinander verbinden. Jede einzelne dieser Säulen, die sich an einem *Ort der Kraft* bilden, entspricht der biblischen Himmelsleiter oder dem mythischen Weltenbaum. Über diese Kanäle oder Säulen des feinstofflichen, kosmischen Gebäudes vermag die alles verbindende Energie, die von der *Großen Schlange* repräsentiert wird, von einem Stockwerk zum nächsten zu fließen und sich auf allen *Etagen* des Weltenbaues auszubreiten und zu zirkulieren.

So können wir verstehen, daß die Regenbogenschlange oder die großen Schlangengötter, die gleichzeitig die Weltenachse repräsentieren, *das Netz* als Attribut haben. Das mag nun Aryaman, die *Große Schlange* des alten Indiens, die Regenbogenschlange Ngalyod/Yingana sein, die in einer Fischreuse den East Alligator River entlangströmt oder Klein-Moses, der in einem geflochtenen Binsen-Körbchen den Nil entlanggleitet. Und daß Moses in altjüdischen Schriften als *Schlange* bezeichnet wurde, erscheint uns gar nicht mehr so erstaunlich.

Ein Abbild des *Kosmischen Baumes* mit seinen drei Hauptebenen stellt z. B. auch der Kelch dar, den der Priester bei der heiligen Wandlung benutzt. Der Kelchfuß entspricht der Wurzelregion, die Kelchschale der Krone und der mittlere Teil vereint wie ein Baumstamm Wurzel und Krone, – Materie und Geist. Es ist die kosmische Kraft oder geistige Liebesenergie, die aus dem Kelch, der geistigen Urquelle fließt und alle Ebenen des Seins durchdringt.

Als ein umfassenderes Abbild des kosmischen Gebäudes gilt der Tempel Salomons, der auf zwölf Hauptsäulen errichtet war. In ihm sollen die Geheimnisse vom rechten Maß, der rechten Zahl und des rechten Gewichtes, und nicht zuletzt auch die geheimnisvolle Bundeslade, die die *Große Kraft* in konzentrierter Form enthielt, verborgen gewesen sein. Geheimnisse, die die französischen Tempelritter, die im 12. Jh. nach Jerusalem zogen, zu finden hofften. Als sie zehn Jahre später nach Frankreich zurückkehrten, entwickelte sich der Baustil der Gotik ganz plötzlich zur vollen Blüte. Es scheint, daß sie das Wissen um die Gesetze der Materie, der Natur und des Geistes entdeckt hatten. Ein Wissen, um das die Templer seitens der Herrscher gefürchtet und schließlich verfolgt und eleminiert wurden.

Wenn wir einmal die energetische Struktur eines sakralen Ortes, bzw. den *offenen Kanal* zwischen unterschiedlichen Dimensionen an solch einem Ort verstehen, können wir leichter begreifen, daß diese Plätze nicht nur Orte der Kraft, sondern gleichfalls Stätten des Austausches sind. Betritt ein *durchlässiger* Mensch, der selbst ein *offener Kanal* ist, einen solchen *Kommunikationsschacht*, vermag er leichter Zugang zu anderen Weltenebenen zu finden und geistige Inspirationen erhalten als an anderen Orten. So suchen auch Aborigines ihre Traumzeit-Stätten auf, um hier Zwiesprache mit ihren Schöpferwesen zu halten.

Himmelsleiter-Plätze werden ebenso als Lichtsäulen, Lichttore oder pulsierende Energieräder gesehen. Es sind Chakren, wie sie in unserem feinstofflichen Körper vorhanden sind. Genaugenommen sind Chakren ineinanderliegende Tore, die zu allen feinstofflichen Körpern oder Ebenen führen.

Das kosmische Gebäude wird von vielen *Lichtsäulen* gestützt. Eine der Hauptsäulen ist Uluru (Ayers Rock), der Rote Felsen im Herzen Australiens, der allen Aborigines das höchste Heiligtum ist und den sie als Nabelstein des australischen Körpers bezeichnen. Uluru steht mit anderen, kleineren, aber dennoch wichtigen *Lichttoren*, Energierädern oder Chakren in energetischer Verbindung wie z. B. Wilpena Pound in Südaustralien oder Mount Warning im Südosten des Roten Kontinents.

Das ganze kosmische Gebäude wäre jedoch eine starre Struktur, *ohne* jene zirkulierende und pulsierende Kraft, – ohne dem Strömen der Regenbogenschlange, die das ganze Netz-System in Schwingung versetzt, bzw. das kosmische Gebäude zum *Singen* bringt. Solange die drei Energienetze, die den physisch-geophysischen, psychisch-mentalen und geistig-spirituellen Dimensionen entsprechen, in harmonischem Einklang schwingen, ist das ganze kosmische Gebäude *stabil*. Doch aufgrund der Veränderungen des Magnetfeldes, die unsere technischen Errungenschaften bewirken, entstehen Störfelder, und sobald eine der vernetzenden *Leitungen reißt* oder ein Energiekanal *leckt*, gerät das ausgeklügelte, aber leicht verwundbare System aus der Balance. Dabei können große Spannungen entstehen, die sich dann durch Erdbeben, Vulkanausbrüche oder Flutwellen oder andere Naturkatastrophen entladen. Tritt dann in der Atmosphäre Entspannung ein, pendeln sich die drei Ebenen wieder aufeinander ein.

Seit einigen Jahren spüre ich zu bestimmten Zeiten solch atmosphärische Störungen ganz stark in meinem Körper. Ein Zustand, bei dem ich manchmal meinte, innerlich zu bersten. Ein Gefühl der Hilflosigkeit auch, da ich dann ahne, daß etwas in der Welt passieren wird, aber ich weiß nicht wo und nicht wann. Gibt es dann irgendwo ein Erdbeben, einen Flugzeugabsturz oder ein anderes Ereignis, das durch eine angespannte Weltenatmosphäre ausgelöst wurde, dann spüre ich am Tag darauf wieder Erleichterung und Entspannung in meinem Körper.

Einmal war es besonders schlimm. Es war im April 1998, und ich war zu dieser Zeit gerade in Alice Springs, als ich mich wie eine Zigarre fühlte, die an beiden Enden langgezogen wird, und gleichzeitig war es, als würden Tonnengewichte von oben und unten meinen Körper zusammendrücken. Tags darauf ging es mir wieder viel besser, doch aus den Nachrichten war zu erfahren, daß am Tag zuvor ein Tornado über Alabama mit dreihundert Stundenkilometern hinweggefegt ist, der 38 Tote forderte; in Sydney hatte es schwere Überschwemmungen gegeben; in Mekka war eine Brücke eingestürzt, ein Unglück, dem hundert Menschenleben zum Opfer gefallen waren; Brisbane ist von einem schweren Hagelsturm getroffen worden und ein Kleinflugzeug war auf einer Stromleitung gelandet.

Ich habe etliche andere Menschen kennengelernt, denen es seit einiger Zeit ähnlich ergeht. Ich bin jedenfalls kein Einzelfall. Es scheint, daß wir unter bestimmten Umständen, wozu auch bestimmte Planetenkonstellationen beitragen, den angespannten Zustand in der Erdatmosphäre schwingungsmäßig übernehmen, wir sozusagen zu menschlichen Seismographen werden.

Zuweilen möchte ich die Menschen schütteln, die gegenwärtig wie in einer Art Dämmerzustand verweilen, damit sie aufwachen und begreifen, wie sehr sie mit ihrer Abkehr von der Natur, mit ihren unentwegten Auseinandersetzungen um Nichtigkeiten, Nörgeleien, Unzufriedenheiten und sinnlosen Kriegen, die in der Familie bereits anfangen, – an einer psychischen Verschmutzung der Weltatmosphäre und damit ebenso zu atmosphärischen Spannungen beitragen. Das hat nichts mit verzopfter Moralpauke zu tun, sondern ist ein innerer Aufschrei, der an die Öffentlichkeit drängt, wie ein zu lange festgehaltener Korken, der unter großen inneren Druck geraten ist. Ein Aufschrei gegenüber der unverantwortlichen Ausbeutung der Erde – unverantwortlich auch gegenüber nachkommender Generationen. Ein Aufschrei auch gegenüber einer weltweit stattfindenden Orientierungslosigkeit und dieser *Null-Bock*-Einstellung der Massen, die nicht nur die Natur, sondern auch die Menschen selbst schwächt. So scheinen Naturkatastrophen Selbsthilfe-Aktionen der Natur zu sein, um sich aus sich selbst heraus zu reinigen und zu regenerieren, solange sie keine Unterstützung seitens der Menschen erfährt.

Der Schlangenstab

In einem Traum zeigte sich mir einmal ein wunderbares Schaubild über die Achse der Welt und ihre innewohnende Kraft. Ich sah die ganze Erdkugel in transparenter Form vor mir und bemerkte, wie vom Südpol her zwei Schlangen von hauchzarter Beschaffenheit in die Erde einströmten und sich um die leicht drehende, *tanzende* Erdachse aufwärts wanden.

Kurze Zeit darauf besuchte ich in Katherine einen jüngeren Aborigine-Künstler, der mich eingeladen hatte, seine Bilder anzusehen. Ich traute kaum meinen Augen, als ich das Bild sah, das Jeminin gerade beendet hatte. Es war ein Bild, das meinem Traum entsprach. Zwei Pythonschlangen wanden sich in Form einer Doppelhelix um den Stengel einer Wasserlilie hoch. Vier flammenförmige Blätter in allen vier Himmelsrichtungen deuteten darauf hin, daß das Bild den gesamten Raum darstellt. Seine Mitte bildete der Pflanzenstengel, die Achse der Welt symbolisierend. Im übertragenen Sinn mag in dem Bild der Pfad der Kundalini-Schlange gesehen werden, der sich mit den Wegen von *Ida und Pingala,* dem Sonnen- und Mondatem kreuzt. Ziemlich überrascht betrachtete ich das Werk.

»Es ist für dich – damit du die Schlange nicht vergißt.« Mein Erstaunen wuchs. Ich hatte ihm kein Wort von meinem Schlangen-Traum erzählt. »Du kannst dir das Bild morgen abholen – die Farben müssen noch trocknen und fixiert werden.«

Während ich nun darüber schreibe, blicke ich auf dieses Sinnbild der *Kosmischen Achse,* die allen Kulturen der Welt ein wichtiges Symbol der Dynamik und des Gleichgewichtes war und stets an die Ganzheit der Welt erinnert.

Der Stab mit der darum herum gewundenen Schlange ist ein uraltes Kraft- und Heil-Symbol. Kraft und Macht steckt z. B. im Dollar-Zeichen, das Stab und Schlange vereint. Und der Äskulap-Stab ist noch immer Symbol der Medizin und der Ärzteschaft, ein Zeichen, das auf den griechischen Heilgott Asklepios zurückgeht, der die Heilkraft von seinem Vater Apollon erhielt, der sich selbst die *Große Kraft* der Schlange Pythia einverleibte, nachdem er sie, sozusagen im Auftrage der patriarchalisch ausgerichteten Priesterschaft, getötet hatte.

Auch Moses war im Besitz des Schlangenstabes, mit dem er Wunder vollbrachte. Er schlug damit auf einen Felsen, worauf Wasser daraus hervorfloß. Nachdem einige Israeliten, die in der Wüste an Gott zweifelten, als dessen Strafe von giftigen Schlangen gebissen wurden, machte Moses auf Befehl

170

des Herrn das Bildnis der *ehernen Schlange* – eine Schlange, die sich um einen Pfosten wand, und stellte es als Heilzeichen auf. Alle, die zu der ehernen Schlange aufblickten, wurden vom Gift der Schlangen geheilt. Die *eherne Schlange* auf dem Stab wird von manchen Theologen als Vorzeichen für Jesus am Kreuz erklärt. Im 16. Jh. sollen Münzen im Umlauf gewesen sein, die auf einer Seite den gekreuzigten Jesus und auf der anderen Seite die gekreuzigte Schlange zeigten.

Die Gnostiker verehrten die Schlange am Kreuz als *Christus, den Retter*. Es ist wichtig zu verstehen, daß Christus kein Name, sondern ein Titel war, den Könige, Würdenträger oder Hohepriester mit ihrer Salbung anläßlich ihrer Amtseinführung erhielten. Christos (griech.) bedeutet *der Gesalbte*, womit ein Gewürdigter oder Würdiger gemeint war.

Manche meinen, daß Moses als äyptischer Priester ausgebildet gewesen und in das große Wissen der Schlange eingeweiht gewesen sei. Das heißt, er hatte erfahren, wie es ist, von der Schlange *verschlungen* oder *gebissen* zu werden. Und der Weg durch die Wüste wird als *Weg der Schlange* oder Einweihungsweg verstanden. Über Moses wird auch gesagt, daß er *von göttlicher Sendung* war. Das deutet auf einen Boten oder Mittler zwischen der göttlichen Welt und der Welt der Menschen hin, wie es der römische Merkur und der griechisch/ägyptische Hermes gewesen sind. Es gibt auch die Ansicht, daß Moses sein Wissen von Hermes, dem großen Weisen, selbst erhalten habe. Andere wiederum meinen, Hermes habe zur Zeit Abrahams gelebt und wieder andere bezweifeln, daß es Hermes jemals gegeben habe. Doch die Medici-Dokumente, Abschriften der Hermes-Papyri, die von Appolonios von Tyrana im 1. Jh. aufgefundene Inschriften eines steinernen Standbildes, in dem sich Hermes selbst kundtat, gelten als Beweis, daß er tatsächlich in der physischen Welt gelebt hatte.

Hermes gilt als Quelle der Weisheit und Inspiration. Er wurde auch als Herr des Wortes, des Klanges, der Alchemie, der Heilung und Sternkunde verehrt. Er gilt als der Gelehrte der Götter, und für die Neuplatoniker war Hermes das *fleischgewordene Wort Gottes.* Nicht zuletzt heißt es, daß Hermes der Erfinder des Maßes, der Zahl und des Gewichtes gewesen sei und daß nach seinem Plan die *Große Pyramide* von Gizeh erbaut wurde. Und auch der Tempel Salomons – ein Abbild des kosmischen Gebäudes – soll unter Berücksichtigung der hermetischen Prinzipien errichtet worden sein.

Hermes ist mir seit meiner Kindheit wohlvertraut. Nicht so sehr unter diesem Namen, aber als *Herr der Bücher*, dem ich gelegentlich in wunderbaren Traum-Bibliotheken, die goldene Bücher von unschätzbarem Wert enthielten, begegnet bin. Und wann immer ich alte, wohlgehütete Bibliotheken betrete, erfaßt mich ein Gefühl der Ehrfurcht und stillen Freude, und ich meine Hermes in jeder würdigen und aufbauenden Zeile zu entdecken.

Als ich vor einigen Jahren ein Buch über Ägypten schrieb, führte mich Hermes in einem Traum in das Reich der Zahlen. Ich sah dabei aus seinen strahlenden Händen mathematische Formeln hervorströmen, wie mit einem goldenen Stift gemalt. Ich glaube, mir wurden große Geheimnisse offenbart, und noch im Aufwachen war ich erfüllt von dieser Größe und mir gewährten Einsicht. Glücküberströmt murmelte ich vor mich hin: »Jetzt kenne ich das ganze Geheimnis der Schöpfung …«, um sie eine Sekunde darauf, zurück im Wachbewußtsein, zu vergessen.

In dieser Zeit erlebte ich mich in einem weiteren Traum als Schülerin in einer ägyptischen Mysterienschule. Wir wurden von unserem Lehrer aufgefordert, in Hieroglyphen hineinzureisen, um ihre innere Bedeutung verstehen zu lernen. Das heißt, wir ver-merkten sie nicht, wie es heute Wissenschaftler und Analytiker tun, sondern wir mußten sie bemerken. Dazu war es notwendig, hinter das Sichtbare zu schauen und dabei selbst zur Hieroglyphe zu werden. Noch im Aufwachen fühlte ich die sieben Schwingen der geflügelten Isis. Nur langsam kam ich aus ihrem Regenbogenkörper hervor und fand mich in unserer nüchternen Alltagswelt wieder. Seither habe ich begonnen, auf die Details in meinem Umfeld genauer zu achten.

Alle pfahlartigen Formen wie Obelisken, Säulen, aufgestellte Langsteine oder Wegkreuze galten als Wohnstätte des Hermes oder Merkur, seiner römischen Entsprechung. In der Mythologie galten sie als geflügelte Boten der Götter, die mit zunehmender Profanisierung zu den Schutzherren reisender Kaufleute wurden. Auf vielen luftigen Hügelkuppen, auf denen sich einst Heiligtümer von Hermes/Merkur befanden, errichteten Christen Kirchen, die dem heiligen Michael geweiht wurden, der anstelle des Schlangenstabes das flammende Schwert in der Hand hält, mit dem er die Schlange *bändigt*. Ein Bild, das auf den Menschen übertragen wird, der die niederen Mächte der Natur in sich selbst beherrscht. Daraus entstand dann die Meinung, daß der Mensch die Natur an sich zu beherrschen vermag. Den hermetischen Lehren zufolge vermag nur die geistige Natur die niedere Natur zu beherrschen.

Im alten Ägypten wurde Hermes *Thot* genannt, ein Name, der auf das phönikische Wort Taaut (Tuat) zurückgehen soll, womit die große, kreisende Weltenschlange gemeint war.

Es heißt, daß sich die Werke von Hermes in der großen Bibliothek von Alexandria befunden hatten. Diese war Teil des Museion, dem geistigen Zentrum der Ptolemäer, in dem Wissen jeder Art und geistiger Austausch mit anderen Kulturen gefördert wurde und Gelehrte auf Staatskosten leben konnten, bevor fanatische Christen die Stätte der wissenden ›Heiden‹ zerstörten. Und was noch übrig geblieben war, wurde später von Muslimen vernichtet.

Die grundlegenden Wahrheiten des Lebens, die Hermes gelehrt haben soll, sind in den sieben hermetischen Prinzipien zusammengefaßt. Sie werden auch die sieben Perlen der Weisheit genannt. Dieses innere Wissen wurde in den ägyptischen und griechischen Mysterienschulen gelehrt und weitestgehend geheim gehalten, mit der Rechtfertigung, daß es töricht wäre, die Welt etwas lehren zu wollen, wozu sie weder bereit noch willens ist. Doch im *Kybalion*, einer Zusammenfassung der hermetischen Prinzipien, die auf anonym gebliebene Eingeweihte zurückgehen, steht auch: »Wenn die Ohren des Schülers bereit sind, zu hören, dann kommen die Lippen, sie mit Weisheit zu füllen.«

Es war niemals wirklich im Sinne der geistigen Meister, Wissen brachliegen zu lassen oder ganz zu verschließen. Wissen macht nur wirklich Sinn, wenn es weitergegeben wird und sich ausbreitet. Und während ich mich mit den Prinzipien der *Großen Schlange* beschäftigte, vertiefte ich mich auch in die hermetischen Prinzipien und entdeckte, daß die Botschaften der Regenbogenschlange wie die Lehren des Hermes gleiche Wahrheiten zum Ausdruck bringen.

Die hermetischen Prinzipien
oder Die sieben Perlen der Weisheit

Die sieben hermetischen Prinzipien sind im *Kybalion*, einer Studie über die hermetische Philosophie zusammengefaßt. Sie lauten:

1. Das Prinzip der Geistigkeit: Alles ist Geist. Das ganze Universum ist geistig.
2. Das Prinzip der Entsprechung: Wie oben so unten. Wie unten so oben.
3. Das Prinzip der Schwingung: Nichts ist in Ruhe, alles bewegt sich. Alles ist in Schwingung.
4. Das Prinzip der Polarität: Alles hat zwei Pole. Alles hat sein Paar von Gegensätzlichkeiten.
5. Das Prinzip des Rhythmus: Alles hat seine Gezeiten. Alles Leben verläuft in Zyklen. Alle Dinge steigen und fallen.
6. Das Prinzip von Ursache und Wirkung: Jede Ursache hat ihre Wirkung. Jede Wirkung hat ihre Ursache.
7. Das Prinzip des Geschlechts: Alles hat seine männlichen und weiblichen Prinzipien.

Nach dem *ersten* hermetischen Prinzip ist jede Erscheinungsform des Lebens aus dem universalen, schöpferischen Geist hervorgegangen und alle Universen sind geistiger Natur. Der Geist kann auch mit Bezeichnungen wie Kraft, Energie oder feinem Stoff zum Ausdruck gebracht werden. Dabei wird aber unterschieden zwischen Geist und reinem Geist. Quantitativ gesehen ist der Geist die alles verbindende Substanz. Reiner Geist ist jedoch ein qualitativer Begriff, der über die begrenzte Vorstellungswelt des Menschen hinausreicht.

Alle Versuche von Theologen und spirituellen Lehrern, den reinen, göttlichen, unsterblichen Geist zu erklären, sind nur Versuche sterblicher Geister, die ihre Begrenzungen haben. Dem göttlichen Geist Aspekte, Formen, Persönlichkeit, Attribute, Eigenschaften etc. zu geben oder ihn in Götter und Urbilder zu zerpflücken, so wie alle religiösen Modelle und geistigen Philosophien sind nur Bemühungen, mit unserer menschlichen Vorstellungskraft das geistige All zu erfassen. Alle Auslegungen können nur als Spekulationen betrachtet werden, aber nie als die reine innere Wahrheit. Alle Bemühungen darum sind nur winzige Schritte oder Stufen, die uns gemeinsam mit unseren wachsenden intuitiven Erkenntnissen, dem in unserer Welt Unfaßbaren, ein wenig näher bringen. Reiner Geist wird als höchster Begriff verstanden, der alles andere übersteigt – als die Urquelle jeder Schöpfung.

Auf die Regenbogenschlange übertragen entspricht das erste hermetische Prinzip der weißen Geistschlange. Und die sieben großen geistigen Bewußtseinsebenen entsprechen den sieben Stufen und Farben des Regenbogens.

Das *zweite* hermetische Prinzip besagt, daß zwischen Himmel und Erde Wechselbeziehungen bestehen und es gegenseitige Entsprechungen gibt. An einigen Felswänden, die mit Aboriginalmalereien versehen waren, entdeckte ich zwei übereinander liegende Halbkreise, die gemeinsam ein Ganzes erkennen ließen. Oder es war ein Kreis, der in der Mitte durch einen Querstrich in zwei Hälften geteilt war. Solche Zeichen repräsentieren offensichtlich die obere und untere Hälfte der Welt, die einander bezeugen. Die obere Hälfte läßt sich auf den Bogen des Regenbogens übertragen, der in der Regenzeit am Himmel erscheint. Es ist das Reich der Himmelsschlange, die den Elementen Feuer und Luft

Der Bumerang
ist Sinnbild des Regen-
bogens, der Brücke
zwischen den Welten.

Eine besonders schnelle
Regenbogenschlange mit
Känguruhkopf und Beinen
im Land der Wardaman-
Aborigines westlich
von Katherine, Northern
Territory.

Ein Ei der Regenbogenschlange von den »Devil Marbels« auf
John Flynns Gedenkstätte bei Alice Springs.

Lichtwesen von Ngalam, Keep River.
Die Strahlen bringen die hohe Energie der Figuren zum Ausdruck.

Lebensströme, die sich in
einem Energiezentrum
bündeln. Malerei aus dem
Roten Zentrum.

Die *Lightningbrothers* der
Wardaman werden eng
mit der Regenbogenschlange
assoziiert.

Bill Harney, Hüter
der Wardaman-Tradition,
erzählt die Geschichte
der »Lichtbrüder«.

Eine Heilungs-
demonstration während
einem Corroboree,
einer Zeremonie, in der
Schöpfungsvorgänge wie-
derholt werden,
bei Springvale, Northern
Territory.

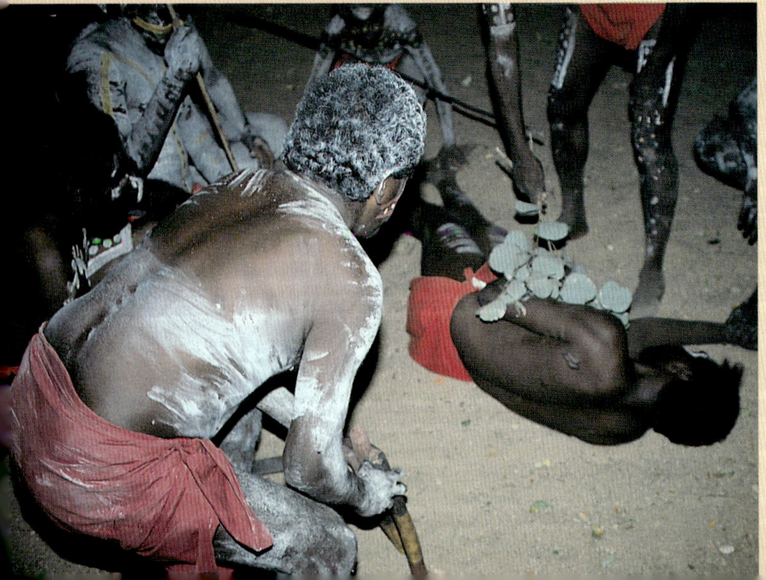

Der Zeremonienpfahl ist
der Mittelpunkt heiliger
Rituale und ein Sinnbild
der kosmischen Achse.

Handabdrücke auf
Felswänden, hinterlassen
von Initianden
nach ihrer Einweihung.

Mensch und Natur –
seit Anbeginn der
Schöpfung eng mitein-
ander verknüpft.
Schöpferische Kreationen
aus der Traumzeit,
geschaffen von dem
Künstler W. Rickert,
Dandenongs, Victoria.

In Stein gravierte,
energetische Landkarte,
Ewaninga bei Alice
Springs.

Eindrucksvoll und
mächtig sind die
Gewitterstimmungen
im Northern Territory.

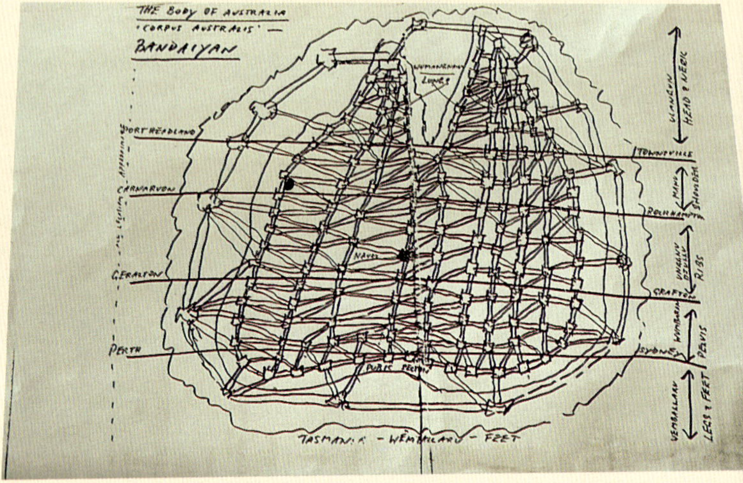

Der *vernetzte* Körper Australiens, dargestellt von David Mowaljarlai, einem Älteren der Ngarinyin-Aborigines (1997 verstorben).

Die Aborigines sagen: Die Erde atmet aus, was der Mensch lebt.

zugeordnet ist. Und die untere Hälfte entspricht der Schlange, die im Wasser lebt und auch das Element Erde repräsentiert und sich in der Trockenzeit in den tiefen Schoß der Mutter Natur zurückzieht. Sie zeigt sich mal oben, mal unten – und doch ist es die gleiche Schlange. *Oben und unten* entspricht aber auch *wie innen so außen.*

Das *dritte* hermetische Prinzip macht darauf aufmerksam, daß alles, was existiert, in steter schwingender Bewegung ist. Nichts steht still. Auch mit der Erforschung des Atoms wissen wir, daß sich alle Partikel der Materie unentwegt wellenförmig oder kreisend bewegen und daß es eine ruhende Materie gar nicht gibt. Jede Materie ist eine Ansammlung von Atomen, die wiederum aus einer Gruppierung von Krafteinheiten, von Elektronen oder Ionen bestehen, die sich unentwegt bewegen, anziehen oder abstoßen.

Im gesamten Kosmos gibt es unzählige Schwingungsgrade. Am langsamsten ist die Schwingung in der Welt der grobstofflichen Materie, die so langsam ist, daß sie den Eindruck erweckt, unbeweglich zu sein. Je feinstofflicher die Seinsebene ist, desto schneller ist die Bewegung, wobei die Schwingungsfrequenz des Geistes dann wieder so hoch ist, daß die rasende Schnelligkeit schon wieder einen Zustand der Ruhe vermittelt. Daraus läßt sich erkennen, daß der einzige Unterschied zwischen Geist und Materie allein die Schwingungsfrequenz ist, daß Geist und Materie auf einer Linie zwischen zwei extremen Polen liegen. Den Puls der Welt bringt die Fortbewegungsart der Schlange zum Ausdruck. Wir mögen ihn auch Herzschlag der Mutter Erde nennen, den wir besonders an *Orten der Kraft* spüren können.

Mit dem *vierten* hermetischen Prinzip wird hervorgehoben, daß jedes Ding zwei Seiten, zwei Pole – zwei gegensätzliche Aspekte hat, daß aber alle Widersprüche miteinander in Einklang gebracht werden können. Das Prinzip der Polarität weist auf das Paradox im Universum hin, wobei auf der Linie zweier Paradoxe, das heißt, zwischen dem untersten und obersten Pol, wie z. B. zwischen Kälte und Hitze, Eis und Feuer, Dunkel und Licht, Trauer und Freude, Unglück und Glück, Haß und Liebe, Materie und Geist, verschiedene Stufen und Grade bestehen.

Die polaren Enden werden von der Schlange durch ihren Schwanz und ihren Kopf dargestellt, die wiederum der Wurzel und der Krone eines Baumes entsprechen. Zwei Pole, die durch den langen Leib der Schlange miteinander verbunden sind, wie die Krone und Wurzel eines Baumes durch seinen Stamm.

Das *fünfte* hermetische Prinzip weist auf die unentwegten Zyklen von Geburt – Wachstum – Reife – Niedergang – Tod und Wiedergeburt, auf den ewigen Rhythmus der Welt hin. Der zyklische Kreislauf der Welt wird einerseits vom Lauf der Sonne und ihrer feurigen, anregenden Energie, anderseits von den auf- und absteigenden Kräften der Natur, die mit den Mondzyklen im Zusammenhang stehen, bestimmt. Während die Schlange, die sich in den Schwanz beißt, das ewige Kreisen des Weltenlaufes und den *Goldenen Ring* versinnbildlicht, symbolisiert die Schlange am *Silbernen Stab* oder der Weltenachse das rhythmische Ein- und Ausatmen der Welt, wie es Ebbe und Flut anschaulich machen. Die auf- und absteigende Schlange deutet auch auf Evolution und Involution, auf Entwicklung und Zerfall und nicht zuletzt auf das Entstehen und Vergehen von Welten und Kulturen hin.

Das *sechste* hermetische Prinzip macht uns bewußt, daß es keinen Zufall gibt, da nichts außerhalb des kosmischen Gesetzes und der Naturgesetze steht. Jedes Geschehnis, jeder Vorfall entwickelt sich aus einem vorangegangenen Ereignis und geht in Dinge, die nachfolgen, über. Alles Werden beruht auf einer unentwegten Aneinanderreihung von Aktionen und Reaktionen.

Das Prinzip von Ursache und Wirkung will uns vor allem auf unseren Willen aufmerksam machen, mit dem wir den niedrigen Geist zu beherrschen vermögen. Ein Gesetz, das uns auch mahnt, auf die innere geistige Ausrichtung zu achten und an unsere Verantwortung uns selbst wie anderen gegenüber erinnert. Ein Gesetz, das uns verstehen macht, nicht zum Spielball fremder Einflüsse zu werden, sondern unsere eigenen Schöpferkräfte zu erkennen. Ein geistiges Gesetz, das uns helfen kann, unser Leben selbst in die Hand zu nehmen, auf unsere Gedanken und Emotionen zu achten und bewußt zu werden, was diese bewirken. Im Christentum entspricht dem Gesetz von Ursache und Wirkung die Vorstellung, daß Menschen, die Gutes tun, in den Himmel kommen und die Bösen kommen in die Hölle. Doch nach einem anderen spirituellen Verständnis wird das Leben als ein Labyrinth betrachtet, als ein Irrgarten, in dem es gilt, den Weg, den Roten Faden oder den Weg der *Großen Schlange* zu finden, der zur geistigen Entwicklung und Erhöhung führt.

Das Prinzip von Ursache und Wirkung läßt uns die Kraft unseres eigenen Geistes erkennen, mit dem wir unser Leben und unsere inneren Vorstellungen zu verwirklichen fähig sind. Dieser Schöpfungsvorgang läßt sich durch die weiße Geistschlange im Verbund mit der Roten Schlange, die die kosmische Kraft, aber auch psychische Willens-Stärke verkörpert – zum Ausdruck bringen. Weiß und Rot im Verbund sind die Farben, die eine geistige Vorstellung zur Manifestierung bringen.

Das *siebente* Prinzip des Geschlechts hat nichts mit der äußeren Erscheinungsform eines Geschlechts zu tun, sondern es sagt aus, daß alles was existiert, ein männliches und ein weibliches Prinzip enthält. Das geistige Geschlecht darf jedenfalls nicht mit der physischen Geschlechtlichkeit verwechselt werden. In der organischen Welt enthält jede männliche Form auch das weibliche Prinzip und jede weibliche Form auch das männliche Prinzip.

Nach wissenschaftlichen Erkenntnissen gelten zwar die *weiblichen* oder *negativen* Elektronen als die schöpferisch tätigen, aber die *männlichen* oder *positiven* müssen einen gewissen anfeuernden Einfluß auf das weibliche Teilchen ausüben und damit einen natürlichen Impuls in Gang setzen. Jedenfalls ist das *Gebären* eines Atoms nur durch das Zusammenkommen von *weiblichen* und *männlichen* Elektronen oder Korpuskeln möglich. Das heißt, das weibliche und männliche Prinzip bedürfen einander, um zu produzieren. Im Grunde scheint auch im Gravitationsgesetz das Geschlechtsprinzip zu wirken. Die *weibliche* Erde zieht den *männlichen* Himmel an. Das Prinzip des Geschlechts wurde mit männlichen und weiblichen Gottheiten wie Himmelsvater und Mutter Erde zu erläutern versucht. Doch daraus entwickelte sich ein Kampf der Geschlechter, der den Kampf um die Macht auf der sozialen und politischen Ebene reflektierte.

Das Prinzip des Geschlechts, das auch das Prinzip der Dualität ist, läßt sich mit der gespaltenen Zunge der Schlange anschaulich machen. Die *Zwei in Eins* symbolisiert die innere Hochzeit, die an jedem heiligen Zeremoniengrund der Aborigines stattfindet, wo sich der Zeremonienpfahl mit dem Schoß der Erde in Form des runden Zeremoniengrundes vereint und sich der *Silberne Stab* und der *Goldene Ring* ergänzen.

III

Schlangenmacht

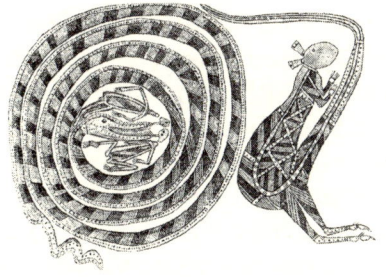

Männer stehlen Frauen das heilige Wissen

Wenn die summende, dröhnende Stimme der Schlange aus dem australischen Busch ertönt, beginnen die Mütter um ihre Jungen zu weinen, die nun von ihnen genommen werden. Wenn die *Große Schlange* ruft, fängt für die Jungen ein neuer Lebensabschnitt an. Sie verlassen die Welt der fürsorgenden Frauen und betreten die Welt der Männer. Mit der ersten Initiation erfolgt der Prozeß der Reife und des Erwachsenwerdens.

Lange vor dem Tag der Beschneidung wird den Jungen von den alten Männern Angst vor der *Großen Schlange* gemacht. Sie erzählen, daß sie ihre Vorhaut riecht und danach verlangt, sie abzuschneiden. Es ist eine Zeit, in der die Jungen oft zwischen Angst und Vertrauen leben. Viele Jungen haben Angst vor diesem Tag, der ihr Leben drastisch verändert. Daß sie dabei unter großem psychischen Druck stehen, läßt sich denken. So mancher Aborigine gab später zu, Angst gehabt zu haben, tatsächlich von der *Großen Schlange* im Busch verschlungen zu werden, und daß er sehr erleichtert gewesen war, als er sah, daß es die alten Männer waren, die mit dem Schwirrholz die Stimme der Schlange imitiert hatten.

Doch den Novizen wird auch nach der Initiation gedroht. Ihnen wird mitgeteilt, daß große Strafe auf sie warten würde, kämen die Geheimnisse, die sie erfahren, bei der Anwesenheit von Uneingeweihten über ihre Lippen. Und auf Aborigines, die ihr Schweigegelübde gebrochen haben, warten mitunter schwere körperliche Strafen. Nicht selten mußte einer für seine Unvorsichtigkeit sein Leben lassen. Eine gängige Methode war, jenen, die das Gesetz gebrochen hatten, mit einem Speer oder Pfeil das Bein oder die Sehne zu verletzen. Besonders gefürchtet waren – und sind es im Roten Zentrum noch immer – die Kurdaitja-Männer, die sich mit ihren Rächerschuhen aus Emufedern unsichtbar machen können und die Bestrafung meist nachts und ungesehen vollziehen.

Auch Frauen erfahren Drohung – in manchen Volksgruppen mehr, in anderen weniger. Aber vor allem da, wo die Männer besonders stark ihre patriarchalische Macht leben, wie in Zentral-Australien, wird Frauen große Strafe angedroht, sollten sie sich heiligen Ritualobjekten wie den Schwirrhölzern oder Tschuringas (Seelenhölzer oder -steine, die auf ihre Urabstammung hinweisen) nähern oder sie gar ansehen. Die Pitjantjara erzählen etwa die Geschichte von Malili, einer Frau, die von den mächtigen Pungalunga-Männern getötet wurde, da sie zu nahe an der Höhle rastete, in der die Männer ihre Ritualobjekte versteckt hatten.

Bei manchen Volksgruppen mußten sich Frauen und Kinder mit dem Gesicht nach unten auf den Boden legen. Dann wurden sie mit Zweigen bedeckt. So konnten die Jungen von den Frauen ungesehen zum heiligen Zeremoniengrund geführt werden. Als dann die Stimme der *Großen Schlange* ertönte, schlugen einige Männer mit langen Zweigen oder Stöcken auf den Boden. Eine Gebärde, die Drohung und Macht zum Ausdruck bringt. Aber im ursprünglichen Sinn wurde mit Zweigen der Boden *gereinigt*, um ihn für die Zeremonie vorzubereiten. Der Zweig der Aborigines entspricht der Rute in unserem Krampus-Brauch, mit der früher Menschen ›abgekehrt‹ wurden, um die Aura zu reinigen. Ein Werkzeug auch, um den Weg für *gute Kräfte* freizumachen. Doch heute wird die Rute als Mittel der Züchtigung betrachet, womit unseren Kindern gedroht wird.

Das Schüren von Angst scheint vielen Erwachsenen als notwendiges Erziehungsmittel zu dienen. Allerdings unterbindet Angst eigene schöpferische Prozesse und die eigene geistige Entwicklung. Angst fördert Starre und Unbeweglichkeit.

Dagegen ist die Schlange ein Ausdruck der Bewegung und damit auch der geistigen Beweglichkeit. Aufgrund ihres eigenen weicheren Wesens konnten vermutlich Frauen eher auf die fließende Natur der Schlange eingehen und – solange der Schlangenstab in ihrer Hand war, – entsprechend damit umgehen.

Doch im Stock, der die kosmische Achse repräsentiert, liegt große Macht und einige Aboriginegeschichten erzählen, wie Männer den Frauen die große Schlangenmacht entwendeten. So wurde mit der Zeit aus dem *tanzenden Stock* der *schlagende Stock*.

Folgende Geschichte der Murinbada-Aborigines in Nordaustralien erzählt von Kadu Punj, einem Sohn der Regenbogenschlange Kunmanggur. Er versteckte das erste Kultbrett oder Schwirrholz, das die *Große Kraft*, bzw. die Stimme des *Großen Vaters* repräsentierte, im Inneren eines Baumes. Das Schwirrholz selbst wurde nur von Bäumen hergestellt, in denen der *Große Vater* seine Stimme hineingelegt hatte. Der Baum des Kadu Punj wurde jedoch bei Hochwasser weggeschwemmt und von zwei Frauen entdeckt, die ihn aus dem Wasser zogen. Darüber war Kadu Punj so erzürnt, daß er ihnen den Baum wieder entriß und den Frauen die Köpfe abschlug.

Eine solche Geschichte soll Frauen abschrecken, sich *der Macht* zu nähern, die sie einst selbst in den Händen hielten. Und der Baum, den die beiden mythischen Frauen aus dem Wasser zogen, war einst ihre eigene Heimstätte. Denken wir dabei an unsere christlichen Marienlegenden. Da heißt es beispielsweise, daß ein Holzfäller aus einem Baum, den er umschlagen wollte, plötzlich eine weibliche Stimme hörte: »Bitte, schlag den Baum nicht um, ich wohne darin.« – Der Holzfäller war sich sicher, daß es die Stimme der Mutter Gottes gewesen sei, und nachdem er anderen sein Erlebnis verkündet hatte, wurde an der Stelle, an der er die Frau im Baum gehört hatte, eine Kirche errichtet. Viele Marien-Wallfahrtsorte gehen auf alte Baumkultstätten zurück, wo lange vor Erscheinen der Missionare *die Frau* in einem mächtigen Baum, vor allem in Linden, verehrt wurde.

Daß die Männern den Frauen ihre einstige Macht gestohlen haben, hörte ich viele Male von Aborigine-Männern. Das scheint jedenfalls kein großes Geheimnis zu sein, zumindest nicht im Norden, wo man sich der weisen Frauen noch erinnert. Ein alter Mann aus den Kimberleys, – genaugenommen war es ein *Clever Man*, – einer der das große Wissen besitzt und der den Geist der Schlange in seinem Bauch trägt, sagte, daß vor langer, langer Zeit die Wongai-Frauen das Gesetz gemacht hatten. Diese hätten ihre Macht in heiligen Steinen aufbewahrt, aber dann kam der Große Wirbelwind Memej herbei, – der gleichzeitig ein Mann war –, und entriß den Frauen das Wissen und die Frauen wurden zu Stein. Seitdem seien die Frauen unter der Kontrolle ihrer Männer. »Jeder Mann ist heute ein Memej«, sagte er.

Untertan machen wird in manchen dieser Geschichten mit dem Speer angedeutet, mit dem Männer Frauen verletzen, worauf diese ihr eigenes Land verlassen und ihrem Mann folgen müssen. Eine Geschichte aus der Gegend rund um die Devil Marbels in Zentral-Australien berichtet von zwei jungen Frauen, die ihr *Rituelles Gepäck* – ihre Ritualobjekte, die sie in ihrer Tasche mit sich trugen – hoch oben in einem Baum versteckt hatten. Doch als sie zurückkehrten, waren ihre heiligen Gegenstände verschwunden. Zwei Männer hatten sie entdeckt, die den Frauen nun die Beine durchbohrten, worauf sie, gemeinsam mit ihrer Mutter, den Männern in deren Land zu folgen hatten.

Eine andere Geschichte aus dieser Region erzählt von zwei alten Frauen, den Kurinpi, deren ganzes Leben der Durchführung heiliger Zeremonien gewidmet war. Sie hatten stets ihr rituelles Gepäck bei sich, und sie trugen speerähnliche Stöcke, die sie verschiedenerorts in den Boden steckten. Ein Hinweis, daß sie die Traumzeitstätten, bzw. *Himmelsleiterplätze* schufen und damit zur Errichtung des kosmischen Netzwerkes beigetragen haben. Plötzlich bemerkten die Frauen einige Jungen, die neben ihnen mit tänzelnden Schritten auftauchten. Die Jungen wollten von den alten Frauen lernen, und sie zeigten ihnen, wie man den *Speer wirft*, – das heißt, sie zeigten ihnen, wie man mit der Macht umgeht, was offensichtlich die Jungen noch nicht ganz beherrschten, obwohl sie selbst bereits Rituelles Gepäck – also Wissen – besaßen. Doch die Jungen wollten mehr wissen, wollten mehr von den alten Frauen lernen. Die Frauen meinten, sie wären noch zu jung dazu. Daraufhin verschwanden die Jungen im Gebüsch und kehrten als Männer, ausgerüstet mit langen Speeren und rituellen Kopfbändern zurück. Die Frauen bekamen Angst vor den Männern und hatten Bedenken, daß sie von ihnen gespeert werden könnten. Deshalb gaben sie den Männern zu verstehen, daß sie nun ihren eigenen Weg gehen müssen.

Die Männer sagten sich: »Laßt sie gehen, wir werden sie später einfangen, wenn wir gelernt haben, besser mit dem Speer umzugehen.«

Die Frauen suchten eine Gruppe anderer Frauen auf, die eine Zeremonie vorbereiteten, denn solange sich die Frauen auf ihrem eigenen rituellen Grund aufhalten, sind sie für Männer unangreifbar. Das gilt auch heute noch. Die Ritualplätze der Frauen sind für Männer tabu. Einer anderen Version zufolge wurden die beiden alten Frauen schlußendlich doch von den Männern überwältigt.

Diese Geschichte deutet einmal mehr auf die große Bedeutung und die Macht des Speers als *Axis Mundi* hin als auch auf den *Ring*, der mit dem rituellen Kopfband, das die erwachsen gewordenen Männer trugen, und der ganz nebenbei erwähnt wird. So finden auch in dieser Traumzeitgeschichte *Stab und Ring*, die beiden Hälften des *ganzen Wissens* zusammen,

In einer Erzählung der Wagaman-Aborigines in Nordaustralien verschlingt Djagwut, die männliche Regenbogenschlange, menstruierende Frauen. Im Blut der Frau sahen die Männer die eigentliche geheime Macht der Frau. Und im Nordosten wird Taipan als die große männliche Schlange gesehen. Doch wenn ein Regenbogen am Himmel erscheint, der ja die feurige, rote Schlange repräsentiert, sagen die Aborigines: »Taipan menstruiert.« – Und das tun bisher immer noch die Frauen.

Jedenfalls widersprechen solche Geschichten der Behauptung, daß die heute erzählten Traumzeitgeschichten auf den Anbeginn der Zeit zurückgehen. Ganz offensichtlich haben auch die geistig-spirituellen Weltbilder und Konzepte der Aborigines im Laufe der Zeit Veränderung erfahren.

In der Victoria-River-Region wird von Narpajin erzählt, was übesetzt *Tochter* bedeutet. Ihr Körper war halb Frau, halb Schlange, ähnlich wie die indischen Naga oder griechischen Nereiden bechrieben werden. Überall wo Narpajin auf ihrer Wanderung entlangkam, hinterließ sie heilige Hölzer, die die geistige Form von Menschen, Tieren und Bäumen enthielten. Während sie ihren Schlangenkörper aufrollte und aufrecht stand, begann sie ihr Lied, ihre Geschichte zu singen. Dabei schlug sie mit ihren heiligen Stöcken im Takt dazu. Sie erzählte in ihrem Lied, daß ihre Geschichte die weibliche Natur der Regenbogenschlange enthalte.

Eines Tages wurden ihre heiligen Lieder von einem Stammesältesten belauscht, der sich in ihrer Nähe versteckt hatte und auch den eingeschriebenen Stein sah, der neben Narpajin lag. Es war ihr heiligstes Ritualobjekt. Zuerst gab der Mann das heilige Gesetz, das er gehört hatte, an die Murinbada- und Djamindjang-Aborigines weiter. Später kam er noch einmal zurück, um den heiligen Stein, der die Basis aller Rituale war, zu stehlen. Er hüllte den Stein in die weiche Rinde des Papierrinden-Baumes ein, um vor der starken Strahlung, die von dem Stein ausging, geschützt zu sein. Von nun an war der alte Mann fähig, rituelle Hölzer herzustellen.

Nach einer anderen Version *übertrug* Narpajin den Männern ihre Macht, indem sie ihnen ihren Grabstock und die heiligen Hölzer übergab. So ähnlich wurde es auch im alten Ägypten dargestellt, wo die beiden Schutzgöttinnen von Ober- und Unterägypten dem König ihre *rote und weiße* Macht in Form der doppelten Landeskrone *übergaben.*

Die Bobo, ein afrikanisches Volk, kennen eine Geschichte über eine siebenköpfige Schlange, die in einem Brunnen lebte. Wenn sich diese aus der Tiefe erhob, streckte sie einen Kopf nach dem anderen heraus. Dann wurde es rundum leuchtend hell. Das war dann die Zeit, in der die Frauen die Trommel schlugen und im Rhythmus dazu tanzten. Danach verschlang der siebente Schlangenkopf ein weibliches Mitglied aus der Königsfamilie. Um diesem *Schrecken* ein Ende zu bereiten, erhielt ein Jäger den Auftrag, die Schlange zu töten. Dieser hieb der Schlange einen Kopf nach dem anderen ab, worauf sie sich in sechs Knäuel verwandelten, während der siebente Kopf in den Himmel einging.

Hier wird ganz offensichtlich von Einweihungen der Frauen erzählt. Mit den Knäuel sind natürlich die Chakren gemeint, die entlang des *Schlangenweges* liegen, und erst die siebente Einweihung ermöglicht die totale Vereinigung mit der geistigen Region. Und der männliche Jäger deutet auf jenen Übergang in der Weltgeschichte hin, in dem die Männer daran gingen, den Frauen ihr geheimes Wissen abzujagen. Ein Geschehen, das auf der ganzen Welt fast gleichzeitig stattfand. Der Jäger entspricht dem geharnischten männlichen Krieger, der seine Stärke und Macht zu betonen versucht und mit dem Widder-Zeitalter, das etwa 2 300 v. Chr. begann, verstärkt auftaucht. Im davorliegenden Stier-Zeitalter, an das noch die vielen Mutter-und Fruchtbarkeitsgöttinnen der Welt erinnern, waren die Menschen dagegen viel mehr mit der Erde, der Natur und der Frucht der Felder verbunden. Mit der Natur in Harmonie zu leben, war eine Notwendigkeit, wollten sie überleben.

Die *Zeitalter* entsprechen den sogenannten *Welten-Monaten* oder – nach Platon benannt – *platonischen Monaten.* Ein ganzes Weltenjahr dauert etwa 25 800 Erdenjahre. Das ist die Zeit der Präzessionsbewegung. Damit ist der Umlauf des Himmelpols um den Pol der Ekliptik gemeint. Dabei zeichnet die rotierende Erd-Achse in diesen 25 800 Jahren einen ganzen Kreis. Hier wird wieder das Zusammenspiel von *Stab und Ring* transparent.

Ein Weltenmonat dauert etwa 2 150 Jahre. Und jedes steht unter dem Einfluß einer bestimmten Energiequalität, die auf das Tierkreiszeichen, durch das sich die Erdachse gerade dreht, zurückgeführt wird. Das leitende Sternbild ist jenes, das zu Frühjahrsbeginn bei Sonnenaufgang vor der Sonne zu sehen ist. Hat die Erde ein Sternbild durchlaufen, wandert es weiter zum nächsten über. Die stete Verlagerung des Frühlingspunktes erfolgt jedoch rückläufig, das heißt, nach dem Fische-Zeitalter macht sich nicht wie im Lauf der Sonnenkreis-Zeichen der Widder, sondern der Wassermann mit seinem Einfluß bemerkbar. Und mit jeder Energiequalität eines Weltenmonats scheint ein bestimmter Lebens- oder Aufgabenaspekt für die gesamte Menschheit verbunden zu sein. Während das Stier-Zeitalter mütterlich geprägt war und die Frauen ihre große Zeit hatten und es der Geschichte nach auch eine Zeit des Friedens gewesen zu sein schien, war das Widder-Zeitalter dagegen geprägt von kampfbereiten kriegerischen Eroberungen und Expansion des männlichen Willens. Eine Zeit, in der weltweit die Stärke der Frau Einschränkung erfuhr. Eine Zeitgeisterscheinung, die an den Aborigines offensichtlich nicht vorüberging.

Der Wechsel von einem Weltenmonat zum nächsten vollzieht sich nicht abrupt. Verschiedene geistige Tendenzen überschneiden sich eine Weile. Aber bereits jetzt, am Anfang des Wassermann-Zeitalters, können wir neue Einflüsse und Veränderungen auf allen Ebenen erkennen. Während die Menschen im Fische-Zeitalter unter dem Einfluß starrer Dogmen und Autoritäten standen und eine Art Opferrolle spielten, macht sich nun der Übergang zu Selbstbestimmung, Individualität und auch das Bedürfnis nach einer fließenden Vernetzung deutlich bemerkbar. Immer mehr Menschen fordern ihre Rechte ein, die ihnen lange Zeit genommen wurden. Alte soziale und politische Strukturen

190

sind dabei zu zerbrechen und neue zeichnen sich ab. Und sobald ein neues Weltbild entsteht, bewegt sich das Vergangene dem Reich der Mythen und Legenden zu. Und wenn wir genau hinsehen und beobachten, was um uns herum geschieht, können wir erkennen, daß unser jetziges Weltbild gerade dabei ist, Vergangenheit zu werden.

Rückblicke auf die Weltgeschichte zeigen, daß mit jedem neu regierenden Weltenmonat der Auf- und Abstieg von Kulturen und geistigen Weltanschauungen einherging. Und vor allem jetzt, wo wir nicht nur von einem Weltenmonat in einen anderen wechseln, sondern auch von einem Weltenjahr in ein neues, ist es kein Wunder, daß viele Menschen umwälzende Veränderungen erwarten.

Es heißt, daß ursprünglich Frauen und Männer gemeinsam das Wissen und die Macht teilten – in einer Zeit, als die Welt noch *jung* und *ganz* war. Einer Erzählung der Njangomada-Aborigines zufolge, lagen in Kuranggara, der ersten Periode der Urzeit, jener Zeit, die vor der kreativen Traumzeit war, Himmel und Erde noch dicht beisammen und die Yaba-Yaba-Traumzeit-Frauen vollzogen die gleichen Zeremonien wie die Männer. Es waren zwei Männer, die Himmel und Erde auseinanderstemmten.

Im Raum zwischen Erde und Himmel wurde der Mensch großen Gegenströmen ausgesetzt und geriet dabei aus der Balance. Unsicherheiten, Zweifel und Ängste kamen auf. Um diese zu bewältigen, gilt es, die Ganzheit wieder zu finden, und das können wir nur, wenn wir aufhören, halbe Geschöpfe des Kosmos zu sein, abgewandt von unserer eigenen inneren Welt. Wir müssen unsere eigene Schlangenmacht entdecken, die uns befähigt, die innere und äußere, die obere und untere Welt zu vereinen.

Die alte Schlange

Während im allgemeinen die große spirituelle Macht vorwiegend mit männlichen Traumzeitwesen assoziiert wird, treten im hohen Norden stärker als anderswo große schöpferische Frauen hervor.

Jedes Jahr vor Beginn der Regenzeit, wenn das Schwirrholz kreist und summt, und die alten Männer mit den Jungen im Busch verschwinden, um sie zu initiieren, heißt es in den östlichen Regionen des Arnhem Landes, daß Kunapipi, die *alte Frau* ruft, die selbst das Schwirrholz geschaffen hat. Und ruft sie zu den höheren Einweihungen, dann kündigt sie ihre Anwesenheit durch das Blasen auf der Baumtrompete an, so wie sich die römische Diana mit dem Jagdhorn bemerkbar gemacht hatte. Dabei hören wir heraus, daß ihre *Stimme* von kreisender als auch auf- und absteigender Natur ist. Kunapipi ist die Kraft, die hinter jedem Ritual, Lied und Tanz steht. Von manchen Weißen wird sie als Totem bezeichnet, doch sie ist kein Totem, sondern die Kraft, die auch Totems hervorbringt.

Kunapipi wird als große Mutter verehrt, aus deren Schoß alles Leben kam und in deren Schoß alles Leben zurückkehrt. Ihr heiliger Ringplatz, auf dem die Rituale stattfinden, wird *heiliger Quellplatz* oder *Mutterplatz* genannt. Aborigines, die mit dem Kunapipi-Kult vertraut sind, sagen: »Sie ist die Mutter, die dir und mir gehört.«

Einerseits wird sie als Fruchtbarkeitsmutter, anderseits als *alte Weise* gesehen. Unter dem ersten Aspekt repräsentiert sie die Lebensmitte, die Rote Kraft, die Essenz, aus der Fülle und Wachstum hervorgeht und die Mehrung bewirkt. Auf dieser Stufe gehen junge Männer durch das Reiferitual, das sie ehefähig macht.

Als *alte Frau* verkörpert Kunapipi nicht die Gebrechliche, wie wir Alter im allgemeinen assoziieren, sondern sie repräsentiert Wissen und Weisheit. Über sie wird gesagt, daß sie *die alte Schlange ist, die von den Sternen kam, um die unwissenden Erdenkinder zu unterrichten.* Sie ist die alte Frau, *die nicht mehr blutet,* das heißt, daß sie das Blut, den Sitz der Weisheit, in sich bewahrt. Es ist *das Blut der alten Schlange,* mit dem sich die Initianden in einer fortgeschrittenen Reifestufe einreiben, um höhere Erkenntnis zu erlangen.

Die alte Frau wird auch *die Dunkle* genannt. Wenn Kunapipi ruft, laufen die Initianden hinaus in *die Dunkelheit,* die sie *verschluckt.* Es ist die *dunkle Schlange,* die den Initianden verschlingt, um ihn neu geboren, gestärkt mit junger Kraft und erfüllt mit altem Wissen wieder freizugeben. Bei Yirrkala im Nordosten des Arnhem Landes liegen die Initianden wie Embryos in Blättertunneln, aus denen sie regeneriert und erfüllt mit der Kraft der Mutter Natur hervorkommen.

In einer Erzählung nimmt Kunapipi ein Stück Holz auf, bindet an ein Ende davon ihren Haargürtel und während sie das Holz um sich herumschwingt, verkündet sie: »Die Schatten werden durch meinen Körper kommen, um wiedergeboren zu werden.« Aber nur jene, die ihrem Traumpfad – dem Weg der Schlange – folgen, können wiederkehren.

Die heiligen Symbole der Kunapipi sind das Schwirrholz (mit dem sie einen Kreis beschreibt), der Grabstock (mit dem sie auf ihrer Wanderung besondere *Orte der Kraft* sondierte und damit Himmelsleiterplätze einrichtete) und die Netztasche (die ihre heiligen Objekte enthielt und die – wie die Energiegitter, die rund um die Erde verlaufen, mit ihrer dynamischen Kraft gefüllt war). Erinnern wir uns: Stab, Kreis und Netz sind die drei Hauptelemente, die das kosmische Gebäude bilden.

Mit *Stab und Ring* verkörpert Kunapipi das duale Konzept der Natur, und sie wird auch manchmal zweigeschlechtlich gesehen. Um dies selbst an sich zu erfahren, wird dem Initiand bei manchen Volksgruppen der Penis tief eingeschnitten, was an die gespaltene Zunge der Schlange erinnert. Der Einschnitt selbst versinnbildlicht den Schoß der *Großen Mutter*.

Aborigines, die Kunapipi weiblich sehen, haben ihr zur Ergänzung die männliche Regenbogenschlange zur Seite gestellt, den Yulunggur, manchmal auch Muitj genannt. Dieser wird symbolisch vom Hohlrohr oder der Baumtrommel verkörpert. Das Objekt hat einen bestimmten Namen, der aber den Aborigines heilig ist, und da sie es nicht gerne haben, daß er erwähnt wird, soll das auch respektiert werden.

Das Schwingen der Baumtrommel, die bei Zeremonien als Gong verwendet wird, soll eine hypnotisierende Wirkung haben. Den durch die Schwingung erzeugten Ton dürfen nur vollinitiierte Männer hören.

Bei den Mungarai-Aborigines wird Kunapipi als großer Mann beschrieben, der viele Netztaschen trägt, in denen sich viele Geistkinder befinden, die allerdings nur männlichen Geschlechts sind. Er gab den Jungen ihre Namen und Totems und zeigte ihnen ihre Zeremonien und wie rituelle Beschneidungen durchzuführen seien. Und er war im Besitz einer ganzen Reihe von Schwirrhölzern, die Kunapipi genannt werden. Daß er gleich im Besitz einiger Netztaschen und Schwirrhölzer war, macht eine wahre Ansammlung von Macht und das Bedürfnis nach großer Dominanz offenkundig.

Kunapipi wird im Englischen mit dem Wort *bullroarer* übersetzt, was ins Deutsche übertragen *brüllender Bulle* bedeutet und an das Stierzeitalter erinnert, in dem die *Große*

Mutter in der geistig-spirituellen Welt dominierte. Der Stier war in Ackerbaukulturen ihr Reittier und Symbol. Besonders große kultische Bedeutung hatte der Stier im minoischen Kreta, wo Frauen und Schlangen als heilig galten. Auch hier, weit entfernt vom Roten Kontinent, versinnbildlichte im Kult der Hohlraum röhrenförmiger Behälter den Schoß der *Großen Mutter*, während im Inneren der Röhre eine sich bewegende Schlange gesehen wurde.

Wenn auch offensichtlich der *brüllende Stier* auf einen Frauenkult zurückgeht, so ist es heute den Aborigine-Frauen nicht erlaubt, an der Kunapipi-Zeremonie teilzunehmen. Aber bis zum Beginn des 20. Jh. sollen sie noch daran teilgenommen haben. Gut möglich, daß später dann christliche Missionare die patriarchalische Dominanz verstärkt haben.

Es wird noch von alten Frauen erzählt, die die *Große Schlange gesehen* hatten. Deren schwarze Haare sollen von einem Tag auf den anderen weiß geworden sein. Die Farbverbindung schwarz-weiß läßt vermuten, daß diese Frauen durch die *Welt der Schatten*, die große Einweihung der Transformation gegangen sind.

W. E. Harney erwähnt in seinem Buch *Uluru* den Kulpidja, das Schwirrholz, das seinen Informanten nach, ebenso am Ayers Rock das Symbol der *Großen Mutter* Kerunga war. Das Kultholz hatte ein rotes Zentrum, aus dem weiße Schlangenlinien hervorkamen und das von einem schwarzen Band umwunden war. Diese drei heiligen Kultfarben zeigen den *ganzen* Lebens-Zyklus – von der Geburt über Reife bis zum Tod an. Bill Harney sen., der als Ire ein offenes Herz für die Mystik der Mutter Erde hatte, was ihm im langen und engen Kontakt mit Aborigines half, in ihre innere Welt einzutauchen, erfuhr, daß das schwarze Band die alte

Schlange darstelle. Schwarze Bänder trugen auch Männer bei Zeremonien auf ihre Brust gemalt. Sie galten als Zeichen der *Glückseligkeit.*

Die schwarze, alte Schlange, bzw. der schwarze Aspekt der Urmutter war stets und vielerorts mit großen Geheimnissen und Widersprüchen verbunden. Die *alte Frau* ist ein Urbild, das an die Urwurzel des Seins zurückgeht. Die donnernde oder rollende Stimme der alten Schlange ist unsere eigene innere Stimme, die unsere ganze Aufmerksamkeit verlangt, die wir aber nur hören, wenn wir von anderen Stimmen, die versuchen, uns abzulenken oder zu beeinflussen, freigeworden sind.

Die alte Frau ist die Mahnerin und Wegweiserin, wie es auch im mystischen Christentum die Schwarze Madonna ist. Sie wird für ihre große Kraft und Weisheit verehrt, aber auch wegen ihrer Strenge gefürchtet. Von dem, der in ihr Wissen eingeweiht ist, verlangt sie Selbstverantwortung und eine klare Geisteshaltung und duldet keine bequemen Ausflüchte mehr. Sie repräsentiert die scharfe Klinge der Erkenntnis, weshalb der heilige Michael mit seinem Feuerschwert, dem Schwert der Erkenntnis, niemals fern von ihr zu finden ist. Und im Tarot wird sie von der Gerechtigkeitskarte repräsentiert, die eine Königin zeigt, die das aufwärts zeigende Schwert der Wahrheit hält.

Der stärkste Aspekt der *alten Frau* ist der Aspekt des Todes und die damit verbundene Transformation. Es ist jener Aspekt, der Kulturen und Weltanschauungen trennt. Für den materialistisch orientierten Menschen gibt es kein Weiterleben nach dem Tod. Alle Aktionen beziehen sich nur auf das gerade durchlebte Erdendasein, wobei sich die Frage erhebt, warum sich dann so viel Mühe machen mit dem bißchen Leben? Wozu das ganze Gerangel? Warum es nicht freudvoller und leichter gestalten? Wenn es schon ein-malig ist, warum dann nicht mehr Spaß daran haben?

Christliche, jüdische und islamische Lehren sagen, daß es nach dem Tod ein Weiterleben gibt, aber nur die *Guten* (nach Vorbild patriarchalischer Moralvorstellungen) in das Paradies kommen und die Bösen im Höllenfeuer schmoren. Ewige Verdammnis harret ihrer, denn es gibt keine neue Chance in einem nachfolgenden Erdenleben. Im Hinduismus und Buddhismus dagegen wird an die Wiedergeburt geglaubt, wobei das Schicksal eines Erdenlebens stets von den Taten vergangener Erdenleben, nach dem Gesetz von Ursache und Wirkung, abhängig ist. Auch Naturvölker glauben an eine Wiedergeburt. Nach dem Tode kehrt die Seele – nach einer Phase der Reinigung – in die Urquelle zurück, um sich zu regenerieren und in neuer Gestalt wiedergeboren zu werden. In vielen alten Kulturen galt jedes Leben als eine neue Chance auf dem Weg der geistigen Entwicklung, die vieler Leben bedarf, um auf der *Himmelsleiter* aufzusteigen. Eine Vorstellung, die auch unter den Anhängern der New-Age-Bewegung verbreitet ist.

Der Tod scheint jedenfalls der springende Punkt zu sein, der die geistige Ausrichtung einer Kultur bestimmt. Ein heikler Punkt, der von den Hütern geistiger Gesetze sorgsam bewacht oder vehement verteidigt wird, denn damit steht oder fällt ein Weltbild und die dahinter stehende Macht. Kein Wunder, daß den konservativen, römisch-katholischen Kirchenvätern die Schwarze Madonna ein wahrer Dorn im Auge ist, stellt doch die *sterbende alte Frau* den Erlösungs- und Verwandlungsaspekt dar, der auf Jesus, die *sterbende Sonne,* übertragen worden ist. Beim Tode Jesu hat sich der Himmel verdunkelt und die *unbesiegbare Sonne* ist zur *schwarzen Sonne* geworden, ein Aspekt, den

bereits davor Apollon, der griechische Sonnengott, repräsentiert hat.

Kehren wir zurück ins Arnhem Land, wo neben Kunapipi noch andere alte Frauen Verehrung finden und durch
das Schwirrholz gegenwärtig sind. Bei den Murinbada-Aborigines wird sie z. B. Mutjinga oder *kale neki – die Mutter von
uns allen –* genannt. Sie wird als halb Mensch, halb Schlange
dargestellt oder als große Echse gesehen. Sie wird auch mit
dem Meer und Nebel assoziiert. Es heißt, Mutjinga hatte
zwei Töchter, die halb Mädchen, halb Vogel waren. Sie hatten die Männer für ihre Mutter angelockt, wie die griechischen Sirenen die Seeleute, die dann vom Meer verschlungen und wieder ausgespeit wurden.

Eine Geschichte erzählt, daß Mutjinga die Kinder, die ihr
in Obhut gegeben worden sind, veschluckt hatte. Dann war
sie den Fluß entlang geflüchtet, wurde aber von den Eltern
der Kinder eingeholt und mit dem Speer getötet, und die
Kinder konnten lebend aus ihrem Bauch befreit werden.
Nun wurden die Kinder mit Wasser gereinigt, im Rauch des
Feuers getrocknet, mit Ocker bemalt und mit Haarbändern
geschmückt. Hier kommen wieder wesentliche Aspekte der
Regenbogenschlange zusammen: Der Fluß stellt die Lebensader oder *den Strom der Erkenntnis* dar; der Speer die Achse
der Welt; der Ocker die *Große Kraft* und die Haar-Ringe den
dynamischen Weltenlauf. Die Kinder wurden durch Wasser
und Feuer *gereinigt,* das heißt, sie gingen durch die Initiationen der Regenbogenschlange.

Nachdem Mutjinga starb, machte ein Vogel das Schwirr-
holz, doch nach wie vor tönte daraus die Stimme der *alten
Schlange,* der alten Frau, die auch Kulaitj Mutjinga, *die älteste
Frau* genannt wird. Kulaitj wird ebenso mit der dunkelsten
Farbe des Regenbogens in Beziehung gesetzt. Es ist dunkel-

violett, die Farbe, die für den Übergang in die reine geistige Welt steht.

Das Wort Kulaitj ähnelt sehr dem Wort Kudaitscha (Kudaitja). Wir müssen uns stets vor Augen halten, daß es keine genaue Schreibweise von Aboriginal-Wörtern gibt, da sie alle nach dem Gehör der Weißen aufgeschrieben wurden und da gibt es oft für ein und denselben Namen erstaunliche Abweichungen. Auffallend ist jedenfalls auch, daß die Bedeutung von Kulaitj und Kudaitja auf einer *Linie* liegen, nur mit verschiedenen *Wärmegraden*. Kulaitj-Mutjinga gilt als *Strafende*, allerdings wenn wir sie im Sinne der *Schwarzen Madonna* oder Urmutter sehen, ist sie jene, die an das große Gesetz von Ursache und Wirkung erinnert und an die eigene Verantwortlichkeit sich selbst wie anderen gegenüber mahnt. Dagegen ist der Kudaitja-Mann der gnadenlose Rächer, der körperliche Bestrafungen vornimmt.

Die Gunwinggu-Aborigines verehren das männliche, riesige Schöpferwesen Lumaluma, das angeblich von Indonesien her nach Nordaustralien zugewandert sein soll. Charles Mountford erwähnte jedoch, daß Lumaluma ursprünglich als walartige oder auch schlangenartige Allmutter die männlichen Tänzer in geheimnisvollen Zeremonien verschluckte, bis ein Vater und dessen Sohn beschlossen hatten, die Zeremonie ohne *die Alte* durchzuführen. Auch ihr Symbol war der *brüllende Stier*, – das Schwirrholz, das nach ihrem Tod von einem Vogel gemacht wurde, aber die Stimme tönte noch immer wie die der alten Frau – wie bei Mutjinga.

Es gibt eine Rindenmalerei von Lumaluma, die von R. M Berndt in *Images of God in Aboriginal Australia* veröffentlicht worden ist. – Eine wunderliche Zeichnung, die eine mittlere leiterähnliche Wirbelsäule oder Fischgräte (was der walartigen Erscheinung entsprechen würde) darstellt; auf dem oberen Ende des kanalartigen *Stabes* sitzt ein eiförmiger Kopf.

So bin ich einmal mehr auf die Verbindung von *Stab und Ei* gestoßen.

Als eine Art Zauberin wird das weibliche Schöpferwesen Mumuna gesehen, deren beide Töchter Männer anlocken, die von der Mutter verschlungen werden, nachdem sie mit ihnen sexuellen Verkehr hatte. Eine Verbindung, die sowohl den Fruchtbarkeits- als auch den Dualitäts-Aspekt hervorhebt. Auch sie wurde von einem Vogel getötet. Dabei traf ihr Blut einen Baum. Ein Fingerzeig, daß ihre Kraft und ihre Weisheit in den Baum eingingen. Und aus diesem Baum wurden dann Schwirrhölzer gemacht. Es heißt, »im Sterben gibt Mumuna den Laut des Schwirrholzes von sich.« Mumunas Mann war der Blitz, der nach dem Tod seiner Frau den Vogel tötete. Ich kann es vor mir sehen, wie der Vogel, vom Blitz getroffen, von der Höhe zur Erde fällt, wo sich der Himmelsvogel im Sterben mit der Erde vereint.

Zwei Schwestern und ein Bruder

Große Verehrung finden im Osten des Arnhem Landes Schwesternpaare wie z. B. die Djangkawu. Das sind zwei mächtige Schöpferwesen, die das Land und die Menschen schufen, die sie ihrem eigenen Körper entnahmen. Mit ihren magischen Stöcken machten sie auch *besondere Orte* und sie *benannten* alle Dinge. Sie werden *Töchter der Sonne* genannt, denn es heißt, daß sie bei ihrer Ankunft auf Erden, die Sonne dabeihatten. Ihr Weg führte vom Sonnenaufgang zum Sonnenuntergang – und diese beiden Pole bilden die grundlegenden Hälften eines Clans.

Die Djangkawu schufen auch die heiligen Objekte, die mit dem Land und dessen Kraft verbunden sind. Doch Männer belauschten ihre Tänze und Lieder, stahlen ihre Dillybags – ihre geheimnisvollen Kult-Ur-Beutel. Im Besitz der Macht schlugen nun die Männer mit den Stöcken rhythmisch auf den Boden. Die Männer machten sich damit zu Herrschern über Zeit und Zyklus.

So gilt bei manchen Aborigine-Gruppen der Bruder der Djangkawu als mächtiger Stamm-Vater, der alles Leben aus dem Schoß seiner Schwestern holte. Ein Bild, das die Dominanz des Mannes über die Frau deutlich vor Augen führt. Was den Frauen blieb, war ihre Fähigkeit zur Mutterschaft. Dabei finden wir wieder eine Parallele zur heiligen Maria im katholischen Christentum, die davor als große Urmutter Mari die große Kraft repräsentierte.

Die Djangkawu-Schwestern wurden aber nicht nur in ihrer magischen und schöpferischen Macht, sondern von ihrem Bruder auch körperlich beschnitten. Er schnitt ihnen die lange phallusartige Klitoris ab, damit nichts mehr an ihren männlichen Aspekt erinnerte. Vermutlich ist darauf die Beschneidung der Frau in dieser Region zurückzuführen. Das Symbol des Bruders und seiner beiden Schwestern ist der gegabelte, Y-förmige Stock, der den Stammbaum und die beiden polaren Stammeshälften repräsentiert.

Die Djangkawu werden als Echsenwesen gesehen, doch manchmal wird die jüngere Schwester schlangenähnlich beschrieben. Alle drei Djangkawu sollen von der nördlich liegenden Toteninsel Baralgo abstammen. Das Reich der Toten läßt stets auf Kulte schließen, die Todesmysterien beinhalten. So spielen die Djangkawu in den höheren Initiationen eine bedeutende Rolle.

Der Mythos der Djangkawu vermischt sich oft mit dem der Wawilak-Schwestern. Doch während die Djangkawu mehr den schöpferischen Aspekt repräsentieren, werden die Wawilak eher mit dem Fruchtbarkeitsaspekt assoziiert. Der Kult der Djangkawu gilt als bedeutend älter als der der Wawilak. Beide Schwesternpaare werden als Töchter der großen Kunapipi oder als die duale Natur der *alten Frau* gesehen.

Die Mythen der Wawilak-Schwestern sind variationsreich und oft widersprüchlich. Doch gerade deshalb läßt sich ein umfassenderes Bild erstellen. Die Wawilak wurden von Ethnologen, Anthropologen und Psychologen ausgiebig unter sachorientierten, wissenschaftlichen Aspekten studiert, wobei jedoch die mystischen und spirituellen Aspekte zu kurz kamen.

Die Wawilak-Schwestern stammen aus der südlicheren Roper-River-Region und ihre Wanderung führte sie Richtung Norden. Sie waren mit Speeren ausgerüstet und wurden von ihren Hunden begleitet, die ihnen bei der Jagd halfen. Ein Bild, das den jagenden Göttinnen Diana und Artemis gleicht. Die Wawilaks werden von westlichen Interpreten oft als Kulturbringer bezeichnet, was sie aber nicht sind. Im Gegenteil. Sie verkörpern die ungezämten Kräfte der Natur, die freifließenden Kraftströme der Erde, die erst mit der Entstehung der Kultur gezähmt wurden. Und im Verbund mit dem Nordwest-Monsun, der den Regen bringt, repräsentieren sie den Fruchtbarkeitszyklus und darüber hinaus alle Lebenszyklen.

So wie der Mutter Kunapipi die große männliche Schlange Muitj zur Seite gestellt wurde, wird das Schwesternpaar mit Yulunggur, der großen Schlange, die als ihr Bruder oder als der *große Vater* gilt, in engen Bezug gesetzt. Da sein schimmernder Körper im Wasser einen Regenbogen am Himmel reflektiert, wird in ihm die Regenbogenschlange gesehen. Die Geschichten der Wawilak sind ungemein reich an Details, die spirituelle, psychische, soziale und geomantische Aspekte aufweisen, und sie lassen sich, wie die Bibel, auf vielfältige Weise, der eigenen geistigen Ausrichtung entsprechend, interpretieren.

Die Wawilak kamen auf ihrer Wanderung durch verschiedene Territorien und sprachen all deren Sprachen – was sie als *wissende Frauen* auszeichnet. Sie gehörten der Dhuwa-Moiety (Yin-Hälfte) an, und das Land, das sie durchwanderten, wurde *weiches, sanftes Land.* Sie erreichten ein schattiges Wasserloch, wo sie Rast machen wollten. Der Name des Ortes war Mirrarmina – *Der Rücken der Felsenpython.* Sie ahnten jedoch nicht, daß tief unter dem *schwarzen Wasser* seit Anbeginn der Zeit Yulunggur, die große Python lebte.

Die Schwestern errichteten aus Ästen und Baumrinde eine Art Hütte, wozu sie gegabelte Äste als Stützpfeiler verwendeten. Die ältere Schwester suchte dann nach der weichen Rinde eines Papierrindenbaumes, um ihrer jüngeren Schwester, die vor kurzem ein Kind geboren hatte, ein Lager zu machen. Da die ältere Schwester gerade ihre Periode hatte, fiel ihr Blut dabei in das Wasser, in dem die Bäume am Rande standen. In den Erzählungen gibt es dann meist die Bemerkung, daß das Blut der Frau das Wasser verunreinigte. (Einer anderen Version zufolge, gebiert die ältere Schwester ein Kind, und es ist das Blut ihrer Nachgeburt, das in das Wasser fiel. Und in einer weiteren Auslegung heißt es, daß die ältere Schwester bereits ein Kind hatte.)

Yulunggur roch das Blut der Frau und stieg aus der Tiefe hoch. Er fühlte sich in seiner Ruhe gestört (oder durch die Macht der Frau, die ihr Blut signalisierte, beunruhigt). Er öffnete den Boden am Grunde der Quelle und schleuderte den Stein, der über der Öffnung lag, hoch. Dann sog er das Wasser ein und spritzte es weit im Umkreis hinaus. Der Stein jedoch landete nahe dem Lager der Frauen.

Die ältere Schwester ging nun daran, eine Mahlzeit zu kochen, während die jüngere im Inneren der Hütte ruhte. Aber alle Tiere und Pflanzen, die sie kochen wollte, sprangen aus dem *Feuer* heraus und in das *Wasser* hinein. Die Schwestern ahnten, daß etwas nicht in Ordnung war, denn auch der Himmel verfinsterte sich. Sie machten nun in der Hütte ein kleines Feuer und wollten schlafen. Doch ein heftiger Sturm kam auf, und es blitzte und donnerte. Die Python hatte mit ihrem Zischen den großen Regen herbeigerufen. Damit begann die erste Monsun-Periode. Die Schwestern fragten sich: »Woher kommt der Regen?«

Sie wunderten sich, denn es gab keine Wolke im Norden und Süden und keine Wolke im Osten und Westen. Die Schwestern, die vollständiges rituelles Wissen besaßen, sangen nun machtvolle Lieder. Während die ältere Schwester außen um die Hütte tanzte, tanzte die Jüngere im Inneren. Die Schwestern sangen erst Lieder, die jeder hören durfte, auch Nichteingeweihte. Dann sangen sie Lieder, die den verschiedenen Initiations-Stufen entsprachen und tabu für Uneingeweihte waren. Die Schwestern kannten auch die Lieder *beider Hälften.*

Mit ihren Gesängen lockten sie viele Schlangen und Echsen an, die den Platz der Frauen umringten. Auch Yulunggur kam langsam herausgekrochen und legte seinen Kopf auf den Stein, den er aus der Tiefe herausgeschleudert hatte. (In einer anderen Geschichte wird erzählt, daß die vielen Reptilien deshalb herbeikamen, da sie den Ruf des *Großen Vaters* Yulunggurs vernommen hatten.) Die ältere

Schwester schlug mit ihrem Grabstock rund um auf den Boden, um die Schlangen zu vertreiben.

Als schließlich beide Schwestern im Inneren der Hütte das Pythonlied sangen, begann die *Große Schlange* ihre Hütte zu umkreisen und drang schließlich in diese ein. Dabei fielen die Frauen in tiefen Schlaf, denn die Schlange besaß hypnotische Kraft. Yulunggur schleckte mit seiner Zunge über sie, dann verschlang er die Frauen, das Kind, die Hunde und auch die Hütte samt dem inneren Feuer.

Yulunggur wartete auf den Tagesanbruch und kroch in den Busch, wo er die Frauen, die Dhuwa (Yin) waren, zu einem trockenen Platz (Yang) bringen wollte. Dann erhob sich die Python und stand kerzengerade wie ein Baum. Yulunggur reckte sich so hoch, daß sein Kopf in die obersten Wolken hineinreichte. Dabei sang er die heiligen Lieder der Wawilak, die nun zu seinem *heiligen Wissen* geworden waren. Inzwischen stieg das Wasser mit dem großen Regen an und bedeckte die Erde.

Auch andere *Große Schlangen* kamen heran und stellten sich rund um Yulunggur, der die größte aller Schlangen war. Und während die Schlangen auf ihren Schwänzen am Boden standen und mit ihren Köpfen in den Himmel ragten, unterhielten sie sich. Dabei kamen sie darauf, daß jede Schlange von einer anderen Landesregion kam und sie unterschiedliche Sprachen hatten. Die große Python meinte, es wäre besser, wenn sie alle die gleiche Sprache sprechen würden, um einander besser zu verstehen.

Schließlich fragten die anderen Schlangen Yulunggur, welche Nahrung er (auf Erden) zu sich genommen habe. Yulunggur versuchte zunächst die Wahrheit zu verbergen. Dann gab er jedoch zu, daß er die Schwestern gegessen hatte. Er war sehr beschämt über das, was er getan hatte. Einer anderen Geschichte nach, prahlte er damit, daß sie nun sein *maraiin*, sein *heiliges Wissen* geworden waren. Dann fiel Yulunggur wieder zur Erde, wobei er eine große runde Mulde hinterließ, die heute ein heiliger Zeremonienplatz ist. Die Schlange entschloß sich, die Frauen und Kinder wieder herauszugeben. Er erbrach sich auf einem Ameisenhaufen. Danach kehrte er in sein Wasserloch zurück, wobei er seinen Kopf über Wasser hielt und sich umsah. Grüne Ameisen bissen die Frauen und Kinder, worauf diese wieder lebendig wurden.

Yulunggur kroch abermals aus dem Wasser und legte sich alle Schlangen und Echsen rund um seinen Hals und Kopf. Dann nahm Yulunggur zwei Liederstöcke und schlug damit den Frauen auf den Kopf. Danach verschluckte er sie noch einmal. Und diesmal wollte er sie *unten* behalten. Doch er fühlte sich dabei krank. Wieder streckte er sich dem Himmel entgegen und abermals wurde er von den anderen Schlangen gefragt, wovon er sich denn ernährt hätte. Nach einigem Zögern sagte er abermals die Wahrheit. Danach fiel er wieder zur Erde zurück und schuf dabei einen anderen *Ort der Kraft*. Dann versank er in die unterirdischen Gewässer und verschloß seinen Eingang mit einem Stein und die Wasserflut kam damit zum Stillstand. In unterirdischen Wasserläufen schwamm er in das Land der Wawilak-Schwestern, um sie in ihre Heimat zurückzubringen. Dort wurden die beiden Frauen zu Stein. Die beiden Felsen stehen heute noch. Yulunggur behielt das Kind (oder beide Kinder), das der Yirritja-Hälfte angehörte, in seinem Leib.

Zwei Wongar (Traum)-Männer waren den Spuren der Wawilak gefolgt und sie hörten die Stimme der *Großen Schlange*. Es donnerte und blitzte und Regen ergoß sich aus den Wolken. Schließlich gelangten sie nach Mirrarmina, zu dem heiligen Wasserloch, in dem Yulunggur lebte. Und sie sahen im Wasser einen Regenbogen. Daran erkannten sie, daß darin die *Große Schlange* wohnte.

Die beiden Männer fanden den Stein, der einst die Quelle blockiert hatte, und sie holten einen ausgehöhlten Querbalken aus der Hütte der Wawilak. Der ältere Mann suchte einen von Termiten ausgehöhlten Ast, aus dem er eine Trompete machte, die Yulunggur darstellte. Als es dunkel wurde, fielen die beiden Männer in tiefen Schlaf und die Wawilak-Schwestern kamen in ihre Träume. Sie lehrten, daß sie alle Dinge, die in das Wasserloch gesprungen waren, zu ehren und zu achten hatten. Sie lehrten sie auch ihre Tänze und Lieder und zeigten ihnen, wie sie ihre Körper zu dekorieren hatten. Dabei mußten sie Blut verwenden und weißen Federflaum darankleben. Und sie sagten den Männern, daß sie alles, was sie von ihnen erfahren hatten, wiederholen müßten. Und das taten die Männer von nun an in ihren Zeremonien.

Das Blut der Frauen ist in dieser Geschichte von großer Bedeutung. Schlange und Frauenblut stehen in vielen Mythen der Welt in engem Zusammenhang. Die alten Perser glaubten z. B., daß Jahi, die erste Muttergöttin, ihre erste Blutung nach der Paarung mit Ahriman, der *Großen Schlange*, bekam und es heißt, daß die Schlange erst durch das Blut der Mutter Erde weise wurde. Das Blut der Erde und das Blut der Frau sind identisch. In der Tiefenpsychologie wird das Blut der Frau als das schöpferische Potential gesehen, das die *männliche* Schlange weckt, bzw. bewußt macht.

Großer Widerspruch liegt in der Aussage, daß das Blut der Frau die Quelle der Schlange verunreinigt und damit entweiht hat, denn das Blut der Frau gilt eigentlich als *Lebenswasser* und Quelle des Lebens. Das Blut der Frau, das ohne körperliche Verletzung auf ganz natürliche Weise fließt, ist das reinste Blut, das der menschliche Körper freigibt. Es ist die mystische Essenz, in der das Geheimnis und die Macht der Frau liegt, womit der Mann versucht, *ins reine* zu kommen. Das heißt, er muß mit seinem eigenen weiblichen Aspekt in Ausgleich kommen. Der geistig wachsende Mensch erkennt seine innere duale Natur und die Notwendigkeit, sein Yin und Yang in Balance zu bringen und in sich selbst Frieden zu schließen.

Doch in vielen patriarchalisch ausgerichteten Völkern schien die Beschneidung eine andere Lösung zu sein. Bei den Dogon in Westafrika heißt es, daß Gott jedem Menschen zwei Seelen gab. Die weibliche Seele des Mannes hat ihren Sitz in der ringförmigen Vorhaut. Und die männliche Seele der Frau hat ihren Sitz in der pfeilartigen Klitoris. Doch die Menschen wollten keine Doppelwesen sein, was sie aber von Natur aus sind. So wurde den Menschen jeweils ihr gegensätzlicher Aspekt weggeschnitten.

Doch Beschneidung ist das, was es aussagt: Es wird dem Menschen etwas weggenommen, er wird *beschnitten* – mag es nun physischer oder psychischer Art sein.

Daß Männer die menstruierende Frau als unrein bezeichnet haben, zeigt sich offensichtlich als Ausdrucksmittel, um das Wissen der Frauen zu schmälern. In Indien waren es die Brahmanen, und auch bei den orthodoxen Juden und Christen wurde die Frau, die die Periode hatte, als unrein gesehen. Der heilige Hieronymus war der Meinung, daß nichts so unrein ist wie eine Frau, die ihre Blutung hat. Und zwischen dem 8. und 17. Jh. durften vielerorts menstruierende Frauen keine Kirche betreten.

Und während die blutende Frau unrein gemacht wurde, wurden die *blutenden Männer* zu Helden. Mag das nun die männliche blutende Schlange sein, die ihr Opferblut den männlichen Initianden gibt, um sie weise zu machen oder antike Götter wie Adonis und Attis, die den Opfertod starben. Für Jesus, der sein Blut für die Menschheit gab, zogen die Kreuzritter in den Krieg. Erst mit der Verehrung des männlichen Blutes begannen die Religionskriege.

Mit den Blutopfern verlor die Erde ihre Unschuld. Auch Blutopfer, die an heiligen Stätten vorgenommen wurden, minderten den Reinheitsgrad der Naturtempel. Das wird z. B. in einer Regenbogenschlangengeschichte transparent. Es ist Jarapiri, der *Große Schlangenmann* in der Tanami-Wüste, der dagegen ist, daß an seiner heiligen Stätte Blutopfer vorgenommen werden. Daran halten sich auch die Aborigine-Männer. Das heißt allerdings nicht, daß sie keine Blutopfer mehr vornehmen, sondern nur, daß das an einem etwas entfernteren Platz geschieht.

Yulunggur ist nicht nur der Name der männlichen Regenbogenschlange, sondern auch die Bezeichnung des initiierten Mannes, der sein Blut für die Zeremonie geopfert hat und damit selbst zur *blutenden Schlange* geworden ist. In diesem Sinne wird auch Taipan, die *menstruierende Regenbogenschlange* erklärbar. Das Blut der männlichen Regenbogenschlange macht die Initianden rein. Doch die männliche Regenbogenschlange, die das Blut, die Macht, roch, wurde genaugenommen erst mächtig und rein, nachdem sie das Blut der Frau, das in das Wasser gefallen war, eingesaugt hatte. Und Yulunggur spritzte das mit Blut vermischte Wasser rundum, das den Boden rein und heilig machte. Ein Bild, das außerdem das energetische Einssein von Schlange und Erde – der elektrischen und magnetischen Kraft – anschaulich macht.

Wie wir aufgrund neuester Forschungen wissen, ist das Blut Träger von Licht, das heißt hoher Energie. Umso mehr Lichtquanten im Blut enthalten sind, desto eher können z. B. schädliche Viren bekämpft werden. Und da Licht Strahlung abgibt, könnten Ärzte, mit einer entsprechend entwickelten Technik, rechtzeitig Schwachstellen, vor Ausbruch einer Krankheit, im Körper erkennen und behandeln. So heißt es nicht zu unrecht, daß das Blut *Sitz des Lebens* ist.

Alchemisten sahen allgemein im Blut eine heilende und ganzmachende Substanz, eine Substanz, die Gegensätze – Materie und Geist – verbindet. Das Blut besitzt mit seinem Eisengehalt magnetische Kraft und mit seinen eingelagerten Lichtquanten elektrische, pulsierende Energie. Das Blut, das Gegensätze vereint, ist auch Grundlage der Blutsfreundschaften zwischen *feindlichen Lagern.* So ist das Blut letztendlich die verbindende Substanz zwischen den Schwestern und der männlichen Schlange. Und wir erkennen, daß die Schlange und die Schwestern eins sind – was mit den gegabelten Ästen deutlich zum Ausdruck kommt.

Da die Geschichte der Wawilak unwahrscheinlich reich an Details ist, und da ein zusammenhängender Faden zu erkennen ist, möchte ich gerne näher auf die einzelnen Phasen eingehen:

Die Schlange am Grunde des Wasserlochs versinnbildlicht das Unterbewußte und die sich erhebende Schlange die Bewußtwerdung, bzw. das Erwachen des spirituellen Kriegers. Das *schwarze Wasser,* in dem die Schlange lebt, deutet auf den schwarzen Aspekt der *Großen Schlange* hin, und damit wird die *alte Schlange* transparent, die durch die höheren Einweihungen führt. Mit der Öffnung des Grundes fängt der dynamische geistige Prozeß an. Die spirituelle Reise beginnt.

Die sich aufrichtende Schlange ist auch ein Sinnbild der Kundalini, der Roten Schlange, die gleichzeitig die kosmische Achse oder Himmelsleiter darstellt. Die Verbindung zwischen der unteren und oberen Welt wird mit dem Stein (Materie), auf den die Schlange ihren Kopf (Geist) legt, wie mit Jakob im Alten Testament zum Ausdruck gebracht. Daß der Stein in der Nähe der Schwestern landet, macht ebenso klar, daß es sich eigentlich um den heiligen Stein der Frauen handelt.

Die Tiere und Pflanzen, die aus dem *Feuer* in das *Wasser* springen, weisen einmal auf die rote und weiße Kraft und die Bipolarität der Regenbogenschlange hin. Wasser und Feuer gemeinsam lassen den *Lebensfunken* in der *Urquelle* erkennen, aus der alle Dinge hervorkamen und in die sie wieder zurückkehren.

Die Dinge, die in das Wasserloch bzw. in den Schoß der Geistschlange springen, sind Totems, die nicht gegessen werden dürfen. Die Wawilak belehren auch am Ende der Geschichte die neuen Hüter der Quelle, daß sie alle Dinge, die in das Wasser hineinsprungen sind, zu schützen haben und daß sie sich durch Rituale vermehren lassen. Daß sich Tiere und Pflanzen nicht *weichkochen* lassen, macht im weiteren auf die ungezähmten Kräfte der Natur aufmerksam, die die Wawilak-Frauen repräsentieren.

Die Schwestern ahnen, daß etwas nicht in Ordnung ist, und sie gehen in die Hütte, in ihr *Inneres*. Und sie machen darin ein kleines Feuer. Die Hütte kann dabei als Zellkern gesehen werden und das Feuer als der innere Lebensimpuls. Das Feuer repräsentiert die geistige Flamme, den geistigen Funken, der plötzlich erwacht. Die Hütte mit dem inneren Feuer entspricht nicht zuletzt auch dem Haus Gottes, dem der Geist Christi innewohnt oder noch genauer dem Tabernakel, der das *ewige Licht* in sich beherbergt. Es ist *das Licht*, das einmal erwacht, zur inneren Führung wird.

Die Schwestern beginnen zu fragen: »Woher kommt der Regen?« Das heißt, sie beginnen Fragen nach dem Verborgenen und Hintergründigen zu stellen. Sie erheben sich damit über jene, die gedankenlos in den Tag hineinleben. Sie beginnen nach dem Sinn des Lebens zu fragen.

Mit den Liedern und Tänzen der Schwestern wird klar gemacht, daß sie etwas in Bewegung setzen. Und die vier angedeuteten Himmelsrichtungen bringen zum Ausdruck, daß sie sich durch den ganzen Raum bewegen, der gleichzeitig das gesamte geistige Potential darstellt, das sich dem Bewußtwerdenden auftut.

Während die junge Schwester im Inneren der Hütte tanzt, bewegt sich die Schwester außen herum. Hier wird das kosmische Prinzip *wie innen so außen*, bzw. der innere und äußere Kosmos transparent.

Daß die Schwestern Lieder *beider Hälften* kennen, macht deutlich, daß sie im Besitz des *ganzen* – des *oberen* und des *unteren* Wissens sind. Der Aspekt der zwei Hälften tritt in der Geschichte einige Male hervor wie mit Tag und Nacht, Geburt und Tod, Trockenzeit und Regenzeit. Und während die jüngere Schwester *innen ruht* und sich regeneriert, *tut* die ältere Schwester etwas im äußeren Bereich. Es ist die ruhende und bewegende Kraft, die gemeinsam Wirkung erzielen.

Die ältere Schwester schlägt mit ihrem Stock auf den Boden, angeblich um die herbeikriechenden Schlangen zu vertreiben. Doch das Schlagen auf den Boden symbolisiert die Erweckung der Erde und ihrer Schlangenkräfte. Tanz, Lied und schlagender Rhythmus erhöht die Schwingung der Erde. Es ist die magnetische Kraft der Schwestern, die die Schlangen anziehen, wie das *weibliche* Elektron das männliche. Auf der psychischen Ebene sind Tanz und Bewegung ein Mittel, innerlich frei zu werden. Ein Mittel, um von Ängsten und Zweifel loszulassen.

Auch Yulunggur schleicht heran, um die Geheimnisse der Frauen zu erlauschen. Die zusammenkommenden Schlangen und Echsen verweisen auf das Zusammenfließen mehrerer Energieströme hin, die den Ort besonders kraftvoll machen.

Als die Schwestern gemeinsam im Inneren das Lied der Python singen, kommt die *Große Schlange* herbei und umkreist die Hütte – und wird damit zur Welten-Schlange, die den ewigen Lebens- und Wachstumszyklus verkörpert.

Dann dringt die Schlange in die Hütte ein. Daß die männliche Schlange das Paradies der Frauen betritt, hebt einerseits den Fruchtbarkeitsaspekt hervor, anderseits können wir dabei auch die Geistschlange sehen, die das innere Bewußtsein erreicht. Die Frauen fallen in Trance oder tiefen Schlaf. Der Auslegung einer Psychologin zufolge wird dabei den Frauen vom *Magier* ihr Bewußtsein geraubt. Aber eigentlich wird damit die geistige Versenkung zum Ausdruck gebracht, die inneres Bewußtsein bringt. Hier geht es wohl auch weniger darum, daß das *Männliche* das *Weibliche* verschlingt, sondern vielmehr um das Eintauchen in geistige Tiefen. Der Initiand erkennt, daß nichts vernichtet, sondern nur verwandelt werden kann.

Die Schlange schleckt mit ihrer Zunge über Frauen und Kinder – sie macht ihre *Opfer* rein, denn sie will nur reine Nahrung verschlingen. Und sie verschluckt schließlich nicht nur die Frauen, sondern auch das Kind (die Kinder), die Hunde, das innere Feuer und die ganze Hütte. Ihr Leib trägt das ganze kosmische Gebäude und alle kosmischen Prinzipien in sich. Im Bauch der Schlange beginnt für den Initianden die Reise *durch die Nacht.* Es ist die Welt der Schatten, in der er Klarheit zu finden hofft. Das Ego des Initianden wird schließlich vom kosmischen Bewußtsein aufgesogen.

Yulunggur, der im Busch aufrecht wie ein Baum steht, wird durch den Zeremonienpfahl symbolisiert, in dessen inneren Kanal die kosmischen Kräfte auf- und absteigen, was mit dem steigenden und fallenden Wasserspiegel versinnbildlicht wird. Mit der Flut wird aber auch auf die Regenerationsphase zwischen zwei Lebens- oder Weltenphasen verwiesen. Und mit dem Wecken der Flut ist im spirituellen Sinn der *Strom der Erkenntnis* gemeint, der in Fluß kommt.

Yulunggur und die anderen Schlangen ragen in den Himmel hinein. Dabei wird die *Große Schlange* von den anderen gefragt, von was sie sich (auf Erden) ernährt hat. Die aufrecht stehenden Schlangen verkörpern zweifelsohne die *Stützpfeiler* des kosmischen Gebäudes. Und ihre Meinung, daß es gut wäre, die gleiche Sprache zu sprechen, deutet darauf hin, daß ein harmonischer Gleichklang oder ein gemeinsames Ineinanderschwingen dem kosmischen Gebäude mehr Stabilität geben würde. Und in den Schlangen, die ihre Köpfe oberhalb der Wolken zusammenstecken, sehe ich eine Art *Gericht der Götter*, das wissen will, welche geistige Nahrung Yulunggur zu sich genommen hat, das heißt, wessen Geistes Kind er ist, welche geistigen Qualitäten er vorzuweisen hat, ähnlich dem ägyptischen Totengericht, bei dem der Verstorbene nach seinen Taten *eingeschätzt* wird. Der Grund, daß Yulunggur nicht gleich mit der Wahrheit über die Qualität seiner Nahrung herausrückt, ist wohl in der magischen Vorsellungswelt der Aborigines zu sehen. Magier geben sich nicht gerne einander zu erkennen, zeigen einander nicht gleich, welcher Art ihr *Rituelles Gepäck* ist, da der andere stärker sein könnte und bestrebt, Macht über das eigene Wissen zu gewinnen, bzw. seine Macht an der frei offenbarten Macht zu erproben.

Yulunggur fällt wieder zur Erde zurück. Das heißt, für ihn beginnt eine neue Inkarnation oder weitere Initiationsstufe. Dort, wo er aufkommt, hinterläßt er eine Mulde, ein Symbol der *Yin-Kraft*, womit offenbar ein Mutterplatz ausgewiesen wird.

Dann spie die *Große Schlange* die Frauen auf einem Ameisenhügel aus. Ameisen bewegen sich stets entlang magnetischer Bahnen, und sie errichten ihre Bauten nur an Orten, an denen sich Energieströme bzw. Schlangen-Pfade kreuzen. Solche Energie-Konzentrationen können als eine Art *Schlangen-Nest* gesehen werden. Es sind Plätze, die besonders stark sind, aber auch unruhig machen können. Kein Ort, an dem ich meinen Schlafplatz errichten würde. Aber die pulsierende Kraft der Ameisen *weckt Tote auf.* Wenn wir Ameisen beobachten, können wir sehen, daß sie stets mit einer kurzen Berührung einander Botschaften zuspielen, einander Informationen *aufdrücken.* Das Grün der Ameisen mag auch auf ihre Heilkraft hinweisen. Grüne Ameisen stehen mit den Uranerzlagern in Kakadu/Arnhem Land in Zusammenhang, deren Ausstrahlung bewußtseinserweiternde und damit auch heilerische Erfahrungen bewirken sollen. Aborigines warnten allerdings davor, die Grünen Ameisen zu *wecken* (d. h. Uranerz abzubauen), da sie sonst großes Unglück über die Menschen bringen würden.

Freigeworden von seiner *inneren Last* kehrt Yulunggur in sein Wasserloch zurück, wobei er seinen Kopf über Wasser hält. Das mag ein Ausdruck dafür sein, daß er alles *unter Kontrolle* hat.

Dann kriecht er wieder aus dem Wasser hervor, wobei er viele Schlangen um Hals und Kopf trägt. Der Hals ist – wie bereits angesprochen – Sitz der Kommunikation und der Kopf ist Sitz des Geistes. Und die Schlangen deuten auf den geistigen Fluß – auf eine rege geistige Bewegung und geistigen Austausch hin.

Dann schlägt Yulunggur mit seinem Liederstock den Frauen auf den Kopf und verschlingt sie noch einmal, womit ein neuer, höherer Initiationsweg beginnt. Auf Kopf oder Schulter schlagen ist ein Zeichen der Würdigung. Auf diese Weise wurden Ritter geadelt oder Könige in ihr Amt eingesetzt. Das Schwingen der Liederstöcke kann ebenso als Auftakt zu einem neuen Lied oder als Einstimmung auf einen *höheren Ton* gesehen werden.

Als Yulunggur *sein heiliges Wissen* nocheinmal schluckt, fühlte er sich krank, da er es *unten* behalten wollte. Das mag ein Hinweis auf eine Art Stockung oder Stillstand sein, den jeder *geistig Suchende* einmal durchgeht, um sich neu zu orientieren. Doch das Wissen, das bereits einmal *im Fluß* ist, muß sich weiterentwickeln – und auch weitergegeben werden. Nachdem Yulunggur ein weiteres mal auf die Erde fällt, schafft er einen weiteren Zeremoniengrund für höhere Einweihungen.

Yulunggur geht noch einmal in seine Quelle und legt den Stein über die Öffnung, um das Wasser, das von unten herausquoll, zu stoppen und um der Flut Einhalt zu gebieten. Ein Reife- oder Weltenzyklus ist beendet und ein neuer kann beginnen.

Yulunggur bringt die Schwestern auf unterirdischen Wegen zurück in ihr Heimatland. Für Aborigines ist es ein wichtiger Bestandteil ihres Lebens, dieses auf ihrem Abstammungs-Ort zu beenden. Mit dem unterirdischen Weg sind unterirdische Wasseradern gemeint, die ein mächtiges Energie-Netz-System im Inneren der Erde bilden.

Daß Yulunggur die Kinder, die der Yirritja-Hälfte angehören, in sich behält, weist wieder einmal mehr auf die Ergänzung *beider Hälften* hin, denn Yulunggur gehört ebenfalls wie die Schwestern der Dhuwa-Hälfte an.

Das stete Verschlucken und Ausspeien der Frauen macht auf die ewigen Wandlungsprozesse in der Natur und auf das Prinzip, daß im Kosmos alles in ständiger Bewegung ist, aufmerksam. Ein Prinzip, das die vorwärtsschlängelnde Schlange anschaulich macht.

In dieser Geschichte lassen sich die drei Hauptbewegungsrichtungen der Schlange erkennen: Die beiden Männer, die den Spuren der Wawilak-Schwestern gefolgt waren, holen einen *Querbalken* aus der Hütte *der Frauen* und machen auch die Baumtrompete, die die aufgerichtete Schlange versinnbildlicht. Der horizontale Fluß der Schlange repräsentiert das weibliche Prinzip, die sanfte und langsame Bewegung und die Ausdehnung in den gesamten Raum. Dagegen versinnbildlicht die *vertikale Schlange*, bzw. das stehende Hohlrohr, das männliche Prinzip, die auf- und absteigende Bewegung und das *schnelle Fallen*.

Das gleichschenkelige Kreuz, das aus einer horizontalen und vertikalen Linie besteht, ist ein uraltes Heil-, Schutz- und Glückssymbol, dessen Wirkung noch verstärkt wird, ist ein Kreis darum gezogen. Die Rundum-Bewegung ist die dritte Bewegungsrichtung der Schlange. Es ist die kreisende Schlange, die den Raum und die ganze Welt umfaßt. Der Kreis, dem ein gleichschenkeliges Kreuz eingeschrieben ist, ist wie das Yin-Yang-Symbol ein Zeichen, das sowohl den Ausgleich der Kräfte als auch die unentwegte Dynamik anschaulich macht. Ein Symbol, das noch in alten Kirchen und an vielen Felswänden von Urkultstätten zu finden ist. Runde Brotlaibe werden heute noch von manch unseren Bauern mit dem gleichschenkeligen Kreuz versehen. Ein solches Brot wurde bereits von den zwölf Jüngern des persischen Mithras verzehrt. Das Brot ist das Produkt der Feldfrüchte, deren Wachstum von den Zyklen der *Großen Schlange* bestimmt wird.

Den Kreis können wir uns auch mit drei gleichgroßen Feldern eingezeichnet vorstellen, die mit den Farben weiß, rot und schwarz versehen sind. Dieser Kreis wird von der außen herumkreisenden Schlange gedreht. So wechseln die Lebensphasen stets von einem Feld zum nächsten, vom weißen (Geist) zum roten (Leben) und schwarzen (Tod) und wieder zum weißen Feld, von Geburt/Jugend zur Lebensfülle/Reife zu Alter/Tod und Wiedergeburt. In der Mitte des Kreises können wir uns einen Punkt wie einen Bauchnabel vorstellen, der das Sonnengeflecht repräsentiert und dem die gelbe Farbe zugeordnet ist. Weiß, rot, schwarz und gelb sind die vier heiligen Farben der Aborigines, mit denen sie ihre spirituelle Welt auf unzähligen Bildern zum Ausdruck bringen.

Während wir stets versuchen, mit unserem Verstand zu analysieren und zu erklären, wohl weil uns die inneren Zusammenhänge abhanden gekommen sind, liegt Aborigines nicht viel daran, ihre Geschichten zu zerpflücken. Ich habe niemals erlebt, daß ein Aborigine nur einen Teil seiner Geschichte erzählt hatte, immer nur in einem ganzen Zusammenhang, so wie er ihn übermittelt bekommen hat. Nie wird er ein Detail herausnehmen und von allen Seiten beleuchten, sondern ihn stets im Zusammenhang lassen. Sollte ich einmal ein Detail nicht genau verstanden haben, wurde mir die ganze Geschichte wieder vom Anfang bis zum Ende erzählt. Die Geschichte ist ein Lied, dem weder etwas weg-genommen noch angefügt werden darf. Jede Geschichte ist ein Lehr- und Einweihungsweg – ein Walkabout – eine Rei-se, die sowohl in die kollektive Traumzeit als auch in die ei-gene Tiefe führt.

Mutter und Tochter

Die *Große Mutter* der Gunwinggu- und Djawan-Aborigines im Norden des Kontinents ist Yingana. Sie ist *die Mutter der Whitefellas und die Mutter der Blackfellas*, gab ein Aborigine zu verstehen. Während sie den East Alligator River entlangrei-ste, kam alles Leben aus ihrem Mund. Und aus dem Mund kommt das Wort. So gab sie auch allen Lebewesen einen Namen. Sie strömte in einer Fischreuse entlang oder wird selbst als langer fließender Körper im Wasser gesehen. Im Grunde wird sie als androgynes, ganzheitliches Wesen ver-standen, was durch ihre Farben Schwarz (Erde) und Gelb (Sonne/Himmel) zum Ausdruck gebracht wird.

Einer Erzählung nach, die aus der Gegend des oberen Katherine Rivers stammt, trug Yingana so viele Menschen in ihrem Leib, daß er so schwer war, daß sie kaum noch zu kriechen vermochte. (Einer anderen Version nach wollte sie das Leben nicht freiwillig hergeben). So versuchte ein Vo-gelvolk sie zu töten, damit die Menschen freikommen. Aber ihr Körper war hart wie ein Stein und die Speere prallten an ihr ab. So beschloß das Vogelvolk *Linke Hand* zu Hilfe zu rufen, damit er Yingana töte, um die Menschen zu be-freien. Als *Linke Hand* an Yingana herankam, war sie von ro-ter Farbe und trug einen Kopfschmuck aus weißen Kakadu-Federn. *Linke Hand* warf einen Speer, traf Yingana am After, worauf Yingana hochschnellte und alle Menschen erbrach. Diesen wurden matrilineare (mütterrechtliche) Träume gegeben.

Der gegen die Schlange geworfene Speer hebt einerseits die Dominanz des Vogelvolkes hervor, das mit dem männlichen Himmel assoziiert wird, anderseits sind *Schlange und Pfeil* ein altes Heilsymbol, das die Anbindung an die kosmische Kraft, die zwischen Himmel und Erde zirkuliert, transparent macht. *Pfeil und Schlange* entspricht dem *Stab und Schlange*-Symbol, auf das ich bereits ausführlich eingegangen bin. Dieses entspricht auch dem Bild eines Schlangenkörpers, aus dem lange Lilien herauswachsen. Erwähnt wurden ebenfalls bereits die beiden Elemente *Stein und Pfeil* im Zusammenhang mit den sakralen Gegenständen der alten Mutter. Es ist ihr runder Stein und ihr Grabstock.

Über *Linke Hand* habe ich keine näheren Erklärungen erfahren. Aber die linke Körperseite wird mit dem mütterlichen Prinzip, der Yin-Energie assoziiert, aus der ja auch die matrilinearen Träume herauskamen. Möglich, daß die erste Silbe von Yin-Gana tatsächlich das Yin-Prinzip meint. Bestimmte Worte und vor allem Silben reisen oft weit um die Welt. Im weiteren könnte die Silbe Gana mit Ganga, der indischen Flußgöttin identisch sein, eine Silbe, die wohl das Fließende und Strömende meint. Und daß Yingana die Farben Rot und Weiß trug, weist auf die Bereitschaft der (weißen) Geistschlange hin, sich in der materiellen (roten) Welt sichtbar zu machen. Den Materialisationsprozeß führt im Grunde genommen die Regenbogenschlange aus, die Yinganas Erstgeborene ist. Es ist Ngalyod, ein ebenfalls bereits erwähntes Mischwesen mit einem Schlangenkörper, Känguruhkopf und Krokodil-Schwanz. Um ihr Zusammenwirken leichter verständlich zu machen, werden Yingana

220

und Ngalyod als Mutter und Tochter ausgelegt, die gemeinsam die Regenbogenschlange bilden. In der genaueren Differenzierung stellt Yingana das geistige Bewußtsein, die reine Energie oder das in sich ruhende Energiefeld dar, aus dem alle schöpferischen Traumzeitwesen hervorgingen. Manchmal wird Yingana mehr als die Schöpferin von Landschaften und allen lebendigen Dingen verstanden und Ngalyod mehr als jene, die die Traumzeit-Stätten, bzw. die Himmelsleiterplätze schafft. Die Himmelsleiter ist ja identisch mit dem Regenbogen und den verkörpert Ngalyod. Und wenn Ngalyod zu gewissen Zeiten ihr Wasserloch verläßt, um im Verbund mit dem Regen als farbige Lichtbrücke am Himmel zu erscheinen, trägt sie die Geistschlange in sich.

Aus der Region des East Alligator Rivers stammt die Geschichte von einem jungen Mann, der an einem Billabong (Wasserloch) Lilien sammelte. Als er an einem der langen Lilienstengel zog, bemerkte er darunter eine Ngalyod, und er zog die Schlange mit hoch. Dann sagte der junge Mann zur Schlange, daß er gerne auf ihren Rücken klettern würde. Es war bereits nachts, und die Schlange trug ihn den Fluß entlang und begann über Büsche hinwegzufliegen. Dabei sagte der junge Mann immer wieder: »Geh nicht zu schnell – geh langsam.« Und wenn sie zu bestimmten Plätzen kamen, berührte Ngalyod den Boden und *markierte* die Stelle. Dann kehrten sie zum Ausgangsort zurück, wo die roten Wasserlilien wuchsen. Ngalyod setzte am Boden auf, der junge Mann kletterte von ihrem Rücken herunter und wollte sich im Billabong waschen, um sich vom Schleim der Schlange zu säubern. Doch Ngalyod sagte: »Wasch es nicht ab. Wenn du es tust, mußt du bei mir bleiben. Dein Vater wird dich wärmen und dich mit rotem Ocker bemalen.«

Der junge Mann kehrte in das Lager seiner Familie zurück, und sie machten ein Feuer, um den Heimgekehrten zu wärmen. Dieser erzählte seinem Vater, daß *der Regenbogen* ihm erzählt hätte, daß er sich nicht mit Wasser waschen dürfe. Doch der Vater nahm keine Notiz davon. Er wusch den Sohn, um den Geruch (der Schlange) zu entfernen. Am Tag darauf rang der Sohn um Luft und sein Herz schlug nur langsam. Er starb und wurde ein Ngalyod, ein Regenbogen, der im nahen Billabong lebte. Daraufhin gab es keine roten Lilien mehr, nur noch weiße. Der Junge ist in die Geistschlange Yingana heimgekehrt, die er während der Reise offenbar selbst verkörpert hat. Gemeinsam waren die weiße und rote Kraft durch das Land geströmt, um Traumzeit-Stätten zu schaffen, die von den langstieligen Lilien versinnbildlicht wurden. Die Bitte, nicht zu schnell zu gehen, ist ein Hinweis auf die sanfte, weiche Yin-Energie, was darauf schließen läßt, daß die geschaffenen Traumzeitstätten *Mutter-Plätze* sind. Und mit dem Schleim der Schlange läßt sich die klebrige Substanz erklären, die die rote und weiße Kraft zusammenbindet. Daß der Vater keine Rücksicht auf die Bitte seines Sohnes genommen und ihn *gewaschen* hat, mag im übertragenen Sinn ein Hinweis an alle *Erzieher* sein, nicht ein *erwachendes Feuer,* einen lebendigen, freien Geist mit starren Verhaltensnormen einzuschränken oder gar zu löschen.

Aus dem westlichen Arnhem Land gibt es ein wunderbares Bild eines Gunwinggu Künstlers, das Yingana und Ngalyod gemeinsam zeigt. Yingana taucht mit ihrem Kopf aus einer korbartig geflochtenen Fischfalle auf, die mit einem gitterartigen Muster, das *rarrk* genannt wird, dekoriert ist. Dabei handelt es sich um übereinandergemalte, sich stets kreuzende Schrägstriche in den Kultfarben der Aborigines:

Die weißen, roten und schwarzen *Gitter-Netze* stellen offensichtlich Energienetze dar, die den Hauptebenen des kosmischen Gebäudes – der oberen, mittleren und unteren Welt – entsprechen. Kommt die Farbe gelb – die Farbe der Sonne, dazu, kann darin das Licht gesehen werden, das alle Schwingungs-Ebenen durchdringt.

Dem äußeren Korbgeflecht ist ein X-förmiger Körper eingeschrieben, worin die beiden Arme und Beine der *Großen Mutter* gesehen werden können, die die obere und untere Welt meinen. Durch die Mitte des Zeichens – die gleichzeitig die Mitte des Korbes ist, verläuft ein vertikaler Kanal, der die Wirbelsäule von Yingana, bzw. die kosmische Achse deutlich erkennen läßt. Darauf sitzt der eiförmige Kopf von Yingana, dem zwei kreisrunde Augen und ein kleiner Querstrich als Mund eingezeichnet sind. Die zwei Augen versinnbildlichen Sonne und Mond und der waagrechte Strich den Raum, den Yingana durchflutet. Die Körperskizzierung von Yingana hebt sich auch deutlich vom schraffierten Feld ab. Und der ganze Korb wird von Ngalyod, der großen, den gesamten Raum umfassenden Schlange, umrundet. Solange der fließende Schöpfungsprozeß anhält, sind beide untrennbar vereint.

In einer weiteren Erzählung tauchen zwei Ngalyod, zwei Regenbogen-Frauen auf, die vom Norden aus der Gegend von Millingimbi, und wie die Djangkawu-Schwestern, den Weg des Sonnenaufgangs kamen. Ihr Bezug zur Sonne wird auch durch den wilden Honig offenkundig, der auf einem ihrer geschaffenen Plätze erwähnt wird. Bienen sind *Sonnentiere* und nur auf *reinen und guten* Plätzen zu finden. Der Reinheitsaspekt der Schwestern wird zusätzlich dadurch hervorgehoben, daß sie die Plätze, auf denen sie rasteten und tanzten, zuerst gereinigt hatten.

Auf den Plätzen hinterließen sie entweder ein heiliges Hohlrohr, eine Palme oder eine Quelle (Wasser-Säule). All dies sind Sinnbilder des Regenbogens, der Himmelsleiter bzw. einer Säule, die das kosmische Gebäude stützt. Und während die beiden Regenbogenfrauen mit ihren Grabstöcken über Land wanderten, sondierten sie das Land und suchten nach *weichen Plätzen*, wie sie z. B. von Papierrindenbäumen mit ihrer weichen Rinde angezeigt werden, die auf sumpfigen Boden wachsen, wo die Energie der mütterlichen Tiefe zu spüren ist.

Und die Schwestern sagten zueinander: »Wir müssen mehr solcher Plätze finden.« – Jede Traumzeit-Stätte bedeutete schließlich einen weiteren Stützpfeiler des kosmischen Gebäudes, an dessen Entstehung sie mitwirkten. Allerdings: An einem Platz konnten sich die Schwestern nicht einigen, ob sie hier rasten sollten oder nicht und ob sie hier ein Hohlrohr zurücklassen sollten oder nicht. Dabei gerieten sie in eine heftige Diskussion, die so weit ging, daß sie einander mit ihren Bambusspeeren bedrohten. Die ältere Schwester warf einen Speer gegen die Jüngere, der mitten in deren Brust traf. Dann warf die Jüngere einen Speer gegen die ältere Schwester, und danach sprangen beide in das große nahe Wasserloch, wo sie sich in Regenbogenschlangen verwandelten.

Als die beiden Schwestern miteinander fochten, kamen sie mit ihren Stäben oder Speeren *über Kreuz.* Zwei übereinander gekreuzte Stäbe bilden ein Schrägkreuz, das auch Yingana repräsentierte. Die Überkreuzung von zwei Stäben weist auf einen Knotenpunkt von zwei Energieströmen hin. Und im weiteren ist das Schrägkreuz als ein Teil der gesamten Netzwerkstruktur zu sehen. Und daß die Schwestern einander in die Brust trafen, deutet ganz klar auf die Öffnung des Herzchakras hin, bzw. auf eine Traumzeit-Stätte, die diese Energiequalität besitzt. Das Herz ist das erste große Tor, das zur geistigen Welt führt. Nur über ein offenes Herz ist spirituelles Wachstum möglich.

Ein kosmologisches Modell

Die Verschmelzung von Ngalyod und Yingana scheint der Regenbogenschlange Bolong zu entsprechen, die westlich des East Alligator Rivers auftaucht. Manchmal wird sie mit Yingana gleichgesetzt, dann wieder heißt es, Yingana hätte Bolong geboren. In der Daly-River-Region bedeutet das Wort *bolongo* Wasserschlange oder auch großes Krokodil, womit sie mit Ngalyod, die einen Krokodilschwanz oder einen Krokodilkiefer besitzt, identisch sein dürfte. Die Dalabon- und Djawan-Aborigines sehen in Bolong die Allmutter und die Nangiomeri-Aborigines den Allvater.

Bo bedeutet *kommen* oder *gehen*, also etwas, das in Bewegung ist. Und mit long/lang/langga ist ein Graben oder etwas Langgezogenes gemeint. Erinnern wir uns der Wanambi-Frauen, die Schlangen im Graben fangen wollten. So können wir auch Bolong als *Schlange im Kanal*, bzw. als das innere Wesen eines Körpers sehen.

Interessant an Bolong ist, daß es nicht allein ein Name ist, sondern ein vieldeutiges Wort. Es kann eine Bezeichnung, ein Attribut oder ein geistiger Begriff sein. Es wird in Beziehung gesetzt mit Lebenszyklen, Zeitbegriffen, Traumzeit-Stätten, Zeremonien und ist auch das Wort für Regenbogen. Bolong kann reiner Geist, etwas Heiliges und Hochstehendes bedeuten, aber ebenso eine Bezeichnung für Asche sein. Damit wird der Feueraspekt der Schlange und ihr Verwandlungsaspekt angesprochen. Bolong kann ebenso anstelle von Djang, dem Wort für Kraft, benutzt werden.

Bolong kann unterschiedlich geschrieben sein, wie z. B. Bolang, Pulang, Bulang oder Bolan. Ich habe fast zwei Jahre in Indonesien gelebt und erinnere mich des Wortes Pulang, das *zu Hause* oder *Heim* bedeutet. Von den indonesischen Inseln sind ja einige Einflüsse nach Nord-Australien gekommen. Nun, wenn mit Bolang/Bulang/Pulang die pulsierende Kraft in einem Körper gemeint ist, könnte es in Verbindung mit Haus/Heim im spirituellen Sinn das *nach Hause kommen – die eigene geistige Heimat finden*, bedeuten. Als Bild wird dabei die Schlange im Haus sichtbar, so wie es Yulunggur anschaulich machte, der in die Hütte der Schwestern kam, um sie auf eine spirituelle Reise mitzunehmen. *Die Schlange im Haus* wird genaugenommen auch in der Kirche transparent, der Christus, die geistige Energie, die *Geist-Schlange* innewohnt.

Konservative Christen mögen ein Problem damit haben, daß Christus mit der Schlange gleichgesetzt wird, da sie sich daran gewöhnt haben, Christus mit Jesus gleichzusetzen, und die Schlange im Zuge der verstärkten Natur- und Frauenfeindlichkeit, die im Mittelalter unter der Dominanz der männlichen Kleriker ihren Höhepunkt erreicht hatte, zum dämonischen Wesen wurde. Deshalb soll noch einmal darauf hingewiesen werden, daß Christus (Christos) kein Name einer Person ist, sondern ein Ehrentitel war, den eine gewürdigte Person mit dem Salbungsritual erhielt. So wurde auch Jesus mit der Salbung zum Christus – zum *Gesalbten*. Die Wort-Kombination *Jesus Christus* ist irreführend. Richtig wäre die Bezeichnung *Jesus, der Christus*. Daß Christus mit der *Schlange* gleichgesetzt wird, kann nur diejenigen unangenehm berühren, die noch nicht die Schlange als Sinnbild des geistigen Energieflusses verstehen, als jene kosmische Energie, die alles, was lebt, pulsiert, aufrecht steht oder sich bewegt, vereint.

Daß das Wort Pulang in der malaysischen Sprache, aus der die indonesische Sprache hervorgegangen ist, auch spirituelle Bedeutung hat, darauf läßt im weiteren *Pulang Gana*, ein Erd- und Fruchtbarkeitsgott der Iban-Dayak in Sarawak schließen. Das Wort Gana kennen wir anderseits von Yingana, der *Großen Mutter*, die am East Alligator River, entlanggeströmt ist. Möglich auch, daß das Wort Gana identisch ist mit Goanna, der Echse, die vielerorts mit der Ur-Mutter Ana/Anna und kosmischen Achse (ein Wort, das der *Echse* ähnlich ist) assoziiert wird. Echsengestaltig sind auch die schöpferischen Djangkawu-Schwestern, die wiederum mit Yin-gana/Ngalyod gleichgesetzt werden. Gana erinnert wie schon erwähnt an die indische Flußgöttin Ganga, die wie Go-anna, die Echse, ein Ur-Bild der fließenden Bewegung ist.

In den Kimberleys ist Ungud (Wunggud) ein Name und Begriff, der Bolong/Pulang gleichgesetzt wird. Ungud ist Teil eines komplexen kosmologischen Modells oder metaphysischen Konzepts, das mehrere schöpferische Kräfte und Begriffe umfaßt, die erst in ihrer Gesamtheit die Regenbogenschlange bilden. Das sind: Ungud, Wandjina, Wallanganda und Ungur. Allem übergeordnet ist noch Ngadjar, ein Wesen, das hinter allen Begriffen und Vorstellungen der Menschen steht. Er brachte Licht und Schlaf, der als *Seil* gesehen wird, das dem Geist hilft, in seine geistige Heimat zurückzufinden.

Ungud wird als *Rote Schlange* der fruchtbaren *Mutter Erde* zugeordnet, bzw. der Erde selbst gleichgesetzt. Den Ungarinyin-Aborigines gilt sie als *Stamm-Mutter alles Lebendigen*.

Sie wird mit Wachstum, Mehrung und auch mit Quarzkristallen assoziiert. Ungud wird meistens weiblich gesehen. Sie ist der Nährboden, der allen Naturerscheinungen Form gibt und sie gedeihen läßt. Manchmal wird Ungud selbst als Regenbogenschlange bezeichnet, die vom Urmeer geboren wurde. Und indem sie den Bumerang *kreisförmig zielte*, kamen Landmassen aus der Tiefe hoch.

Als großes Schöpferwesen hat Ungud die unvollendeten Menschenwesen fertig gestaltet, wozu sie roten Ocker nahm, den sie mit lebendigem Wasser vermischte. Ungud besitzt keinen Mund, da sie mit *der Nase ausgesungen hat.* Ihr Schöpfungsakt wird auch so beschrieben: Ungud machte in ihrem Traum verschiedene Wesen und verwandelte sich in das, was sie träumte. Und da die von Ungud kreierten Wesen selbst aus Ungud-Energie bestehen, besitzen diese ebenso die schöpferische Kraft von Ungud. In diesem Sinne wird Ungud nicht nur als Erdschlange, sondern gleichfalls als geistig kosmische Energie verstanden. Ungud ist nach ihrem Schöpfungswerk in den Himmel aufgestiegen, dennoch ist sie nach wie vor auf der Erde allgegenwärtig.

Im weiteren kontrolliert Ungud den Rhythmus der Erde und alle Zyklen, wie die der Gezeiten, des Wetters, des Lebens und des Wachstums. Auch wenn die Schlange in der Regel zusammengerollt im Inneren der Erde ruht und wie schlafend wirken mag, so ist sie doch stets hellwach. Und wenn sie sich aufs neue bewegt und ausstreckt, bricht Feuer aus den Vulkanen und die Erde schüttelt sich. Zu einer solchen Bewegung der Schlange sagen die Aborigines: »Sie ist wieder aufgestanden, denn sie hat sich verbrannt.« Im übertragenen Sinne mag das heißen, »sie ist verletzt worden«. *Wiederaufstehen* bedeutet aber auch, etwas neues bringen, etwas neues schöpfen.

Ungud wird im weiteren als Begriff benutzt, um auf eine hohe oder heilige Energie- oder Lebensqualität hinzuweisen. Eine Person, eine Steinsetzung, ein Platz oder Wasser kann *ungud sein*. Und *zu ungud werden*, bedeutet *eingehen in die Urzeit, in den Traum – in den geistigen Urstoff*. Aus Ungud werden auch Kinder *geträumt*. Die Geistkinder warten in der Nähe der Ungud-Wasser, um von ihrem Vater oder *in den Leib der Mutter geträumt* zu werden. Träumt ein Vater ein Geistkind, teilt es ihm mit, welchem Totem es angehört. David Mowaljarlai sagte, wenn ein Vater davon träumt, ein Baby in seinem Arm zu halten und plötzlich ist es aus seinen Armen verschwunden, dann ist es nach *innen* gegangen.

Ungud hat große Macht. Sie ist fähig, den Weg *freizumachen*. Sie bahnt sich ihren Weg durch Felsen hindurch, sie kann zerstören und auch heilen. Ihre heilende Kraft ist im Wasser. Dazu erklärte David Mowaljarlai: »Wunggud-Wasser enthält konzentrierte Erdenergien. Wenn wir krank sind, schwimmen wir in Wunggud-Wasser. Ihre Kraft befreit von Krankheit. Aber wir schwimmen nicht in der Mitte (des Wassers). Du kannst die Kraft, die im Inneren ist, nicht stören. Deshalb darfst du nur am Rande schwimmen.« Wenn eine kranke Person in das Wasser der Wunggud-Schlange geht, kann sie deren Geruch riechen und weiß, daß diese Person krank ist. Dann erhebt sie sich, kommt herbei und *schleckt* die Wunde des Kranken. Es ist die Kraft der Schlange, die seine Aura reinigt, diese *glatt* macht, ihn kräftigt und heilt. Aborigines nennen solche Plätze nicht *Heilplätze*, sondern *Sickness-Dreaming* – Krankheitsträume. Die Hüter solcher Plätze verkörpern *Krankheit*, das heißt, sie sind immun gegen sie. Ungudwasser gleicht gestörte Energiefelder des Menschen aus. Im allgemeinen wird Ungud geliebt, nur Menschen, die die Heiligkeit der Erde und des Lebens verletzt haben, müssen Ungud fürchten.

Mehr fürchten sich die Menschen vor Wandjina (Wondjina), die Flut, heftige Stürme und Zyklone bringen kann. Wandjina reist mit Wind und Wasser. Wandjina gab der Erde ihre äußere Form, vor allem in den Kimberleys ist das Land von den starken Gezeiten-Bewegungen und Kräften der Natur gezeichnet. Wandjina brachte das Gesetz und gab den Menschen das Land, um es zu hüten und zu bewahren und bestraft, wenn Menschen nicht miteinander teilen oder Gesetze nicht befolgen. Während in den Ost-Kimberleys eher Ungud mit Geist-Kindern in Beziehung gebracht wird, ist es im Westen Wandjina, die als Quelle der Kinder gilt.

Wandjina und Ungud erweisen sich oft austauschbar. Und manchmal heißt es: »Wandjina und Ungud sind gleich.« Nyigina-Aborigines sagen allerdings, daß Ungud den ersten Wandjina erträumt hat. – Wandjina wird oft in der Mehrzahl gesehen. Und ein Ungarinyin-Aborigine meinte: »Ungud ist mehr Boß als Wandjina.« Eine Geschichte der Ungarinyin erzählt, daß Ungud während ihrer großen Wanderung ihre Eier in die noch weiche Erde gelegt hat, aus denen die Wandjina geschlüpft sind. Da also Wandjina selbst Teil von Ungud ist, besitzt Wandjina auch die schöpferische Ungud-Kraft.

Es gibt in den Kimberleys einen Schlangentraum, der Njallagunda genannt wird. Außergewöhnlich an diesem Ort ist, daß sich hier Wandjina und Schlangen gemeinsam manifestieren. Auf Fels ist Wunggadinda, eine zusammengerollte Schlange gemalt, in deren innerem Raum ein Geistkind steht. Das Wort Wunggadinda ist eine Zusammensetzung von Wunggud und Wandjina. Es ist ein Platz der Frauen, die Hüterinnen des Schlangentraumes sind.

Viele Kimberley-Aborigines sind sich gewiß, daß Wandjina ihre Felsbilder selbst geschaffen und danach in sie eingegangen ist. Andere differenzieren und sagen, der Geist von Wandjina lebt im Fels, auf dem das Bild von Menschen gemalt wurde. Wandjina-Bilder *sind ungud* – kraftvoll und heilig. Genaugenommen findet beim Malen eines Felsbildes ein Austausch zwischen Wandjina und dem Künstler statt. Während der Künstler das Bild malt, schenkt er der Schöpfung und der Kraft, die im Fels wohnt, volle Aufmerksamkeit. Damit fließt seine eigene konzentrierte Kraft in das Bild und durch die Berührung des Felsens erhält der Mensch wieder die darin gespeicherte und pulsierende Kraft zurück. Ein Kraftaustausch, wie er gleichfalls durch das innig gesprochene Gebet auf einem Wallfahrtsort stattfindet. Aborigines, die zu bestimmten Zeiten zu ihren Plätzen zurückkehren und die Felsbilder berühren, erinnern sich dann wieder an das alte Wissen und ihre eigene *Geschichte.*

Ein Wandjina wird meist nur als Kopf dargestellt, der einem nach unten gedrehten Wassertopf oder einer hufeisenförmigen Wolke ähnelt. Wie Ungud hat auch Wandjina keinen Mund, denn würde Wandjina einen haben und öffnen, könnte alles hinweggeblasen oder weggeschwemmt werden. Andere wieder sagen, Wandjina habe es nicht nötig zu sprechen, da er denkt, das hieße, mit dem oberen Teil des Kopfes schöpferisch tätig zu sein. Dem Wandjina-Kopf werden zwei runde Augen und ein Längsstrich als Nase eingezeichnet. Im Unterschied zu Yinganas Querstrich, der den Mund darstellt, zeigt sich hier die vertikale Achse, die an die auf- und absteigenden Kräfte erinnert.

Wandjina ist *mahmah*, etwas Besonderes und Reines. Auch Kinder und Frauen sind *mahmah*, während Männer erst nach ihrer Initiation *mahmah* werden. Eine Frau ist *mahmah,* da sie mit den Zyklen der Erde im Einklang ist und wie die Erde Leben gibt und Leben nährt. Stirbt eine Frau, benötigt sie keine Reinigungszeremonie wie ein Mann, da sie automatisch in den *heiligen Schlangenzyklus* eingeht. Die Frau gehört von Natur aus der Erde und der Schlange an. So sind alle Schlangenplätze *mahmah* und dürfen nicht berührt werden. Es gibt auch Steine, die *mahmah* sind. Diese stehen aufrecht, sind etwa einen Meter hoch und besitzen Schlangenform. Sie werden die *großen Gesetzessteine* oder Wongai-Frauen genannt. Vor langer Zeit machten hier die Frauen das Gesetz, das diesen Steinen eingeschrieben war, bis der Wirbelwind kam und ihnen die Macht raubte. Der Wirbelwind ist ein Symbol der Veränderung und Erneuerung. Sind demnach die zur Zeit zunehmenden Wirbelstürme als ein Zeichen neuer Veränderung zu deuten? Werden sie die alten Gesetze der Frauen zurückbringen?

Die souveräne Kraft der Galaxien wird von Wallanganda, dem *Herrn des Himmels* repräsentiert. Er ist die *weiße Geistschlange* – die Milchstraße, oder genauer gesagt, die verborgene Kraft im Sternengürtel. Er war es, der aus Schlamm den ersten Entwurf des Menschen formte. Um diesen Schöpfungsakt mit Worten des Whitefellas zum Ausdruck zu bringen, »Wallanganda hat das erste Copy-Right auf die Menschen«. Als Himmelskraft hat Wallanganda gemeinsam mit Ungud, der Erdkraft, die Welt erschaffen, die sozusagen im Spannungsfeld zwischen den beiden großen Schöpferwesen entstand. Wallanganda wird eigentlich nur von initiierten Männern verstanden. Möglich, daß Wallanganda mit islamischen Händlern in die Kimberleys kam. Das Wort Walla (Wali) bedeutet im islamischen Indonesien eine geistige, männliche, starke Führungskraft. Und das Wort Wal scheint rund um die Welt in die Urzeit zurückzugehen und wird mit

Nebel und Wasser, mit dem Urstoff der Welt asoziiert. Denken wir dabei nur an unsere Wal-Küren, die sich als Nebelgeister aus den Schaumkronen des Meeres erhoben. Möglich, daß Wallanganda als *männlicher* Gegenpol zur *weiblichen* Ungud erst später mit der zunehmenden männlichen Kraft im sozialen Leben als weiteres kosmisches Konzeptelement dazukam. Denn Ungud gebar ja den ersten Wandjina und alle Wandjina zusammen ergeben Wallanganda, der auch *der große Wandjina* genannt wird. Das heißt genau betrachtet, nicht nur die kleinen Wandjinas, sondern auch der große Wandjina Wallanganda besitzt die schöpferische Ungud-Kraft oder ist mit ihr identisch. Es wird auch gesagt, »Wandjina verwandelte sich in Ungud«. Manche sehen in Wandjina den Regenbogen und in Ungud die *Große Schlange*, die gemeinsam – wie Yingana und Ngalyod – die Regenbogenschlange bilden.

Der Aussage eines Aborigines zufolge, bedeutet Wandjina *das Gebäude bilden*. Jeder Wandjina stellt ein eigenes Energiefeld dar, und aneinandergereiht bilden die Wandjinas ein großes Energiefeld. Jeder Volksstamm, der mit einem bestimmten Landblock (Dambun) verbunden ist, hat seinen eigenen Wandjina. Und dieser prägt sozusagen mit seiner ihm eigenen Energiequalität diesen Teil der Landschaft. Aborigines sehen es auf ihre Weise. Sie beschreiben dieses Energiefeld als eine Wolke, die von Wandjina dem darunterliegenden Land hineingelegt wurde. So ist jedes Stammesterritorium ein Netzblock, ein Teil eines großen Netzwerks, das der australische Kontinent, bzw. der australische Körper, der von den Kimberley-Aborigines *Bandaiyan* genannt wird, bildet. Und zwischen den einzelnen Territorien verlaufen die Liederpfade oder Traumzeit-Wege.

Innerhalb eines Dambuns oder Wandjina-Feldes, hat jede Volksgruppe ihren eigenen Traum, ihr eigenes Identitätssymbol, ihr eigenes Stammestotem, das die vorherrschende Energiequalität dieses Landblocks repräsentiert. Dieses Identitätssymbol wird Ghee genannt und wird als Prototyp einer bestimmten Erscheinungsform verstanden.

Für jene, die sich mit Engelwesen beschäftigen, mag Wandjina als eine Art *Landschaftsengel* eher begreiflich sein, der sich mit seinem pulsierenden Energiefeld über einem bestimmten Landschaftsgebiet ausbreitet und seine Impulse auf die darunter liegende Erde überträgt.

Wer einmal aufmerksam über das Land geht und sich auf innere Impulse eingestellt hat, wird die Erfahrung machen, daß er gelegentlich das Überschreiten unsichtbarer Grenzen spürt. Da ist plötzlich, von einem Schritt zum nächsten eine ganz andere Atmosphäre wahrnehmbar. Da wachsen oft auf einmal ganz andere Pflanzen, Bäume und Blumen, oder es gibt vielleicht mehr felsiges Gestein oder dichteren Wuchs, etc.

Auf Menschen, die lange Zeit in einer bestimmten Landschaftsregion leben, überträgt sich mit der Zeit der Charakter der Landschaft. So ist es nicht von ungefähr, daß wir oft an einem bestimmten Menschentyp erraten können, ob einer ein *Bergler* oder ein *Flachländler* ist. Ebenso sind Menschen gefühlsmäßig mit der Energiequalität ihrer Lebensregion verbunden. Menschen, die in Küstennähe aufgewachsen sind, werden sich immer nach dem Meer sehnen, so wie sich Menschen aus dem Gebirge meist im Flachland nicht zu Hause fühlen. Menschen einer bestimmten Region haben auch meist den gleichen Ton-Fall, den gleichen Klangfluß, der mit dem Energiefluß des Landes korrespondiert und sich von anderen Regionen unterscheidet.

Land und Menschen weisen sozusagen sehr ähnliche Schwingungsmuster auf, und solange Mensch und Land im

Einklang waren, lebten auch benachbarte Völker weitgehendst in Frieden. Erst das Bestreben des Menschen nach Expansion und Eroberung setzte diesem Lebenssystem ein Ende. So zogen z. B. Europäer kreuz und quer durch Afrika, um sich den Kontinent wie einen Kuchen, den sie selbst nicht gebacken hatten, aufzuteilen. Dabei wurden neue Grenzen errichtet, die den natürlich eingeschriebenen Grenzen des Landes nicht entsprachen. Dieses Vorgehen trennte nicht nur Menschen von ihrem abgestammten Land, sie waren mit ihrem eigenen Schwingungsfeld nicht in Harmonie mit dem Energiefeld ihrer neuen Lebensregion. Das kann als ein wesentlicher Grund gesehen werden, daß Menschen aus dem inneren Gleichgewicht kamen und feindliche Stammesaktivitäten zunahmen, bzw. Ausmaße erreichten, die davor nicht bekannt waren.

An der Westküste Australiens in den Norden fahrend, sah ich kurz vor Derby hunderte kleine Wolkenformationen, die an Wandjina-Köpfe erinnerten und wie Wattebäusche aneinandergereiht waren. Ich machte Mitreisende auf dieses Himmelsphänomen aufmerksam, aber sie zuckten nur mit der Schulter. Es hat ihnen nichts bedeutet. Ich aber war ganz aufgeregt, da mir mit diesem offenbarten Bild die Vielfalt der Wandjinas in der Einheit Wallanganda vor Augen geführt wurde.

Zuletzt sollen noch kurz die Begriffe Ungur und Wayrull erklärt werden. Wayrull ist der kosmische Atem, der speichernde und tragende Energiefluß und Ungur steht mit Zeit, Raum und Zyklen in Verbund. Da wird von der Ungur-Zeit gesprochen, jener Zeit, als Ungur und Wandjina zum erstenmal gemeinsam erscheinen, um ihr *Großes Werk* zu beginnen. Dabei wurde Wandjina zu Ungud, das heißt, schöpferisch tätig. Und die Seelen kehren nach dem Tod zu den

Ungur-Plätzen zurück, in denen sie bereits vor ihrer Inkarnation, als Teil von Ungud, gelebt haben. Ungur-Plätze sind Torwege zur geistigen Welt, wo sich Zeit und Raum auflösen. Ungur wird aber auch mit Kraft in Beziehung gebracht und damit Ungud gleichgesetzt.

Differenziert gesehen, können wir Ungud und Wallanganda als unentwegt Impulse aussendende Energieströme verstehen, wobei Ungud das weibliche und Wallanganda das männliche Prinzip des Kosmos repräsentiert. Klein-Wandjina mag als Teil der energetischen Vielfalt, bzw. als Lichtkörper, der aus Ungud/Wallanganda geboren wurde, betrachtet werden. Und Ungur, Zeit und Raum repräsentierend, ist jene Kraft, die hinter jedem Zyklus steht. Wayrull, der kosmische Atem bindet schließlich alle Elemente zusammen. Es ist ein kosmologisches Modell, das der Mensch mit seinen ihm zur Verfügung stehenden Begriffen zu erfassen versucht.

Konzepte der Aborigines und anderer Naturvölker wurden seitens der Wissenschaftler oft als diffus bezeichnet, da es ihnen angeblich an Logik mangelt und sie deshalb nicht auf intellektuelle Weise analysiert werden können. Und das ist der springende Punkt. Diese Konzepte wollen gar nicht vom logischen Verstand betrachtet werden, sondern von der intuitiven Seite her. Sie wollen mit Herz und Gefühl bereist werden.

Letztendlich treffen alle Elemente des Kimberley-Modells im Körper der Regenbogenschlange zusammen. Und wir erkennen, daß alle Bausteine des kosmischen Gebäudes auf die reine Kraft des Universums und das schöpferische Bewußtsein zurückgehen, das immer war und immer sein wird und das *yorro-yorro*, den *unentwegten Schöpfungsfluß,* hervorbringt.

Von der Regenbogenschlange gerufen

Auf der Suche nach weiteren Informationen über die Regenbogenschlange traf ich in Alice Springs auf Suzy und Greg, die als Körper- und Atemtherapeuten arbeiten und seit vielen Jahren mit Pitjantjara-Aborigines befreundet sind. Die beiden erzählten mir, daß sie bald wieder für einige Tage die Pitjantjara-Community besuchen wollten. Es würden noch weitere fünf Personen mitkommen, die sich für die Regenbogenschlange interessierten und ihre Geschichte und Tänze lernen wollten. Das hörte sich sehr interessant an und natürlich mußte ich diese Chance wahrnehmen.

Es war ein langer Weg über staubige und holprige Naturstraßen, der durch endlose Buschlandschaften mit eindrucksvollen Hintergrundszenerien führte. Einen atemberaubenden Anblick bot Mount Conner, den die Aborigines Atila nennen. Es ist ein auberginenfarbener mächtiger Tafelberg, der sich etwa 350 Meter wie ein Tisch für Riesen über die mit Mulga-Bäumen bestandene rote Halbwüste erhebt. Wir hatten Atila bereits im Rücken, als es dunkel wurde und wir einen Camping-Platz suchten. Jeder von uns rollte seinen Swag (Schlafrolle) rund um das Campfeuer aus, das schnell entzündet war. Und bei Billy-Tea (rauchig schmeckender Tee vom Campfeuer), erfuhr ich, daß die Regenbogenschlange auch die anderen berührt und jeden auf eine andere Weise *gerufen* hat. Jeder von uns schien in den Traum der Regenbogenschlange miteingewoben zu sein.

Am nächsten Morgen überquerten wir die Grenze vom Northern Territory nach Southern Australia, und bald darauf erreichten wir die Aborigine-Community, wo wir freundlich aufgenommen wurden. Suzy und Greg tauschten erst einmal mit ihren Freunden in der Sprache der Pitjantjara Neuigkeiten aus. Das ganze Leben in einer Community spielt sich im Freien ab. Auch wenn die Regierung den Aborigines einfache Häuser gebaut hat, so steht das bißchen Mobiliar, wie Betten und Stühle, im Freien, wo gekocht, geplaudert, Bilder gemalt werden und gesungen wird. Kinder spielen, und Hunde sind hinter jedem abfallenden Happen her.

Nachdem wir uns alle ein bißchen beschnuppert und ein paar Tassen Billy-Tea getrunken hatten, wurden die vier Männer unserer Gruppe von älteren Aborigine-Männern mit in den Busch genommen, während wir vier Frauen von Pitjantjara-Frauen aufgefordert wurden, sie zu begleiten. Oft wirken Aborigine-Frauen eher zurückhaltend oder auch energisch, doch als sie uns ihre Tanzschritte zeigten und ihre Geschichte erzählten, kam ihre offene und humorvolle Natur zum Vorschein. Ihre Bewegungen, die aus den Hüften herausflossen, waren kraftvoll und weich zugleich. Ein sanftes Schaukeln, das sich harmonisch dem Land anpaßte. Dann wieder wirbelten ihre Füße zum Rhythmus ihrer Lieder, die von Generation zu Generation an Frauen weitergegeben wurden, durch den warmen Sand. In diesem Moment waren sie Jägerinnen und Sammlerinnen, und sie hielten den Grabstock fest in der Hand, sich ihrer Stärke wohl bewußt.

Da sich Bewegungen und Schrittfolge regelmäßig wiederholen, sind sie nicht allzu schwer zu lernen. Schwieriger war es, das Fließen aus der Hüfte nachzumachen und das innerliche Hingeben an das Land voll und anschmiegsam mit dem ganzen Körper zum Ausdruck zu bringen.

Zurück in der Community, baten uns die Pitjantjara-Frauen, kurze, dunkle Röcke anzuziehen, und vor Einbruch der Dunkelheit folgten wir ihnen abermals hinaus in den Busch, wo sie uns zu verstehen gaben, unsere T-Shirts auszuziehen, damit sie unsere Brüste bemalen konnten. Ich hatte keine Ahnung, was eigentlich vor sich ging, aber zwischen den Ästen der Büsche hindurch sah ich, daß nun von allen Seiten Aborigines herbeiströmten und sich in einer kurzen Distanz von uns mit ernsten Gesichtern auf dem sandigen Boden niederließen. Von Suzy erfuhr ich schließlich, daß wir die gelernte kurze Passage aus der langen Regenbogen-schlangengeschichte vor den Pitjantjara darstellen sollten. Aus dem Spiel wurde plötzlich Ernst. Erst zögerte ich. Ich hatte noch nie in der Öffentlichkeit meinen nackten Busen gezeigt. Neben den anderen sitzend, beobachtete ich die ruhige Pinselführung der Aborigine-Frauen und wie Schlangenlinien auf den weißen Brüsten entstanden. Ich war noch unschlüssig. Die Aborigine-Frauen sahen mich prüfend an, sagten aber kein Wort. Ich mußte selbst entscheiden, ob ich ein Teil der Regenbogenschlangengeschichte sein wollte oder nicht.

Ich spürte in mich hinein. Nun, ich war hierher gekommen, um eine persönliche und besondere Erfahrung zu machen – und die wollte ich bis zum Ende gehen. Ich zog mein T-Shirt aus. Die flüssige Farbe fühlte sich kühl an. Ich war enttäuscht, daß ich keine Schlange aufgemalt bekam, stattdessen unzählige rote und weiße Punkte auf dem ganzen Oberkörper und Oberarmen, womit ich nicht die Masern, sondern die Mistel darstellte.

Während die hereinbrechende Nacht uns aufsog, gaben die Aborigine-Frauen darauf acht, daß wir nicht aus dem dunklen Schatten hervortraten und von den anderen gesehen wurden, bevor nicht der heilige Schöpfungsakt begann und wir mit unserer Verkörperung der Traumzeitwesen über alles *erhaben* waren. Bevor wir den Tanzboden betraten, erhielten wir noch Kopfbänder aus roter Wolle. Es herrschte fast Totenstille, nur in der Atmosphäre knisterte es. Für die Pitjantjara war das kein Schauspiel, es war ihre heilige Geschichte, die Vergangenheit, Gegenwart und Zukunft zugleich ist. Wir tanzten gemeinsam mit den Aborigine-Frauen – wogten über die Erde und streuten unsere schöpferische Saat aus.

Der Auftritt der Traum-Männer im schwach flackernden Lichtschein, mit ihrem vollen Körperschmuck und dem langen, antennenartig hochragenden Kopfschmuck war fast atemberaubend. In der Dunkelheit und mit Ocker bemalt, waren sie als Weiße nicht mehr erkennbar. Für eine kurze Weile tauchten wir in die Traumzeit ein – waren eins mit ihr. Doch so plötzlich alles begonnen hatte, löste sich auch alles wieder auf.

Als ich nachts in meinem Swag lag und mein Blick über den weiten, dicht gesäten, magisch funkelnden Sternenhimmel wanderte, versuchte ich zu ergründen, was die Mistel für mich zu bedeuten vermochte. Ich war sicher, daß die Aborigine-Frauen jedem die *passende* Rolle zugeteilt hatten. Seit jeher hat mich die Mistel in ihren Bann gezogen. Es gab kaum eine Weihnachtszeit ohne Mistelzweig für mich, der das wiederkehrende Licht zur Wintersonnenwende symbolisiert.

Die Mistel war den Druiden, den weisen Männern der Kelten, wegen ihrer großen Heilkraft besonders heilig. Sie schnitten den Mistelzweig mit einer goldenen Sichel und fingen ihn mit einem weißen Tuch auf. Die Mistel ist auch heute in der modernen Medizin, vor allem bei der Krebs-Therapie, ein Heilmittel von unschätzbarem Wert. Die Mistel, die *zwischen Himmel und Erde* wächst und in sich die bipolaren Kräfte vereint, bringt inneren Ausgleich. Ihre in sich tragenden Gegensätze zeigen sich auch im Äußeren: Der Zweig stellt den männlichen Aspekt und die runde Perle den weiblichen Aspekt dar. Wieder kommen *Stab und Ring* zusammen, und wir können verstehen, wieso Brautpaare es als ein gutes Omen sehen, sich unter dem Mistelzweig zu küssen. Stab und Ring entsprechen schließlich auch dem Ehering am Ringfinger.

Viele Menschen denken, die Mistel sei eine Schmarotzer-Pflanze, die sich von der Kraft des Baumes ernährt. Doch die Mistel ist stets auf Bäumen zu finden, die auf starken Energie-Kreuzungen stehen, das heißt an Orten, wo *Schlangenpfade* sich kreuzen. Es sind starke Erdenergien, die für den Baum zu stark sein können, doch die auf ihm gedeihende Mistel, die sich von der pulsierenden Schlangenenergie nährt, rettet letztendlich den Baum oder verlängert zumindest sein Leben.

Die Mistel ist ein Symbol der Lebenskraft. Die goldene Farbe der trockenen Beere wird mit der Kraft der Sonne assoziiert und die weiße Beere mit dem Mond. Die weiße Perle repräsentiert aber auch den Samen des Mannes und die rote Perle das Blut der Frau. Rot und Weiß stehen wieder für Wasser und Feuer, die bipolaren Kräfte und Hauptaspekte der Regenbogenschlange. Rot und Weiß gemeinsam bringen Dinge zur Manifestation. Vielleicht waren die auf meinem Körper aufgemalten roten und weißen Perlen als Eier der Regenbogenschlange zu verstehen, die ich nun in meiner Aura spazieren trage, um sie auf meinen weiten Reisewegen wie Saatkörner auszustreuen. Und vielleicht geht die bunte Saat auf und bringt, wo immer sie hinfällt, den Menschen Freude, Harmonie und auch Einsicht, die Qualität ihres Lebens selbst in der Hand zu haben.

Zurück auf dem Weg nach Alice Springs, vollgetankt vom belebenden und klärenden Atem des australischen Busches und erfüllt von den Erfahrungen mit den Aborigines, hing jeder von uns seinen eigenen Gedanken nach. Ich hatte das Gefühl, daß die Regenbogenschlange mit uns weiterreiste, und ich versuchte hineinzuhören, was sie noch zu sagen hatte.

Mit ihrem breiten Farbenspektrum zeigt sie uns die ganze Fülle des Lebens. Ihre Vielfalt offenbart sie aber nur jenen, die sich für ihre eigene Vielfalt öffnen und bereit sind, sich selbst zu entfalten. Die Regenbogenschlange erinnert daran, daß das einzige Absolute im Leben die Veränderung ist. Was heute ist, ist morgen nicht mehr. Das Leben ist ein einziges Fließen. Wir werden aufgefordert, auch mit dem Geiste beweglich zu sein, uns an den Lebensfluß anzupassen, ohne dabei zum Treibholz zu werden.

Die Regenbogenschlange ist fähig, uns in einer Weise zu berühren, die es möglich macht, uns selbst zu entdecken. Sie läßt uns von der eigenen Tiefe und Wurzel über den Stamm zur Krone hochsteigen. Sie vermag uns aber auch zu helfen, mit dem Gedankensturm, der zur Zeit an unserem künstlich errichteten Lebensgebäude rüttelt und schüttelt, besser zurechtzukommen. Sie läßt uns nachdenken, über den Zustand der Welt und die Zeit, in der wir leben. Unsere Gegenwart ist vielleicht die spannendste und herausforderndste Zeit, die es je gegeben hat. Auf der einen Seite nehmen Menschen die Öffnung vieler neuer Wege und Möglichkeiten auf allen Lebensebenen wahr. Auf der anderen Seite zeigt sich eine zunehmende Starre, stärkere Verkopfung,

Verhärtung und ein vehementer Kampf um alte Macht-strukturen.

Der Mensch war lange Zeit ungemein stolz auf seine Intelligenz, – womit er Sachverstand meinte. Und was hat er damit gemacht? Wir leben nun in einem weltweiten Klima der Unsicherheit, Desorientiertheit, Angst und Gewalt, des Terrors und Mißtrauens. Ein Klima, das auf Ignoranz, Arroganz und Feindbildern basiert, die Menschen entzweien. Unsere Umwelt ist versaut, Moral und innere kulturelle Werte nicht mehr viel wert. Um es mit Goethes Worten zum Ausdruck zu bringen: Die Welt scheint auseinanderzugehen wie ein fauler Fisch. Doch die eine Seite der Menschheit, versucht noch immer den faulen Fisch einzubalsamieren, um festzuhalten, was bereits aus ihren Händen gleitet.

Was nützt Intelligenz, wenn sie nicht lebensklug und lebensfördernd eingesetzt wird? Der moderne Mensch mit seiner sachlichen Lebenseinstellung ist an einen Punkt gekommen, der ihn selbst zur Sache gemacht hat. Doch Sache allein hat weder Kraft, noch erzeugt sie Lebensfreude. Nach all den vom *Kopfverstand* geprägten Härtesituationen, durch die die Menschen seit langem hindurchgehen, hungern die Menschen nach den Qualitäten des Herzens, – nach Weichheit, Großherzigkeit, Mitgefühl, nach Frieden und Harmonie. Die Menschen suchen wieder nach der *fürsorgenden Mutter*, die den *strafenden Vater* ersetzt. Es war der Verlust der weiblichen Stärke, der die Erde geschwächt hat.

Außerhalb des *Gaps,* des Felsengurchganges, der durch die MacDonnell Ranges nach Alice Springs hineinführt, steht ein kleiner kegelförmiger Hügel, der stets in mir den Eindruck erweckte, als sei er der *Stöpsel* des *Gaps,* – als wäre er einst von einer mächtigen Kraft aus der Felsenmasse heraus katapultiert worden. Da ich mich von diesem Hügel wie magisch angezogen gefühlt hatte, versuchte ich ihn einmal etwas näher zu erkunden. Auf etwa halber Höhe hatte ich plötzlich die Präsenz einer Energie gespürt, die mich wie eine Wolke umhüllte. Da war eine große weibliche Kraft fühlbar, die gleichzeitig Sanftheit übermittelte. Ich begann mein Herz besonders stark wahrzunehmen, so als sollte es weit geöffnet werden, und ich spürte Wogen von großer Lebensfreude hindurchströmen, so daß ich das Verlangen hatte, die ganze zu Welt umarmen. Es war eine weibliche Energie, wie sie den modernen Frauen, die es dem Mann nachmachen wollen, weitgehend verloren gegangen ist. Doch diese Art weiblicher Kraft, die aus einem offenen Herzen strömt, scheint von Nöten, um die Welt in eine freudvollere Zukunft zu führen. Es mag nun die Aufgabe der Frauen sein, mit Stärke, Mut und großer Sensibilität neue Weichen zu stellen und Zeichen zu setzen. Es liegt in ihrem Bereich, ein angst- und gewaltfreies Klima zu schaffen, das im eigenen Familienkreis beginnt. Der *neuen Frau* mag es auch gelingen, einen *neuen Mann* zu schaffen. Das weiche Wasser war stets fähig, den härtesten Stein zu formen. Und wenn ich auch hier von *der Frau* spreche, so meine ich natürlich im Grunde die weibliche Natur, die jedem Menschen innewohnt.

Am Fuße des Hügels, der sich mit dem Flußbett des Todd Rivers vereint, war ich einer Aborigine-Frau begegnet und hatte von ihr erfahren, daß dieser Hügel ein Platz der Frauen sei, der noch immer von einer alten Frau gehütet wird. Nun, vielleicht wartet sie darauf, daß der Wirbelsturm, der das Gesetz der Frauen entwendet hat, zurückkehrt und mit ihm die Träume der weisen Frauen.

Wie bereits ausführlich in diesem Buch erwähnt, hat die Schwingungsfrequenz der Erde viel mit dem geistigen Bewußtsein der Menschen zu tun. Daß sich der Regenbogen und die Regenbogenschlange zur Zeit in das Bewußtsein der Menschen bringen, soll uns wohl an die Anhebung unserer eigenen Schwingungsfrequenz erinnern. Die Erde hat eine Schlüsselfunktion innerhalb der gesamten kosmischen Evolution, wobei die Art und Weise ihres Transformationsprozesses, der zur Zeit stattfindet, von der Mithilfe des menschlichen Bewußtseins abhängig ist. Es liegt am Menschen, ob die Erde diesen Prozeß auf sanfte Weise oder mit großen Erschütterungen durchgeht. Erinnern wir uns, was Aborigines sagen: »Die Erde atmet aus, was die Menschen leben, denken und fühlen.« Und die Erde re-agiert auf das, was die Menschen leben, denken und fühlen.

Menschen, die sich wenig Zeit nehmen, um in sich selbst hineinzuspüren, benötigen vielleicht ein paar Anstöße, um zu erkennen, was die Lebenskraft des Menschen und in der Wechselwirkung mit der Natur auch die Erde schwächt und was sie anderseits stärkt.

Das Energiefeld des Menschen wie das der Erde wird gemindert durch: Lebensverneinung, Angst, Unsicherheit, Pessimismus, Depression, Mißtrauen, Neid, Mißgunst, Ungeduld, geistige Begrenzung, starre Geisteshaltung, Verschlossenheit, Engherzigkeit, Unrast, Selbsttäuschung, Täuschung anderer, Arroganz, Ignoranz, Feigheit, kritisierendes Verhalten, Egoismus, Habgier, Haß, Zynismus, Dickhäutigkeit, Vorurteile, Festhalten an psychischem *Gepäck*, Festhalten an Menschen oder Dingen, Selbstmitleid, Langeweile, Phantasielosigkeit, Klagen und Jammern, nur *Schlechtes* sehen, destruktive Berichte der Medien; Gewalt in Film und Fernsehen, billige Klamaukunterhaltung; Literatur, die angst macht oder Psycho-Terror bewirkt, Ignorieren innerer Lebenswerte; sich gegen den eigenen Lebensfluß stellen.

Das Energiefeld des Menschen wie der Erde läßt sich erhöhen durch: Lebensbejahung, Lebensfreude, Lebensmut, Selbstvertrauen, bewußten Optimismus, Selbstverantwortung, Offenheit, Lachen, Humor, geistige Beweglichkeit, Lesen geistvoller Bücher, aufbauende Gespräche, Phantasie-Reisen, Freundlichkeit, Ehrlichkeit, Sensibilität, Loslassen von belastendem psychischen *Gepäck*, Vorurteilslosigkeit, Großherzigkeit, Meditationen und Gebete, liebevollen Kontakt mit Tieren; und: indem wir andere beschenken, anderen Mut machen, das Schöne rund um uns sehen und mit dem individuellen Fluß des Lebens gehen.

Das Leben ist wie ein Rosenstrauch, der Dornen und Blüten hat. Konzentrieren wir uns nur auf die Dornen, peinigen wir uns selbst. Konzentrieren wir uns auf die Blüte, vermag sich unser Leben in voller Offenheit zu entfalten. Wir können auch das Bild des Regenbogens zu Hilfe nehmen. Was uns erhebt, läßt uns den Regenbogen aufwärtssteigen. Was uns erniedrigt, läßt uns vom Regenbogen abwärtsfallen.

Zur Zeit scheint jedenfalls alles Leben auf einer großen Waagschale zu liegen, deren Gewichtung die Menschen mit ihrer geistigen Ausrichtung selbst in der Hand haben. Es dauert immer eine Weile, bis sich neue Erkenntnisse durchsetzen. Nehmen wir das Beispiel *Ozon*. Noch vor ein paar Jahren haben Menschen darüber gelacht, weil man es doch *nicht sehen* kann. Inzwischen sind sie bei ansteigenden Ozon-Werten alarmiert, was allerdings die Verantwortlichen in der Industrie und Politiker noch immer nicht zu rigorosen Schritten veranlaßt hat. Doch was nützt uns die beste *Wirtschaft*, wenn wir keine Lebenswerte mehr haben, die das Leben lebenswert machen.

Vor einigen Wochen wurde ich von einem jungen Wissenschaftler gefragt, ob es denn heute wirklich noch von Bedeutung wäre, mit der Natur in Harmonie zu leben. Wir würden doch schließlich in einer Zeit der Technik leben. Ich muß zugeben, daß ich darüber etwas sprachlos war. So mag es noch ein bißchen dauern, bis der Mensch das Wesen der Natur in sich selbst erkennt, bzw. die Natur im Zusammenhang mit Lebensqualität begreift. Aber vielleicht wird den Menschen erst der Stellenwert eines gesunden vitalen Wald- und Ackerbodens, gesunder Bäume, reinen Wassers oder reiner Luft bewußt, – wenn sie hautnah damit konfrontiert werden. Wie z. B. im Jahr 1998, als in Südost-Asien mächtige Buschbrände die Atmosphäre belastet haben. Ich war zu dieser Zeit in Kuala Lumpur, wo die rauchige Luft zum Schneiden dick war und Menschen mit Atemmasken durch die Straßen liefen. In solchen Situationen erkennt der Mensch kristallklar: Was nützen uns alle modernen Errungenschaften, wenn wir keine Luft mehr zum Atmen haben.

Nicht zuletzt fordert die Regenbogenschlange mit ihrer geistigen Qualität auf, auch über unsere gängigen Religionen nachzudenken und für sich selbst Fragen zu stellen: Entsprechen sie der individuellen Suche nach geistiger Wahrheit? Vermitteln sie innere geistige und aufbauende Kraft? Schenken sie Vertrauen in uns selbst und in unser eigenes schöpferisches Potential? Und vor allem – öffnen sie unsere Herzen oder engen sie uns ein?

Ralph Waldo Emerson, der amerikanische Naturphilosoph, sagte einmal: »Zwei Menschensorten gefährden den geistigen Entwicklungsweg. Das ist der Narr in seiner Leichtgläubigkeit und der Gelehrte in seinem Unglauben.« Immerhin sind zur Zeit Wissenschaftler, vor allem in den Gebieten Physik und Biologie dabei, enorme neue Erkenntnisse zu gewinnen, die offensichtlich an höhere, geistige Bereiche anknüpfen lassen.

Der geistig-spirituelle Weg ist kein gerader. Er besteht aus vielen Kurven, Hindernissen und Fallen. Es ist ein steiniger Weg, auf dem oft Erfahrungen der Enttäuschung, Demütigung, Selbstzweifel und Tränen gemacht werden. Es ist der Weg der Regenbogenkrieger, die den bequemen Weg der Masse verlassen haben. Es benötigt oft großen Mut, diesen Weg, der gegen den allgemeinen Strom führt, unbeirrt weiterzuwandern, aber dabei steht die ganze Welt offen. Eichendorff hat das mit folgendem Ausspruch, der ›Aus dem Leben eines Taugenichts‹ stammt, wohl verstanden: »Wem Gott will rechte Gunst erweisen, den schickt er in die weite Welt.«

Der Weg des Regenbogenkriegers führt weg von lokal begrenzten religiösen Dogmen. Äußerlich bekundeter Glaube befriedigt ihn nicht mehr, und auf der Suche nach individuellen, inneren Erfahrungen, wählt er den Weg spiritueller Weltverbundenheit und des planetaren Bewußtseins. Der Regenbogenkrieger geht seinen Weg nicht in blindem Vertrauen, sondern bewußt vertrauend, aufmerksam und Selbstverantwortung tragend. Ein echter Regenbogen-Krieger ist auch kein *Sternen-Pflücker*, keiner der den *Himmel* erobert, bevor er nicht die Erde in sich selbst transformiert hat.

Er muß auch damit zurechtkommen, vom Atem der Regenbogenschlange an das vordere Ende der Zeit getrieben zu werden, an einen Punkt, an dem er mit großer Einsamkeit konfrontiert wird, wenn er plötzlich erkennt, daß die meisten Menschen um ihn herum noch am anderen Ende der Zeit leben. Doch in sich gestärkt, wird er von seinem

Herzen aus einen Regenbogen aussenden, der all jene erreicht, die dafür offen sind.

Der Regenbogen besitzt als Symbol des Lebensweges viele Stationen und ist letztendlich ein Symbol jedes religiösen Pilgers, der *den Weg der Wandlung* geht. »Ich bin der Weg«, sagte auch Jesus, in dem schließlich auch so mancher den Regenbogen sieht. Wegweisend ist ebenso *die alte Frau*, die alte Schlange, die die jungen Regenbogenkrieger zum großen Tor am Ende des Regenbogens führt, an dem der *Goldene Topf,* der Kelch der bedingungslosen Liebe wartet.

Die Regenbogenschlange animiert dazu, sich der ganzen Welt gegenüber zu öffnen. Schluß damit, die Welt und sich selbst zu begrenzen. R. W. Emerson sagte: »Die einzige Sünde ist Beschränkung.« Und daß die Regenbogenschlange nicht zuletzt ein Symbol der Kommunikation und Vernetzung ist, bringt sie mit dem *Netz,* ihrem machtvollen Attribut, zum Ausdruck.

Die Geschichten, Farben und Töne der Regenbogenschlange sind im gesamten Raum rund um uns vorhanden und warten nur darauf, zum Anklingen gebracht zu werden, damit die ganze Welt ein einziges harmonisches Lied, eine *Große Geschichte* wird.

Ausklang

Mit der Regenbogenschlange bin ich nicht nur durch die spirituelle Welt der Aborigines und durch einige andere Kulturen gereist, sondern auch zu meinen eigenen Wurzeln. Aber mein Schlangenweg hat schon viel früher, bereits vor meiner ersten Australienreise mit einem Traum begonnen.

Ich stand in einer eingerollten, großen Schlange. Dabei spürte ich die Schlange atmen und ihr Atem ging durch mich hindurch. Die Schlange verkörperte gleichzeitig die Erde. Das heißt, es war der Atem der Erde, der durch mich hindurchströmte. Schlange und Erde atmeten unentwegt im gleichmäßigen Rhythmus ein und aus. Und ich atmete mit – im Inneren der Erde, und der *Großen Schlange*, die die Farben des Regenbogens in sich trägt.

Literatur

Akasha-Verlag: *KYBALION. Eine Studie über die hermetische Philosophie des alten Ägyptens und Griechenlands,* Haar 1981

Aram, Kurt: *Magie und Zauberei in der alten Welt,* Berlin 1927

Basham, A.L.: *The Wonder that was India,* London 1954

Bauer, Wolfgang/Dümotz, Irmtraud/Golowin, Sergius: *Lexikon der Symbole,* Wiesbaden 1992

Berndt, Ronald and Catherine: *The Speaking Land,* Ringwood 1989

Bloom, William/Pogacnik, Marko: *Leylines und Ökologie,* Glastonbury 1985

Brown, Kerry (Hrsg.)/Sharma, Sima: *Warlpiri Dreamings and Histories,* London 1994

Buchler, I.R./Maddock, K.: *The Rainbow Serpent,* Mouton 1978

Cerny, Christina: *Magisch Reisen Österreich. Lebendiges Brauchtum und alte Kultplätze,* München 1992

Cerny, Christina: *Ägyptenreise. Wo Vergangenheit und Gegenwart sich treffen,* München 1993

Cerny, Christina: *Magisch Reisen Australien. Traumzeitstätten und heilige Landschaften,* München 1995

Cerny, Christina: *Raumenergie – Lebenskraft – Orte der Kraft. Magazin-Beitrag* in: *ab 40,* 3/79, München

Cerny, Christina: *Das Buch der Naturgeister,* München 1997

Cerny, Christina: *Auf mythischen Wegen durchs Outback. Magazin-Beitrag* in: *Globetrotter-Reise-Magazin,* Nr. 50/Frühjahr 1998, Zürich

Cerny, Christina: *Das Heilige Krokodil. Vom Lebensbaum und anderen Drachen,* München 1999

Cooper, J.C.: *Illustriertes Lexikon der traditionellen Symbole,* Wiesbaden 1986

Cowan, James G.: *Sacred Places in Australia,* Sydney 1991

Cowan, James G.: *Mysteries of the Dream-Time. The Spiritual Life of Australian Aborigines,* Lindfield, NSW 2070, 1992

Cowan, James G.: *Die Offenbarungen aus der Traumzeit – Das spirituelle Wissen der Aborigines,* München 1997

Cowan, James G.: *Myths of the Dreaming. Interpreting Aboriginal Legends,* Roseville NSW 2069, 1994

Dalichow, Irene/Booth, Mike: *Aura-Soma. Heilung durch Farbe, Pflanzen- und Edelsteinenergie,* München 1994

Devereux, Paul: *Places of Power – Secret Energies at Ancient Sites,* London 1990

Drew, Tony: *World Grid Patterns. Magazin-Beitrag* in: *Nexus August-September* 1992

Dumarcay, Jacques: *The palaces of South-East Asia. Architecture and Customs,* Oxford 1991

Edwards, W.H.: *An Introduction to Aboriginal Societies,* Wentworth Falls NSW 2782, 1994

Elkin, A.P.: *Australian Aborigines,* Sydney 1964

Emerson, Ralph Waldo: *Die Weisheit des Lebensmuts. Eine Auswahl von Paul Sakmann,* Stuttgart o.J.

Flood, Josephine: *The Riches of Ancient Australia,* St. Lucia, QLD, 1993

Gardener, Robert: *The Rainbow Serpent. A Bridge to Consciousness,* o.O. o.J.

Harney, Bill (W.E.): *To Ayers Rock and beyond,* Sydney 1969

Harney, W.E.: *Taboo,* Sydney 1943

Harney, Yidumduma Bill (Erzähler)/Wositzky, Jan (Niederschrift): *Born under the Paperbark Tree. From the Land of the Lightning Brothers,* Sydney, NSW 2001, 1996

Havecker, Cyril: *Understanding Aboriginal Culture,* Sydney, NSW 2066, 1994

Hurbak, J.: *JHWH, The Keys of Enoch,* Los Gatos 1987

Iyengar, B.K.S.: *Licht auf Yoga,* München 1983

Lal, P. (Übers.): *The Bhagavadgita,* New Delhi 1965

Lawlor, Robert: *Am Anfang war der Traum. Die Kulturgeschichte der Aborigines,* München 1993

Lip, Evelyn: *Chinese Temples and Deities,* Singapore 1953

Löffler, Annelиеse (Hrsg.). *Märchen aus Australien,* München 1992

Lurker, Manfred: *Lexikon der Götter und Dämonen,* Stuttgart 1989

Lurker, Manfred: *Die Botschaft der Symbole,* in: *Mythen, Kulturen und Religionen,* München 1990

Maddock, Kenneth/Buchla, Ira R.: *The Rainbow Serpent,* Mouton 1978

Mann, A.T.: *Sacred Architecture,* Brisbane 1993

Mountford, Charles P.: *Brown Men and Red Sand,* Sydney 1962

Mountford, Charles P.: *Australian Aboriginal Portraits,* Adelaide 1967

Mountford, Charles P.: *Winbaraku and the Myth of Jarapiri,* Melbourne 1968

Mountford, Charles P.: *The Tiwi. Art, Myth, Ceremony,* o.O. o.J.

Mowaljarlai, David/Malnic, Jutta: *Yorro Yorro. Spirit of the Kimberley,* Broome 1993

Mudrooroo: *Die Welt der Aborigines. Lexikon zur Mythologie,* München 1996

Mulford, Prentice: *Unfug des Lebens und des Sterbens,* Frankfurt 1977

Neidjie, Bill: *Story about Feeling,* o.O. 1989

Nevermann, Hans/Worms und Petri: *Die Religionen der Südsee und Australiens,* Stuttgart 1968

Parker, K. Langloh (Sammlung der Aboriginal Geschichten)/Lambert, Johanna (Hrsg. und Kommentar): *Wise Women of the Dreamtime,* Rochester, Vermont 1993

Pilaszewicz, Stanislaw: *Woyengi, Die Mutter der Welt. Mythen und Legenden westafrikanischer Völker,* Leipzig und Weimar 1991

Robinson, Roland: *Myths and Legends,* Melbourne 1977

Roheim, Geza: *The Eternal ones of the Dream,* o.O. 1969

Sellato, Bernard, *Hornbill and Dragon,* Jakarta 1989

Siribhadra, Smitthi/Moore, Elizabeth: *Palaces of the Gods, Khmer Art and Architecture in Thailand,* London 1992

Skinner, Stephen: *The Living Earth Manual of Feng-Shui,* London 1982

Walker, Barbara: *Das geheime Wissen der Frauen,* München 1995

Wilpert, Clara: *Kosmologische Mythen der australischen Eingeborenen. Dissertation,* München 1970

Atlantis

Walter Andritzky
Schamanische Heilgeheimnisse
Die Wiederentdeckung
der magischen Medizin

BASTEI
LÜBBE

Wie leben die Schamanen und Heiler von heute, wie
sieht ihr Alltag aus? Walter Andritzky ist 15 Jahre lang
durch mehrere Länder Europas, Asiens und Latein-
amerikas gereist und stellt hier seine Forschungs-
ergebnisse vor. Er bietet eine lebendige, persönliche
und historisch fundierte Einführung in die Alltagswelt
von Schamanen und Heilern. Vor dem Hintergrund
langjähriger Erfahrungen in der Psychotherapie und
der Mitarbeit an mehreren Universitätsinstituten ist
ein ebenso spannender wie kulturkritischer und her-
ausfordernder Report entstanden. Die Teilnahme an
jahrhundertealten Ritualen und die mitfühlende Beobachtung bei Schamanen und ihren Klienten verbinden
sich mit Theorien der modernen Wissenschaft, was zur
Wiederentdeckung der magischen Medizin führt.

ISBN 3-404-70137-2

BASTEI
LÜBBE